다이버시티

코 로 나 이 후 , 행 복 한 대 학 의 조 건

DIVERSITY
다이버시티

신완선 지음

THE NAN
더 난 콘 텐 츠

담장 밖에서 본 캠퍼스

Not good, but still doing it! 🌿

항상 캠퍼스 안에서 교육을 바라보았습니다. 동일한 관점에서 익숙한 상황을 바라보며 교육에 임했습니다. 더 적극적으로 바꿔야 한다는 것은 알고 있었습니다. 당장 지금 나부터 말이죠. 그럼에도, 익숙한 획일적 관행을 미래 지향적으로 바꾸기가 쉽지 않았습니다. 머뭇거리며 미래를 만날 수밖에 없었습니다.

아이러니하게도, COVID-19 팬데믹이 교육계의 관점을 바꾸어 놓았습니다. 담장 밖에서 캠퍼스를 생각하게 되었습니다. 이제 바뀌었습니다. 익숙한 것을 지키려는 관점에서 더 나은 방식과 잠재적 불확실성에 대응하려는 적극성이 생겼습니다. 부족함과 애로를 인정하는 것도 문제가 아니었습니다. 모두가 머리를 맞대고 지혜를 모았습니다. 학생과 사회의 다양한 요구와 진로, 즉 다이버시티(Diversity)를 생각하며 캠퍼스를 점검했습니다. 우리 대학만 변한 것이 아닙니다. 교육계 전체가 마음의 문을 열고 더 바람직한 방식을 찾기 시작했습니다.

2021년 현재, 글로벌 교육계는 혁신에 초점을 맞추고 있습니다. 기술발전은 물론 최근 경험하는 환경 재해가 우리의 변화를 촉구합니다. 설사 COVID-19가 종료된다 하더라도, 교육환경은 과거로 회귀하지 않을 것이라는 공감대가 확고히 굳어지고 있습니다. 본질적인 교육혁신을 숙고하고 대응해야 합니다.

글로벌 대학의 혁신 이슈 🍃

대학교육은 성인을 대상으로 시행하는 첫 교육입니다. 기본 교육도 아니고 필수 교육도 아닙니다. 각자 활동할 분야에서 요구되는 전문교육을 쌓기 위해서 참여하는 고등학습(Higher Education) 단계를 상징합니다. 미래 사회가 결정되는 원리를 이해하고 새로운 잠재 가치를 탐구하는 역할을 합니다. 학습과 사회 사이의 접점이므로 바로 이 단계에서의 정책과 실행과제는 국가는 물론 산업 사회에 큰 영향력을 끼칩니다. 모든 국가가 고등교육에 첨예한 관심을 갖는 이유이기도 합니다.

대한민국의 고등교육은 글로벌 리딩그룹으로의 도약을 지향합니다. 세계적인 교육시스템을 운영하는 국가를 꿈꾸고 있습니다. 해방 이후, 온 국민이 열정을 쏟고 있는 교육이야말로 우리나라 경쟁력의 근원입니다. 이미 글로벌 세계에서 높게 조명되는 분야이기도 합니다. 4차 산업혁명과 COVID-19로 인해서 글로벌 차원의 교육 교류가 활성화되는 지금이 전략적 터닝포인트(Strategic Turning Point)입니다. 모두가 인지하고 있는 눈앞의 현실입니다. 교육 선진국인 대한민국이 앞장서서 글로벌 교육의 방향을 주도해야 합니다.

요즘 한국 경쟁력의 본질이 다이버시티로 압축되고 있습니다. 단일 민족성을 중시하는 우리로서는 참으로 아이러니한 현상입니다. 급하고 감성적인 우리들의 정서가 4차 산업혁명과 코로나 위기를 겪으면서 오히려 새로운 강점을 경험하게 됩니다. 애자일하고 다이내믹한 행동력으로 글로벌 무대를 향해서 치고 나가고 있는 젊은 세대도 보게 됩니다. 고마운 일입니다. 교육도 마찬가지입니다. 다이버시티를 수용할 수 있는 캠퍼스를 만들기 위해서 맞춤형 교육으로 발전하고 있습니다. 글로벌 경쟁에서 한국 교육이 선도적인 역할을 한다면 그것은 다이내믹한 실행력 덕분일 것입니다. 기술혁신을 선도하는 전문성은 물론 인성을 갖춘 인재를 양성하는 것이 핵심입니다. 전례를 찾아볼 수 없는 재해를 경험하는 이 순간, 우리 모두 새로운 혁신을 준비해야 합니다.

이 책에서 저는 미국 주립대학과 성균관대학에서의 교육연구 경험을 바탕으로 우리가 함께 나아가야 할 대학혁신 방향을 제시하고자 합니다. 왜, 그리고 무엇을 새롭게 바꾸어야 되는가에 초점을 맞추어 개인적인 희망을 담았습니다. 필자는 교육전문가가 아닙니다. 시스템경영공학(산업공학)과 기술경영전문대학원의 소속 교수로서 대학경영시스템의 강점과 개선점을 주관적으로 정리했습니다. 정교한 논리 전개가 아니라 고등교육 현장에서의 현실적인 고민과 개선점을 제시하고자 노력했습니다.

내부의 사례에 근거해서 발전 방향을 제시하는 것은 무척 부담스러운 일입니다. 우리 대학의 경쟁력은 수많은 분들의 헌신 덕분에 축적된 결과이기 때문입니다. 학교에 대한 기여도나 전문성을 놓고 보면 저는 대학의 미래상에 대해서 함부로 얘기할 입장이 되지는 못합니다. 그럼에도, 누군가는 과감하게 목소리를 내야만 적극적인 토론을 통해 바람직한 방향을 찾아 나갈 수 있을 것입니다. 그런 면에서, 여기에 소개되는 모든 사례가 긍정적으로 해석되기를 기대합니다. 강점이든 약점이든 미래가치를 위해서 적극적인 아이디어를 도출하려는 발제에 불과합니다.

Platform of Aspiration 🌿

성대의 미래 전략의 화두는 플랫폼(Platform)입니다. 대학경영의 주요 영역에서 플랫폼을 구축해서 10년 후의 교육 환경에 대비하겠다는 것을 의미합니다. 디지털 전환 시대에 글로벌 교육연구 플랫폼의 표준을 선도하는 대학을 만들려고 노력하고 있습니다. 캠퍼스 다이버시티를 제공하기 위해서 절대적으로 필요한 전략입니다. 단순한 하드웨어나 소프트웨어가 아니라 인성이라는 휴먼웨어를 겸비하는 한국형 교육의 강점을 살리려는 전략입니다. 소수의 일시적인 시도가 아니라 다수의 인터랙션(Interaction)을 통해서 장기적으로 발전시킬 수 있는 생태계를 조성하고자 합니다. 비단 우리대학만이 아니라 국내 모든 대학의 미래 방향이라고 판단합니다. 단순히 역량을 갖춘 전문가가 아니라, 성균의 개념에서 도덕적으로 완성된 글로벌 리더를 꿈꾸는 인재육성이 절실합니다. 인성을 강조해온 대한민국 교육이 글로벌 교육시스템에 영향력을 가져야할 이유입니다. 학생의 포부를 희망으로 연결해주는 '포부의 플랫폼(Plat of Aspiration)'을 설계해야 합니다. 기술이나 물질이 아니라 사람이 문화를 주도하는 세상을 만들기를 소망합니다.

신완선

제1장

그대,
찬란하게
빛나야 한다

인성을 기르는 교육시스템이 무엇보다도 중요합니다.

무엇이 미래를 결정할까요?

우리가 결정하게 됩니다.

우리들 스스로 말입니다.

-교육학자 앤서니 셀던(Anthony Seldon)

Shine your aspiration!

학생이 빛나야 한다! 🌿

President Scholarship 수여식. 총장 장학금은 듣기만 해도 가슴이 설 렙니다. 장학금을 받게 된 학생들이 호명에 따라 나와서 장학금을 받은 후에 간단한 학창시절 체험담은 물론 미래의 포부를 소개했습니다. 옛날 조선시대에 과거시험을 치렀다는 비천당 뒤편에 자리한 국제관 로비의 풍경은 활력이 넘쳤습니다. 마이크를 잡고 당당한 모습으로 자신감을 표출하는 학생들을 바라보면서 '찬란하게 빛난다'는 단어가 떠올랐습니다. 마음껏 빛날 수 있는 상황이고 그럴 자격이 있는 인재들이 어깨를 펴고 한 자리에서 모여 새로운 의지를 다지고 있었습니다. 어떻게 저런 꿈까지 꿀까 싶은 대견함에 저도 모르게 눈가에 눈물이 머금고 지나갑니다.

찬란하게 빛나는 수상자를 바라보면서, 찬란하기는커녕 인상을 찌푸리며 캠퍼스에서 씨름하고 있을 수많은 학생들도 떠올랐습니다. 과연 그들은 행복한 대학 생활을 하고 있을까. 갑자기 30년 넘게 교직에 종사하면서 제자들 때문에 눈물 한 번 흘리지 않았다는 사실이 문득 다가왔습니다.

'제자의 성공을 위해서 나는 과연 무엇을 한 것일까?'

학부 연구생이 종종 저의 연구실에서 함께 연구를 합니다. 소액의 연구비를 제공하긴 하지만 전체적으로 자신이 원하는 학생 활동을 하도록 지원하는 것에 초점을 맞추고 있습니다. 개인적으로 대화를 하면 다들 나무랄 것이 없는 훌륭한 청년들입니다. 그중에서 학교생활에 크게 고전한 제자가 있었습니다. 저를 도와주는 과정에서 보면 항상 예의 바르고 창의력 있게 일 처리를 해서 마음에 쏙 들었습니다.

"대학 생활이 힘들어?"

"예. 그런 면이 많아요. 공부하는 재미가 없어요. 고등학교 때는 공부 좀 하면 성적이 쫙 올라가는 맛이 있었거든요. 여기는 공부를 해도 표가 안 나요. 성적도 별로고요."

지금껏 상대적인 경쟁으로 이곳까지 왔는데 이제 모두 비슷한 수준이 모이다 보니 비교우위 개념이 사라지는 모양입니다. 그래서 성취감도 없고 대학 생활을 즐기기가 쉽지 않다는 얘기입니다. 다른 교수님에게서 '그 친구는 게임에 빠져서 고전을 한다더라'는 말씀도 들었습니다. 잠시의 관심은 있었지만 제가 뾰족한 해결책을 마련해주지는 못했습니다. 분명 찬란하게 빛나야 할 시기에 우울한 일상을 보냈던 제자입니다. 저는 그 제자의 잠재력을 꽃피워주는 데 헌신하지 못했습니다. 그런 무책임한 모습을 뒤늦게 반성합니다.

미국 서부의 명문대 스탠포드대학 학부대학 홈페이지에는 '성공 가능성을 극대화하는 법'에 대한 7가지 힌트가 소개되어 있습니다.

❶ 지도교수를 잘 활용할 것

❷ 학교 이메일을 잘 볼 것

❸ 자신의 시간과 에너지를 잘 관리할 것

❹ 아너 코드(Honor code)를 명심할 것

❺ 적어도 분기별로 교수 1명을 알아둘 것

❻ 비교과(Extracurricular) 기회를 탐색할 것

❼ 스탠포드의 코칭 및 지도 자원을 활용할 것

물론 행동 가이드는 학생들을 대상으로 제시된 지침입니다. 그러나 그 이면에는 교육서비스 제공자(Education Service Provider)의 자신감과 적극성이 드러납니다. 그러한 교육환경의 이면을 보려고 '왜 학생

들이 스탠포드대학을 최고의 대학이라고 생각하는가?'에 대해서 검색을 해보았습니다. 스탠포드는 완전한 사립대학입니다. 등록금이 비싸기로도 유명합니다. 2020년 입학생 기준, 학부는 연간 6,000만 원(약 53,529달러)이고 대학원은 5,500만 원(약 49,617달러)입니다. 미국 대학 등록금 평균의 3배를 넘는 고액입니다. 캠퍼스가 제공하는 교육 연구의 가치로 승부하는 대학입니다. 학생들이 기대하는 바를 충족시키지 못하면 절대 명성을 유지할 수 없습니다. 학생들의 댓글 중에서 아래 문장이 가슴에 와닿았습니다.

"물론 교육이 탁월합니다. 그러나 스탠포드 사람들이 정말 특별합니다(Obviously, the education is great, but the people are what make it so special)."

대학원은 물론 학부생조차도 특별한 교수에게 배우고 싶어서 온 학생들이 많아 보였습니다. 교수님 성함을 거명하면서 "정말 정말 정말 존경한다"고 말하고 있었습니다. 부끄럽게도, 제가 가르친 학부생 중에서 저에게 꼭 배우려고 성대에 입학한 학생은 단 한 명도 없습니다. 우리의 제자들은 찬란한 시절을 보내려고 대학에 왔습니다. 과연 나는 그들의 찬란함에 무엇을 기여하고 있는가를 때늦게 돌아보게 됩니다.

《나는 왜 이 일을 하는가?》[1]에서 사이먼 사이넥은 성공과 성취가 다르다고 강고하고 있습니다. 원하는 무엇(What)을 추구해서 얻으면 성취가 따라오고 왜(Why) 원하는지를 정확하게 알고 추구하면 성공이 따른다고 합니다. 성취는 눈에 보이는 요인들에서 동기부여가 되지만 성공은 마음속에 내재된 본질로부터 동기부여가 됩니다. **성취는 무엇을 달성하는가에 초점을 맞추고 있는 반면에 성공은 왜 달성해야 하는가에 대한 응답을 요구합니다.** 우리의 캠퍼스 생활이 '무엇'에만 초점이 맞추지는 것을 경계해야 합니다. '왜' 강단에 서며 실험실습을 통해 연구하는가를 숙고해야 합니다.

어머니의 간절함에 화답하라

한국 대학생 모두는 어머니의 간절함을 배경으로 대학에 입학합니다. 입시철이 되면 전국 곳곳의 종교기관에 큼지막한 플래카드가 내걸립니다. 합격기원 40일 철야기도, 수능 100일 기도 등과 같이 이미 제목 자체가 만만치 않습니다. 교통 좋은 도심의 종교시설은 물론 높은 산이나 깊은 계곡 근처에 있는 사찰도 예외가 아닙니다. 아니, 오히려 접근성이 어려운 곳일수록 지극 정성으로 생각될 것입니다. 어떻게 이런 곳까지 와서 기도를 할까 싶을 정도로 험난한 곳도 있습니다. 오죽하면 수험생을 위한 100일 기도문, 수능 100일 기도노트 등이 출판되겠습니까. 대학 진학은 어머니들께서 교육에 관해 마지막 정성을 집중하는 시점입니다. 사실 아버지 또한 마찬가지입니다. 표현은 잘

안 하지만, 말 한마디나 거실에서의 발자국 소리에도 신경을 씁니다. 바쁜 업무 중에도 문득문득 기도의 마음을 갖기도 합니다.

저의 은사님은 학력고사 시험 당일이 유독 춥다는 것을 상기시키곤 했습니다.

"시험 치는 날이 원래 춥지. 전국 입시생 부모님의 마음이 모두 꽁꽁 얼어있으니 날씨가 추울 수밖에…."

웃자고 하시는 말씀인 줄 알면서도 한 번 더 생각하게 됩니다. 그만큼 긴장하고 애태우며 준비하는 순간입니다. 우리 세대에게는 TV 사극에 가끔 나오는 장독대에 정화수를 올려놓고 간절히 비는 어머니의 뒷모습이 찡하게 다가옵니다. 다들 방식은 다를지라도 어머니의 정성에 대한 찐한 기억이 있습니다.

저의 경우는 어머니의 발에 대한 기억이 간절함으로 남아 있습니다. 중학생 시절, 저는 주로 운동선수로 활동했기 때문에 집에 있지 않고 합숙소에서 훈련을 했습니다. 2학년 하반기에 모처럼 대회를 잘 마치고 집에서 1주일 정도 머물게 되었습니다. 어머니와 함께 이불을 덮고 자는데 갑자기 손끝에 거친 쥐가 스쳐갔습니다. 깜짝 놀라 손을 치우며 눈을 떴습니다. 다들 자는 상황이라 쥐를 찾겠다며 이리저리 손을 더듬어보았습니다. 천천히 확인하니 그것은 죽은 쥐가 아니라 어머니 발이었습니다. 밤새 잠이 오지 않았습니다. 홀로 농사지으며 가족을 책임지셨던 어머니의 고생과 헌신을 뼈저리게 느낀 순간이었습니다. 돌아보면 당시 저는 너무나 철이 없었습니다. 고등학교에 가서도 정신을 차리지 못하고 또다시 바둑에 빠져서 허송세월을 보냈습니다. 그럼에도, 어머니의 간절함은 중요한 순간마다 제 삶의 목적이 되었습니다. 말이 아니라 발로 살아야 한다는 교훈을 마음에 담게 되었습니다.

시대는 많이 변했지만, 자녀 교육에 대한 신세대 엄마의 마음도 간절하기는 마찬가지일 것입니다. 교육에 열성을 다하는 우리나라의 정서에는 변함이 없습니다. 모든 학생들이 부모의 간절함에 대한 각양각색의 기억을 갖고 살 것입니다. 워낙 세대 차이가 빠르게 벌어지는 터라 '요즘 친구들도 우리와 같을까?' 하는 궁금증이 생기긴 합니다. 주변보다는 개인을 더 중시하는 세대니까요. 그러나 모든 자녀의 성장에 부모의 간절함이 함께하는 것은 분명한 사실입니다. 그 간절함을 깨닫게 되는 시점과 방식만이 다를 뿐입니다. 우리가 만나는 학생들 개개인에게는 부모님의 간절한 소망이 함께합니다. 바로 그 간절함에 화답하는 교육현장을 제공해야 합니다.

왜 대학을 다니는가? 🌿

어린 시절부터 무척이나 익숙한 것이 배우는 행위, 즉 러닝(Learning)

입니다. 아무런 생각 없이 학교를 다닙니다. 다들 다니니까요. 그러나 대학은 성인이 되고 다니는 첫 학교입니다. 무심코 선택하고 시간과 자원을 투입해서는 안 됩니다. 부모님의 권유에 의해서 마지못해 다닐 필요도 없습니다. 자신의 선택입니다. 보다 나은 미래를 위해서 대학이라는 공간에서 시간을 투자하며 거쳐 갑니다.

고(故) 유일한 박사는 낮에는 농장 일을 돕고 밤에는 공부를 하면서 미국 대학에서 경영학과에 입학하게 됩니다. 학교생활을 하면서 미식축구 선수로 활약하며 장학금을 받기도 했습니다. 졸업 후 에디슨이 창업한 당시 최고의 회사였던 제너럴일렉트릭(GE)에 취업했습니다. 어린 나이에 유학을 갔지만 세계 최고가 될 수 있다는 자신감을 가지고 약관 27세에 창업에 도전합니다. 31세였던 1926년, 서울에서 유한양행을 창업해 자신의 삶은 물론 대한민국의 상징적인 기업가로 성공합니다. 양행(洋行)의 뜻이 '서양으로 간다', 즉 '세계로 통한다'는 것이었다니 젊은 청년의 큰 포부가 느껴집니다. 유일한 박사에게 대학 시절은 글로벌 최고가 될 수 있다는 자신감을 배우는 시간이었습니다. 왜 대학을 다녔는가 하고 질문이 주어졌다면, "최고가 되는 데 필요한 지식과 자신감을 얻고 싶었다"는 답을 들을 것 같습니다.

일찍 학부과정부터 유학 생활을 했던 고(故) 이건희 회장의 학창시절은 독특합니다. 일본에서 경제학을 전공했지만 학업에는 별로 관심이 없었다고 합니다. 대신 일찍 골프를 배워서 다양한 사람과 어울렸다고 전해집니다. 운동선수는 물론 여러 직종의 사람들과 1년간 골프장을 출입했다니 꽤나 앞서가는 발상입니다. 그가 그 시절 깨달은 것은 최고(Best)를 지향하는 사람의 대인관계였습니다. "잘나가는 사람들을 보니 자신이나 일에 대해 철저한 사람들이고, 인간미가 넘치며, 벌을 줄 때는 사정없이 벌을 주고, 상을 줄 때는 깜짝 놀랄 정도로 쳤다"고 당시를 술회했습니다.[2] 훗날, 그의 경영철학에도 많은 영향을 준 체험입니다. 미국에 가서 MBA(경영전문대학원) 과정을 공부하면서는 자동차에 심취합니다. 자동차로 세계를 이끄는 미국을 보면서 여러 가지 브랜드의 중고차를 구입해 분해와 조립을 즐겼습니다. 자동차는 부품이 많은 대표적인 기계제품입니다. 젊은 시절, 자동차라는 기계를 다루면서 각종 부품이 시스템으로 어떻게 연결되어 작동하는 것인지를 시험하고 배웠을 것입니다. 그에게 대학과 대학원 시절은 '경쟁의 본질을 깨우치는 체험의 시간'이었습니다.

코로나 위기 상황에서 교육계의 의사결정을 책임지며 선도적 리더십을 발휘한 유은혜 사회부총리 겸 교육부 장관은 대학에서 동양철학을 전공합니다. 그녀의 대학 시절은 배움보다 올바른 한국 사회를 위해서 용기를 내는 것이 중요했습니다. 군사정권 시대의 불합리를 종식시키고 진정한 민주주의 실현을 위해서 앞장섰습니다. 대학 동문들이 만든 민주동문회에서 리더십을 발휘하며 청춘을 투쟁에 바쳤습니다. 유 장관에게 대학은 '만남, 정의, 그리고 도전'이라는 키워드를 온갖 고초를 겪으며 배운 헌신의 장소였을 것입니다.

카카오의 김범수 회장이 보낸 대학 시절은 남달랐다고 합니다. 어려운 가정형편에도 재수를 해서 공대 산업공학과에 들어갔습니다. 목표 의식이 분명한 것으로 보입니다. 과외 금지를 뚫고 몰래 아르바이트를 해서 학비를 충당했지만, 재수 시절에 고생한 일종의 보상심리에서 다양한 경험들을 했다고 합니다.

"이왕 놀 거면 도둑질 빼고는 다 해보자 싶었죠. 지나고 나서 생각해보니 그런 숱한 경험들이 버려지는 게 아니더라고요. 사람은 자기가 좋아하고, 잘할 수 있는 영역에서 시작하는 게 첫걸음인 것 같아요."

김범수 회장이 한게임(HANGAME)을 창업할 때, 자신이 잘하는 게임과 잡기(바둑, 장기, 고스톱 등)에 초점을 맞추었습니다. 그런 부분을 온라인으로 옮겨서 밤새워 즐길 수 있도록 만드는 일종의 플랫폼을 상상한 것입니다. 그에게 대학 시절은 '자신의 잠재 역량을 즐기는 성장의 시간'이었습니다.[3]

우리 시대에 새로운 기업가 정신을 제시한 대표적인 경영자는 빌 게이츠와 스티브 잡스입니다. 두 사람은 각각 명문 대학의 응용수학과(당시는 이 전공에서 컴퓨터 관련 지식을 가르쳤음)와 철학과에 입학했지만 1학년도 마치지 않고 학교를 떠났습니다. 게이츠는 사업을 하기 위해서 떠났고 잡스는 등록금이 부담스러워서 떠났습니다. 빌 게이츠는 집안이 좋아서 어린 시절부터 마음껏 컴퓨터 프로그래밍에 시간을 투입하며 보냈습니다. 그 당시엔 누리기 어려운 기회였습니다. 이미 고교 시절에 인턴 개념으로 회사에 근무하며 미래의 꿈도 확인했습니다. 그에게 대학은 크게 배울 것이 없었던 느리고 한가로운 공간이었을 것입니다. 스티브 잡스는 비록 자퇴를 했지만 학교에 조금 더 남아서 캘리그래피(Calligraphy, 손으로 그린 그림 문자) 과목을 청강하며 미래를 준비했습니다. 학위가 아니라 예술적 감각을 배운 그 체험이 애플의 방향을 바꿉니다. 단순한 기능만이 아니라 소비자 관점의 디자인에 눈뜨게 됩니다. 소프트뱅크의 손정의 회장에게 대학은 창업 플랫폼이었습니다. 미국으로 유학을 가서 경제학을 선택한 그는 컴퓨터과학을 복수전공으로 공부하며 이미 대학 시절부터 온갖 발명과 창업으로 자신의 미래를 결정하고 활동을 시작했습니다.

이분들 모두에게 '대학은 삶의 목적을 결정하는 공간'이었습니다. 대학의 브랜드가 아니라 무엇을 배우며 체험할 수 있는가에 집중했습니다. 당신은 왜 대학에 다닙니까? 무엇을 배우는가가 아니고 왜 배우는가를 묻고 있습니다. 만일 대학 시절이 당신에게 무거운 짐처럼 느껴진다면 러닝 이유를 찾지 못한 탓일 가능성이 큽니다. 물론 취업을 염두에 두고 대학에 온 경우가 대부분일 것입니다. 그러나 미래 시대의 러닝은 그런 범위를 넘어설 것을 요구하고 있습니다. 교육의 목적(Purpose)이 자신의 삶을 결정합니다.

대학이 아니라 전공이 본질 🍃

BTS처럼 탁월한 재능과 기획력으로 글로벌 무대를 누비는 청년들은 대학을 어떻게 생각할까요. 스포츠, 게임, 예능 등과 같이 개인의 기량이 중요한 분야에서는 먼저 기량으로 세계 무대에 도전한 이후에 대학을 찾는 경우도 많습니다. 시간적 가치를 감안해 먼저 실행한 이후에 여유 있게 공부하며 이론을 점검하는 것입니다. BTS 대학으로 소문났다고 하는 글로벌사이버대학의 실제 소재는 충남 천안입니다. 어느덧 창립한 지 10년이 넘어서고 있으며 뇌교육융합학과를 위시해 방송연예학과, 융합경영학과, AI융합학과, 스포츠건강학과 등 융합교육에 초점을 맞추고 있습니다. 한국형 미네르바 대학임을 주장할 정도로 시대를 선도하는 교육프로그램에 역점을 두고 있습니다. BTS 멤버 7명 모두가 학부와 대학원을 글로벌사이버대학에 진학해서 국내외에 화제가 되었습니다. 해당 대학으로 보면 엄청난 홍보 효과를 얻게 된 셈입니다. 시간이 지나면, 과연 그들이 대학과 대학원에서 무엇을 배웠고 실제로 어떤 효과가 있는지도 관심의 대상이 될 것입니다. 대학이라는 형식이 아니라, 교육의 영향력이 조명받을 수 있는 기회입니다.

흥미로운 점은 유명한 사람이 대학을 다니는 경우, 분석 관점의 주체는 대학이 아니라 바로 그 사람입니다. 대학이 무엇을 가르쳤는가에 초점이 쏠리는 것이 아니고 과연 그들이 무엇을 배우려고 했고 실제 배웠는지가 더 궁금합니다. 바람직한 관점의 전환입니다. '무엇을 가르치는가'는 본질이 아닙니다. '왜' 그리고 '무엇을 배웠는가'가 교육의 본질이 되어야 합니다. 또한, 교육이 그러한 방향으로 진화하고 있습니다.

고등교육의 필요성은 인적자본론(Human Capital Theory)에 근거해서 종종 설명됩니다. 개인의 소득 차이는 인적자본의 축적량에 정비례한다는 관점에서 교육을 바라보는 것입니다. 많이 배운 사람일수록 고소득 가능성이 높아진다는 것에 기초를 두고 있습니다. 고등교육에 대한 수요와 공급의 균형을 찾아가는 방향에서 교육의 양적·질적 수준은 급격하게 상승했습니다. 개인만이 아닙니다. 조직이나 국가도 교육훈련에 투자하는 것이 생산성이나 경제 성장에 영향을 준다는 거시적 관점도 연구되어 있습니다. 개발도상국 시절에 우리나라의 대표적인 정부정책 기조였던 이론입니다.

인적자본론에 대응하는 논리로 선별이론(Screening Theory)이 있습니다. 고용 과정에서 자격자를 구분하는 방법으로 교육이 사용된다는 것입니다. 자격증 시대라고 비판적 시각을 갖는 배경이기도 하며 선별이론의 폐해를 줄이기 위해서 채용과정에서 인적사항 또는 출신 정보를 제공하지 않는 규정이 생기기도 했습니다. 요즘 많은 사람들이 석사나 박사를 취득하려고 대학원에 진학합니다. 인적자본론보다는 선별이론에 유리한 선택으로 보는 그룹도 그만큼 많아지고 있습니다. 지위획득이론(Status Attainment Theory)은 자율경쟁의 결과로 발생하는 계층화된 사회에서 지위 향상을 위해 교육이 필요하다는 논리입니다. 근대화이론(Modernization Theory)도 있고 정치발전이론(Political Development Theory)도 있습니다.[4] 기술, 사회, 정치의 빠른 발전은 우리에게 지적 차원의 대응을 요구하기 마련입니다. 세상 변화의 모든 인과관계가 교육에 의해서만 결정되지는 않습니다. 그러나 교육이 미래 사회에 매우 중요한 요소로 계속 작용할 것은 틀림없는 사실입니다.

이 시점에서 교육의 양적성장 이론을 소개하는 이유는 교육계의 이해관계자들이 각기 다른 목적으로 교육시스템을 운영한다는 점을 이해해야 하기 때문입니다. 한 가지 목적으로만 설명되기 힘든 구조입니다. 그만큼 다양한 목적을 갖고 교육계에 참여합니다. 각자 인류사회 발전에 기여한다는 사명에서 대학을 설립하고 교육프레임을 작동시키지만 요즘 같은 변혁기에는 바로 그 교육프레임 자체가 도전을 받고 있습니다. 양적성장 이론에 대해서 거부감을 갖는 그룹들도 빠르게 늘어나고 있습니다. 인공지능(Artificial Intelligence, AI)의 발전을 빌미로 지식 무용론을 주장하는 사람도 나타날 정도입니다. 우리가 왜 가르치고 배우는가에 대한 관점 또한 사방으로 흩어지고 있습니다.

대학이 아니라 전공이 중요한 시대입니다. 의과대학이나 법학전문대학원을 생각해보면 전공의 가치가 워낙 크다 보니 출신대학에 별로 눈길이 가지 않습니다. 전공의 가치가 대학의 평판을 압도하는 것입니다. 옛날과는 너무나 달라진 모습입니다. 직장에서 근무하면서 또는 퇴직 이후에 공부하는 평생교육 수요자도 마찬가지입니다. 그분들의 선택은 철저하게 전공입니다. 교육의 편리성도 중시합니다. 어디서 학위를 취득하는가가 아니라 무엇을 배우며 어떻게 학습하는가에 촉각을 세웁니다. 그만큼 다양한 목표가 우리들의 주변을 맴돌고 있는 것입니다. 반면, 고교 졸업생은 아직도 대학 평판을 매우 높게 평가합니다. 목적이 구체적이지 않고 모호한 시점에는 브랜드 가치가 크게 다가옵니다. 자신의 선택에 대한 가치 판단이 어렵기 때문입니다. 이 또한, 빠르게 변하고 있습니다. **온라인 교육의 혁신으로 인해서 두세 곳의 대학을 거치는 시대가 눈앞에 펼쳐지고 있습니다. 대학을 한 번 다니는 시대와 대학을 여러 번 다니는 시대의 선택은 다를 수밖에 없습니다. 드디어 캠퍼스가 다이버시티로 대응해야 할 환경이 다가왔습니다. 맞춤형 교육 시대가 온 것입니다.**

가장 나쁜 대학은 어떤 모습인가?

얼마 전, 60세를 바라보는 나이에 미국 구글 본사 입사에 도전했던 한국인을 만나서 글로벌 최고 기업의 채용과정을 듣게 되었습니다. GE 에서 오랜 기간 근무한 엔지니어로서 완전히 다른 분야에 도전하고 싶었다고 합니다.

"이번에 떨어졌지만, 가능성이 완전히 배제된 것은 아닙니다. 구글 에서 한번 젊은 친구들과 겨루어보고 싶어요. 거긴 나이가 문제가 아 니라, 제 역량이 문제니까요."

구글은 지원자의 성별 및 출신은 물론 나이도 묻지 않는다고 합니 다. 미국에서는 그런 질문을 하는 자체가 채용 관련 평등법에 어긋납 니다. 단지 사람을 보고 면담을 통해서 판단해야 합니다. 그들의 질문 은 이런 식입니다.

"무엇을 잘할 수 있나요?"

"무엇을 어떻게 해보았나요?"

"무엇을 하고 싶은가요?"

취업 관점은 미래입니다. 과거의 반복이 아니라, 새로운 가치를 창 출할 수 있는 역량이 중요합니다. 구글이 던진 질문의 본질은 무엇을 다르게 잘할 수 있는지, 무엇을 다르게 해보았는지, 무엇을 창의적으 로 하고 싶은지를 묻고 있습니다. 머신과 같은 반복성이 아니라 새로 운 가치를 만들어내는 역량을 찾고 있는 것입니다. 그들은 사람을 머 물게 하는 데에는 관심이 적습니다. 회사에 필요한 가치로 미래 비즈 니스를 주도하는 조직입니다.

구글이 던지는 질문은 학벌에 위축되어 살아온 세대에게는 희망적입니다. 내가 처한 학습 환경 자체가 미래를 결정하는 것이 아니라, 그 환경에서 무엇을 체험했고 어떤 역량을 확보했느냐가 관건입니다. 따라서 교육서비스를 제공하는 대학의 관점에서 볼 때, 교육시스템의 성패는 점차 개인에게 제공되는 종합적인 가치(Comprehensive Value)에 의해서 판단될 것입니다.

2019년 리즈 플린이라는 교육분석가가 미국에서 가장 나쁜 대학 20개를 꼽아 발표했습니다.[5] 주로 교육비용, 졸업률, 교육투자효과, 졸업 후 신입 연봉 등과 같이 학생의 입장에서 학위의 가치에 근거한 평가입니다. 2019년 가장 나쁜 대학 1위로 꼽힌 대학은 일리노이즈 주에 있는 데브리(Devry)대학입니다. 등록한 학생 중에서 29퍼센트만 졸업을 하고 졸업생들의 평균 개인 빚이 약 5,000만 원(약 43,000달러)이라고 합니다. 공부하느라 빚만 지고 정작 졸업조차도 제대로 보장받지 못하는 상황입니다. 게다가 취업률 정보를 속여서 연방상공회의소(Federal Trade Commission)로부터 고소를 당하고 있다고 합니다. 자칫 졸업장의 가치까지도 의심받을 수 있는 대학입니다. 듣기만 해도 누가 저런 대학에서 공부를 하고 싶을까 하고 의구심이 들 정도로 취약한 평판입니다.

우리나라는 모든 대학이 졸업률을 철저하게 관리합니다. 한때 입학정원 개념으로 대학의 자율화를 시도한 적도 있었지만 전체적으로 입학은 곧 졸업을 의미할 정도로 학사관리를 적극 지원하는 편입니다. 적정 시간에 졸업을 예상하고 취업으로 나서는 개인적인 일정관리가 가능한 상황입니다. 반면에, 교육의 질적 수준을 담보하기는 어렵습니다. 원하는 목표에 다다르는 역량관리보다는 졸업에 우선순위를 두기 때문입니다. 역량의 질적 수준보다는 결과를 활용하는 타이밍을 중시합니다. 이러한 졸업 중심의 사고가 대학 간의 차별성을 없애는 결과로 이어졌습니다. 대학이 역량의 가치를 키우는 선택이 되지 못하고 있습니다. 학습 내용 면에서는 좋은 대학도 없고 나쁜 대학도 없는 것이 한국의 현실입니다. 입시 성적에 근거한 구분만 더욱 강화되어 고교 성적에 따라서 학생들만 그룹으로 촘촘히 분류해놓은 상황입니다. 아직도 선별이론 중심의 대학 선택이 이루어지고 있는 모습입니다. 이래서는 안 되는데 하면서도, 계속 반복되고 있는 불편한 현실입니다.

우리 대학 학생 대표들과 몇 차례 등록금심위위원회나 대학평의회를 거치면서 장학금에 대한 의견을 나누어 보았습니다. 학생들이 '종종 다른 대학 대비 얼마나 많은 장학금을 주느냐가 다가 아니다'라는 의견을 피력하곤 했습니다. 대학 생활을 하는 데 소요되는 비용, 즉 숙박비와 교통비 등 전체적인 학습 경비를 놓고 학생들의 형편에 대한 비교 분석을 강조하고 있는 것입니다. 시대에 맞는 매우 적절한 관심이고 요청입니다. 이제 총비용 개념에서 학생들의 상황을 조사하고 관리해야 합니다. 가정 형편에 따라서 부모들이 재정 지원을 하므로 어느 정도 가치의 자원이 투입되는지 피부로 느끼지 못할 수도 있습니다. 대학은 성인 교육을 목표로 합니다. 제자들이 학습 가치에 대해 종합적이고 객관적인 판단을 할 수 있도록 이끌어야 합니다. **종합적인 가치를 올바르게 인지시키지 않는 대학, 심지어 잘못된 정보로 학생들을 호도하는 대학은 나쁜 대학입니다.**

포스트 코로나 시대의 교육혁신은?

앤서니 셀던은《4차 교육혁명》을 통해서 세계 모든 대학들이 위기감을 느끼고 있다고 말합니다. 그러나 앞으로 다가올 10년을 생각하면 현재의 위기는 아무것도 아니라고 경고하고 있습니다.[6] 특히 강조되고 있는 부분이 온라인 학위과정입니다. 현재까지는 단기과정이나 비학위과정에서 온라인이 강세이지만 이러한 추세는 정규 학위과정에도 빠르게 확산될 것입니다. COVID-19로 인해서 '디지털 전환(Digital Transformation)'이 가속화될 것은 더욱 명확해졌습니다. 위기 상황으로 인해서 모든 대학이 낯선 교육 방식을 시험해보았습니다. 어느덧 모두가 인정하는 미래의 교육 풍경으로 예상되고 있습니다. 현재의 대학교육이 개인의 지적능력 향상은 물론 사회에도 별 도움이 되지 못하고 있다는 비판이 예사롭지 않습니다.

출판이 용이하지 못했던 시절, 대중을 모아놓고 지식을 공유하는 대학이라는 교육의 장은 지식에 대한 접근성을 혁신시킨 교육시스템입니다. 교육시스템이 제공하는 공간으로 학생들이 몰려들었고 각자의 노력에 부합하는 학위로 보상받았습니다. 그러나 이제 역으로 생각할 시점이 다가온 것입니다. 지역사회 고착화, 부적절한 교육시스템 개선, 불편한 행정시스템, 대형 강의의 한계, 획일적 학습 패턴 등은 모두 현재 오프라인 중심의 교육환경이 가지고 있는 약점입니다. 그러한 벽을 깨는 새로운 교육시스템에 대한 수요가 거대한 파도처럼 밀려오고 있습니다. 바라만 볼 일이 절대 아닙니다. 미래의 대학은 새롭게 설계되고 준비되어야 합니다.

셀던이 제기한 2030년 교육의 형태는 크게 대학의 고유 기능이 디지털과 AI의 영향을 받을 것으로 예상하고 있습니다. 오른쪽 〈그림 1〉에 나타난 바와 같이 강의, 세미나, 도서관, 연구, 실험 및 시험 모두 크게 영향을 받을 것입니다. 굳이 학교를 오지 않아도 되며 기록할 필요도 없습니다. 모든 것이 실시간 온라인 수업으로 진행되는 것은 물론 대체 수강이 가능해질 것입니다. 강의를 대부분 집에서 듣고 직접 인터랙션을 희망한 소수의 학생만이 강의실에 참여할 것입니다. 마치 방송국에서 강의 녹화를 하는 풍경과 유사할 것입니다. 이미 미국 조지아공대에서는 챗봇을 이용해서 교육조교 기능을 커버하고 있습니

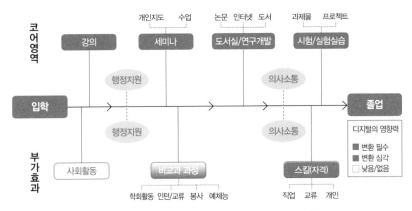

〈그림 1〉 4차 산업혁명에 영향을 받는 대학 구성요소[7]

다. 놀랍게도, 학습 도움을 받는 학생들이 사람과 로봇에서 별다른 차이를 느끼지 못한다고 합니다. 단순 반복이 필요한 영역의 교육 관행에는 분명 엄청난 혁신이 진행될 것이 쉽게 예측됩니다.

교육의 사회적 기능은 그나마 기술발전의 영향을 적게 받을 것으로 예상되고 있습니다. 성인으로서 사회생활에 성공적으로 진입하기 위해서는 각종 대면활동이 필요할 것입니다. 앞으로 대학은 이러한 비교과 관련 액티비티에서 차별화를 추구하게 됩니다.

우리나라 교육부도 이런 정도의 변화는 이미 충분히 인지하면서 미래 정책을 준비하고 있습니다. 지난 2년간 각종 행사나 교육부를 직접 방문해 만났던 고위 관료들의 혁신 구상이나 마인드는 훨씬 원대하고 적극적입니다. 심지어 대학이 더 선도적으로 혁신해야 한다고 주문하며 무엇을 도와줄지에 대한 아이디어도 수시로 청합니다. 열린 소통으로 나아가고 있는 것입니다. 빠른 커뮤니케이션이 동반되지 않고서는 교육 수혜자의 여러 요청을 담아낼 다이버시티를 갖출 수 없기 때문입니다. 대학교육 혁신에 대한 필요성과 방향은 이미 충분히 공감대가 형성되어 있습니다. 이제부터는 교육계 각 단위 조직에서의 세부적인 어젠다(Agenda) 및 실행과제 발굴과 이행이 관건입니다.

 저는 국내외의 교육, 연구 및 경영에 참여한 경험을 정리해 포스트 코로나 시대의 대학혁신 어젠다를 제안하고자 합니다. 성대가 글로벌 최고 대학에 도전하는 과정을 소개하면서 자연스럽게 우리나라의 교육정책에 대해서도 범위를 넓혀봅니다. 교육학자의 관점이 아니라 리더십과 경영혁신을 연구하고 가르친 경영공학자의 경력에 기초를 두고 있습니다. 디지털 전환기(Digital Transformation)에 한국 교육현장의 미래 과제를 함께 고민하고 싶습니다. 학생들에게 다양한 포부를 스스로 테스트하고 믿음을 갖게 만드는 플랫폼을 제공하는 캠퍼스를 스케치하고자 합니다. 또한, 대학교육을 놓고 고민하는 학생과 학부모에게는 왜 대학에서 학습하며 어떤 대학을 선택해야 하는가를 도와주고자 합니다. **획일적인 사고가 아니라 다이버시티 관점에서 미래를 바라보아야 합니다. 고등교육은 인생의 터닝포인트에 모두가 직면하는 결정적인 투자이기 때문입니다.**

제2장

위기,
혁신의
본질적 동력

20년 전, 상대적인 관점에서 위기를 체감했습니다.
10년 후, 절대적인 관점에서 위기를 경험할 겁니다.

모든 정규 교육계가 마주칠
교육전환(Educational Transformation)에
절박한 심정으로 대응해야 합니다.

What is to give light must endure burning

고통 없이 세상을 밝힐 수 없다!

위기는 욕심을 적게 만들어줍니다. 그만큼 마음의 씀씀이가 섬세해지고 집중하게 됩니다. 이전에 보이지 않았던 부분이 마음에 들어오고 쉽게 생각했던 일조차 소중한 가치가 느껴집니다. 코로나 팬데믹이라는 통제 불능의 환경요인이 교육계에 커다란 위기감으로 다가왔습니다. 4차 산업혁명과 학령인구 감소라는 예상된 태풍도 거세게 몰아치고 있습니다. 위기에 유독 강한 우리나라의 근성대로 이번 사태 역시 성공적으로 잘 극복할 것입니다. 오히려 새로운 교육 환경을 설계할 기회로 삼을 것이 틀림없습니다. 비전 학자 빅토르 프랭클은 "세상을 밝히려면 먼저 불타는 고통을 견뎌내야 한다"고 말했습니다. 위기를 극복하는 과정이 치열할수록 혁신의 가치는 더욱 빛나기 마련입니다.

성균관대학의 기획조정처장을 맡은 후, 제가 공식적으로 처음 만난 외부 손님은 우리 대학을 벤치마킹하러 온 타 대학 교직원들이었습니다. 중앙공무원 교육원에서 교육과정을 이수하는 그룹으로서 프로그램의 일환으로 성대 캠퍼스를 방문해 벤치마킹 세션을 갖게 된 것입니다. 30명 넘는 참석자는 전국대학 기획처 처장이나 팀장들이었습니다. 우리 대학에서는 산학협력단장, 학생처장과 함께 기획처장인 제가 설명을 위해 참석했습니다.

"성균관대가 빠르게 혁신하는 비결이 무엇인지요?"

간단한 대학 설명을 마친 후에 들어온 첫 질문이 사뭇 직접적입니다. 아마 가장 궁금한 질문일 것입니다. 물론 국내 모든 대학들이 발전하고 혁신하고 있습니다만, 최근 20년 동안 가장 눈에 띄게 변화에 성공한 대학으로 성균관대학이 꼽히곤 합니다. 참석자들은 내심 재단법인인 삼성 관련 얘기를 듣게 될 것으로 예상되는 상황이었습니다.

벼랑 끝에 섰었다! 🦋

"성대는 벼랑 끝에 섰었던 대학이죠."

저는 1990년대 후반 삼성 재단이 들어오던 시점을 떠올리며 성대의 마인드를 강조했습니다. 바로 벼랑 끝에 섰던 성대의 위기감이 다시는 그렇게 되어서는 절대 안 된다는 의식을 심어주었습니다. **바로 그 위기의식이 성대 구성원으로 하여금 미래를 직시하고 작은 일에 최선을 다하는 일종의 DNA가 되고 있다고 생각합니다.** 시련은 언제나 기억하는 자에게는 귀한 자산이 되어줍니다.

봉명 재단 시절, 성대는 무척 위축되어 있었습니다. 산업 변화의 트렌드에 선제적으로 대응하지 못한 재단의 경쟁력 하락은 곧바로 캠퍼스의 분위기에도 영향을 미쳤습니다. 발전 방향은 모호했고 선장 잃은 항공모함처럼 자신감을 잃어갔습니다. 당시 재학생들과 함께 졸업여행을 갔던 기억이 생생합니다. 미국서 귀국해 큰 기대를 갖고 성대에 부임한 시점이어서 졸업반 학생들이 어떤 생각으로 학습을 했는지가 궁금했습니다. 마지막 날, 저녁 식사를 마치고 각자 허심탄회하게 학창시절을 돌아보며 자신이 준비하는 미래를 얘기하는 토론 시간을 가졌습니다.

"저는 ○○ 대학에 떨어져서 왔습니다."

"저는 △△ 대학에 떨어져서 왔습니다."

"저는 ◇◇ 대학에 떨어져서 왔습니다."

저는 두 가지에 적잖이 당황했습니다. 한 가지는 졸업반 학생들이 왜 이리도 입학 시절의 얘기를 하고 있는가. 아마 제자들 마음에 입학 당시의 쓸쓸한 좌절은 잊힐 수 없는 한스런 기억인 모양입니다. 졸업을 앞둔 시점에 쓰라린 좌절감을 씻지 못한 모습들이 안타까웠습니다. 다른 한 가지는 패배자의 마음으로 성대에 진학한 제자들이 많다는 것입니다. 물론 공대의 상황이었습니다. 예전부터 성대하면 인문대학이 떠오를 정도로 이공계는 경쟁력이 낮았지만 제자들을 통해서 직접 듣는 우리 대학의 현실에 내심 실망스러웠습니다. 물론 입학 당시의 풍경을 얘기한 제자들은 '엉겁결에 들어왔지만 참 좋은 교육을 받고 졸업한다'는 뜻에서 어렵게 얘기한 긍정 고백이었을 겁니다. 그날 아무런 말도 하지 않았지만, 성대만 바라보며 준비해 진학했던 학생들은 기분이 어땠을까요. 뭔가 손해 본 느낌으로, '저런 친구들과 함께 공부하러 여기에 왔었구나' 하는 상대적 손실감이 스쳐갔을 겁니다. 골인 지점에서 출발선 상황을 떠올리는 것은 자족의 수단에 불과합니다. 자신감보다는 웅크림이 컸던 시기였습니다.

좌절감은 학생들에게만 있었던 것이 아닙니다. 교직원도 마찬가지였습니다. 봉명 재단의 재정적 어려움은 고스란히 대학교육 환경에 전달되었습니다. 오랜 기간 신축이 어려워서 대학의 주요 보직자가 어렵사리 건축비를 마련하고 철창 신세를 지는 참담한 사건도 있었다고 합니다. 90년대 중반, 충남 도고에서 있었던 대학세미나의 저녁 시간. 만찬장에서 숙소로 이동하는 과정에서 고초를 겪고 학교로 복귀한 교수님과 우연히 함께 엘리베이터를 타게 되었습니다. 학교의 미래 청사진이 시원치 않다며 안타까움을 토로하셨습니다.

"내가 학교를 위해서 어떤 고초를 겪었는데. 도대체 이게 뭐야!"

학교의 재정에 도움이 되고자 희생했다고 생각하시는 그분의 아쉬움이 담긴 목소리는 재정적으로 대책 없던 성대의 비명소리요 당시 우리 대학의 절박한 속내였을 것입니다. 우리는 아무것도 할 것이 없었습니다. 오로지 새로운 재단이 성대를 맡아서 예전의 명성을 되찾고 새로운 비전에 도전하면 좋겠다는 소망을 모으는 바람이 고작이었습니다. 성대는 그렇게 처절한 좌절을 겪었고 현상 유지도 어려워 보이는 인고의 시간을 길게 보냈습니다. 바로 그 위기상황을 거친 이후에 삼성이 성대의 재단으로 영입되었습니다. 돌아보면, 그 위기감이 성대 혁신의 모멘텀이 되었습니다. 모두가 겸허한 자세로 대학의 발전에 전념했고 몰입했습니다.

한국 대학, 또는 고등교육 자체가 커다란 위기에 봉착했습니다. 학령인구는 줄고 지식의 평준화로 인해서 역량의 차이가 결과의 차이로 이어지는 비율이 줄어들고 있습니다. 소수의 인재가 다수의 경쟁력을 좌우하는 시대여서 핵심 인재를 양성하는 것이 오히려 본질로 바뀌었습니다. 세계적으로 비슷한 상황이긴 하지만, 취업의 문도 급격하게 좁아지고 있는 시대입니다. 생존의 위협을 느낍니다. 20년 전의 성대는 상대적인 관점에서 커다란 위기에 봉착했습니다. 2021년에 발길을 내딛는 이 순간에는 절대적인 관점에서 새로운 시대적 위기감을 체감합니다. 이미 지방의 많은 대학에서 미달 사태를 체험하고 있으며 교수들이 학생 모집을 위해서 매주 대책회의를 하는 상황입니다. 10년 후에는 누구만 살아남는 시대가 아니라 모두가 새로운 패러다임과 마주칠 교육전환기가 다가오고 있습니다. 많은 사람이 위기를 얘기하지만, 진정한 교육혁신을 향한 근원적인 도전은 크게 눈에 들어오지 않습니다. 아직도 가깝고 급한 일에만 초점을 맞추고 있습니다. 크게 보고 나아가야 합니다. 행동이 곧 선택입니다. 절박한 심정으로 행동에 임해야 합니다.

잃어버린 20년… 그리고 글로벌 목표

삼성이 어떻게 다시 성대의 재단으로 영입이 되었는가는 관심의 대상이 될 수 없습니다. 사실은 재영입이라는 표현이 어울립니다. 1978년부터 1996년까지 거의 20년 동안 삼성이 재단이 아니었던 시절만큼 약해졌습니다. 성대의 혁신 여정에는 잃어버린 20년이 있었을 뿐입니다. '삼성이 다시 성대의 재단이 되었느냐'가 아니라 '무엇이 어떻게 달라졌는가'가 핵심일 것입니다.

1997년 즈음은 삼성이 가장 혁신에 몰입했던 시기로 꼽을 만합니다. 1993년에 이건희 회장이 프랑크푸르트 켐핀스키 호텔에서 200

여 명의 임직원을 대상으로 품질경영의 중요성을 강연합니다. 신경영 대장정이라고 불렸던 이 회장의 강연은 68일간 세계를 돌며 350시간 계속된 것으로 유명합니다. 토론 시간만 800시간을 넘겼다니 얼마나 강하게 혁신 의지를 주문했는지를 생각하게 됩니다. 혁신의 본질적 방향은 명확했습니다. "반도체 메모리 분야처럼 세계에서 일류가 되면 수익이 3~5배까지 늘어난다"며 일류기업을 향해 대변신을 해야 한다는 것이었습니다. 4년 후인 1997년 무렵은 삼성의 모든 구성원이 혼신의 힘을 다해 혁신에 동참하던 시기입니다. 저는 개인적으로 당시 삼성반도체 기흥사업장에서 품질경영을 강의하곤 했습니다. 7-4제로 인해서 7시부터 강의를 하기 위해 6시 30분에 주차장에 도착해 이런저런 준비를 했습니다. 당시 의욕에 불타던 삼성반도체의 직원들이 지금도 생각납니다. 컴컴한 새벽을 깨치며 회사로 들어서는 삼성인의 당당한 뒷모습이 눈에 크게 들어오곤 했습니다. 글로벌 일류기업을 목표로 신경영에 몰두하던 바로 그 시기에, 삼성은 성대 경영에 다시 참여하게 된 것입니다.

재단 삼성이 성대를 도와준 가장 큰 자산은 미래에 대한 확신감입니다. '초일류기업을 지향하는 삼성은 분명 성대도 일류대학으로 발전시킬 것'이라는 기대감이 내부 구성원은 물론 성대를 바라보는 국민에게도 생겼습니다. 성대는 관심의 대상이 되었고 기대에 부응하기 위해 혼연일체가 되어 움직였습니다.

삼성 재단의 참여는 우리 대학의 새로운 도전을 의미합니다. 성대를 방문하는 사람들은 모두 궁금해합니다. 과연 삼성은 성균관대학에 무엇을 다르게 정착시켰을까. 그리고 과연 그러한 것들은 얼마나 어떻게 새로운 가치로 대학이라는 풍토에 스며들었을까. 사실 이 질문에 대해서는 내부 교수님조차도 그 답을 모르는 분들이 많을 것입니다. "의과대학에 크게 투자를 했고 눈에 띨만한 전략학과를 만들어 일류대학 만드는데 기여했지"라는 정도의 답변이 보편적입니다. 경영혁신, 삼성장학금, 글로벌경영전문대학원(GSB), 글로벌학과, 동아시아학술원, 반도체공학과, 핸드폰공학과 등을 떠올리며 삼성의 기여도를 평가하는 분들도 계십니다. 저는 훨씬 더 큰 영향력을 미쳤다고 생각하고 있습니다. 삼성전자는 1997년부터 2020년까지 무려 300배 성장했습니다. 그리고 여러 가지 관점에서 초일류기업의 반열에 올라섰습니다. 글로벌 브랜드 전문업체 인터브랜드(Interbrand)가 발표한 2020년 세계기업 브랜드가치에서 5위를 기록한 것이 대표적입니다. **그러한 글로벌 일류기업의 혁신 여정이 우리 대학에 큰 영향을 미쳤음은 자명합니다. 대학의 목표를 글로벌 리더로 전환시켰습니다. 비전에 대한 확신감은 측정하기 힘든 무한가치로 기여합니다.**

삼성이 다시 우리 대학의 경영에 참여할 즈음에 저는 개인적으로 실망을 했습니다. 자연과학캠퍼스(자과캠)의 부지의 일부를 삼성건설에서 매입하는 조건으로 학교에 기숙사 신축을 약속한 것입니다. 기찻길과

캠퍼스 사이의 그 땅은 제 판단에서 보면 제대로 된 글로벌연구센터가 들어서야 할 노른자위 땅이었습니다. 그럼에도 매정하게 그 땅에 아파트를 분양해버렸습니다. 아마 분양 조건이 최고였을 것입니다. 대학 캠퍼스가 내려다보이는 곳인 데다가 바로 후문 앞이었으니까요. 저로서는 안타까웠습니다. 이제 정문을 제외하고는 삼면이 모두 아파트로 둘러싸이게 되었습니다. 하필 제가 관리하는 대학원 연구실에서 그 아파트가 내려다보입니다. 학생들과 토론을 하다가 그곳을 바라볼 때면 종종 씁쓸한 마음이 불거지곤 했습니다. 근시안적인 의사결정임에 틀림없었습니다. 그래서 저는 내심 이런 오해를 했었습니다.

"삼성은 성대의 미래에 관심이 없다."

그즈음에 삼성 임원 출신으로서 벽산건설을 맡고 있었던 김재우 부회장님을 종종 뵙곤 했습니다. 삼성 마인드에 투철한 경영자로서 미래경영의 선구자셨습니다. 윤종용 삼성전자 전(前) 부회장과 입사동기입니다. 착안대국 착수소국(着眼大局 着手小局)을 즐겨 말하시며 크게 보면서 구체적으로 실천하는 리더십을 강조하시곤 했습니다. "바른 경영은 경영을 가능한 줄이는 것"이라는 말도 기억에 납니다. 당시 비범한 시각으로 경영 일선을 이끄시던 부회장님께 우리 대학이 재단을 어떻게 바라보아야 하는가를 여쭈어보았습니다.

"삼성은 기업입니다. 가치로 설명되어야 합니다."

부회장님은 부분적인 결정에 대해서 옳고 그름을 얘기하는 대신에 삼성의 의사결정에 대한 화두를 꺼내셨습니다. 정말 의미 있게 그 얘기를 귀담아 들었습니다. 투자 여부가 아니라 투자의 가치로 입증해야 할 사안인 것입니다.

'삼성은 성대에 엄청난 투자를 했습니다' 또는 '삼성은 성대에 충분히 투자하지 않았습니다'와 같은 표현의 주체는 삼성입니다. 기대 수준에 따라서 얼마든지 다르게 해석될 수 있습니다. 제가 틀린 것입니다. 저는 그 시점부터 생각의 관점을 바꾸었습니다. **성대는 삼성에게서 충분한 투자를 이미 받았습니다. 만일 부족하다고 느낀다면 그에 대한 결론은 명확합니다. 우리가 제시한 비전의 가치가 작았을 뿐입니다.** 지난 25년간 세계 초일류기업으로 도약한 삼성을 재단으로 두고서도 아직 우리는 글로벌 베스트 대학에 진입하지 못하고 있습니다. 성대는 기대만큼 성장하지 못했던 것입니다. 성대를 졸업하면 글로벌 인재로 인정받는 대학이 되어야 합니다. 성대는 우리 모두가 해외에 나가서 자랑스러워할 만한 교육시스템 평판에 도전해야 합니다. 담대한 꿈이 필요합니다.

대한민국 교육계도 마찬가지입니다. 우리 국민이 교육에 갖는 열망은 대단했고 지금도 정말 대단합니다. 교육 분야만큼은 공정성이 지상과제일 정도로 모든 국민에게 절대적인 기회요 희망의 상징입니다. 지난 20여 년 우리나라 교육은 중앙정부의 지원에 의존하는 모습을 탈피하지 못하고 있습니다. 이제부터 대학이 스스로 글로벌 무대를 대상으로 기획하고 기업과 자치단체가 교육계에 투자하는 것을 보람으로 여기는 풍토를 이끌어내야 합니다. 국회는 기업들이 학교에 기부하도록 기부제도의 혁신을 모색해야 하고 정부는 세제를 개편해 지방세나 국세로 기초교육은 물론 고등교육까지 지원하는 방안을 찾아야 합니다. 혁신을 기다리는 교육계의 마인드로는 안 될 일입니다. 우리 스스로 혁신적인 미래가치를 설계해서 청사진으로 보여주어야 합니다. 미국의 하버드 같은 명문대는 기금만 50조 원을 넘게 운영하고 있으며, 매년 최대 2.5퍼센트를 투입할 수 있다고 합니다. 마음만 먹으면 등록금 외에도 1조 원 이상을 쏟아부을 수 있는 환경입니다. 한국 교육계도 원대한 비전을 가져야 합니다. 이미 세계 모든 국가가 한국인의 경쟁력에 관심을 가지고 있습니다. 그리고 그 원천이 바로 아무도 따라올 수 없는 교육열이라고 믿고 있습니다. 선택하면 미래는 달라집니다. 국제 세계에서 인정받는 한국형 교육시스템을 위해 새로운 혁신을 구상할 시점입니다.

혁신의 연속성에 초점을 맞춘다 🌿

삼성 재단 초기의 성대는 혁신 방향이 매우 분명했습니다. 글로벌 리더가 되는 데 필요한 교육, 연구, 사회봉사의 개념에 초점을 맞추었습니다. 학생성공과 고객지향 행정서비스를 위해서 보다 더 현장 지향적인 방향(Direction), 빠른 소통(Communication), 효율적인 지원(Support), 그리고 적극적인 실행(Execution)으로 혁신의 속도를 가속화시켰습니다. 발전 방향설정에는 전략적 관점을 중시했습니다. 글로벌경영전문대학원(Global School of Business, GSB) 학문영역을 탄생시켜 명문 MIT와의 교류를 시작했습니다. 세계 최고대학과의 눈높이를 맞추며 일류대학에 도전한다는 목표와 시그널을 제시한 것입니다. 단순히 전공 명칭에 그치지 않았습니다. 교원 구성, 교육과정, 학생 모집, 학사지원 등 모든 기능을 글로벌 차원에서 동일하게 운영했습니다. 혁신의 본질인 실행력을 최우선시했습니다.

경영경제 전공에도 글로벌 학과를 만들고 동아시아학술원을 개원해 인문학은 물론 법행정 분야에서도 글로벌 리더십을 지향했습니다. 인문사회과학캠퍼스(인사캠) 전체가 시대를 앞서가는 장기적인 안목을 공감할 만한 화두에 도전했습니다. 자과캠의 풍경도 마찬가지입니다. 최고 수준의 의대를 지향했고 반도체공학과와 각종 융합학과를 신설해 변화의 이정표를 제시했습니다. 의과대학도 GSB와 마찬가지로 미국 최고 의대인 존스홉킨스대학과의 교류를 통해서 글로벌 파트너십을 확보했습니다. N센터 출범을 통해서 노벨상에 도전하는 한편 나노와 양자 기술을 중심으로 미래가치 선점에 박차를 가하고 있습니다. 모든 구성원이 공감한 발전 구상은 아닐 수 있습니다. 그럼에도, 모든 구성원이 동참하는 방향이 되어주었습니다.

우리 대학의 성장에 가장 크게 기여한 것은 혁신의 지속성입니다. 경영진의 리더십은 대학발전 방향의 일관성을 유지하는 것을 중시했습니다. 총장 선출이 직선제가 아니라 선출제인 영향도 큽니다. 보여주기 위해서 1~2년 내에 뭔가를 새롭게 시도하는 것을 지양했습니다. 본질이 중요했고 적어도 5년 내지 10년의 장기적인 관점에서의 차별화된 성과를 기다렸습니다. 다음 그림에 나타나있듯이 서정돈 총장님의 비전경영을 시작으로 전략경영, 목표경영, 그리고 신동렬 총장님의 융합경영 시대로 진입했습니다. 대학의 관점 자체도 글로벌에서 시작하여 어느덧 맞춤형 융합 교육연구를 위한 다이버시티로 진화하고 있습니다. 2020년, 어느덧 성대는 글로벌 300위권 대학에서 100위 이내의 대학으로 발전했습니다. 혁신에 대한 겸허한 자세. 조용한 인내심이 가져온 중간 성과입니다.

현재 성대의 큰 화두는 새로운 위기감입니다. 이대로 가면 공멸한다는 자세로 교육 분야의 새로운 돌파구를 마련하려고 매진하고 있습니다. 해외 일류대학의 경영진 임기는 10년을 넘는 경우가 많습니다. 그만큼 장기적인 안목에서 대학정책을 바라봅니다. 〈US뉴스〉가 발표한 미국 1위 대학인 프린스턴의 경우, 이사회도 중요한 분들의 임기는 20년을 참여한다고 합니다. **끊임없이 혁신하는 문화가 전제된다면 장기적인 비전과 전략은 언제나 빛나는 미래를 보장합니다.**

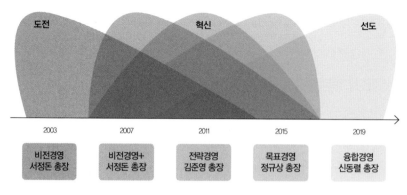

<그림 2> 성균관대학의 리더십 방향과 글로벌 도전

직선제, 간선제, 또는 선출제 모두 일장일단이 있을 것입니다. 교육혁신에 가장 중요한 성공요인은 일관된 리더십입니다. 장기적인 관점에서 유지 및 발전시킬 수 있는가를 직시하며 미래로 나아가야 합니다.

　제가 개인적으로 가장 많이 책을 저술한 분야가 리더십입니다. 특히, CEO 리더십에 관심을 갖고 저서와 역서를 통해서 그들의 영향력을 살펴보았습니다. 최고경영진의 리더십 일관성은 예상보다 큰 기여도를 보입니다. 자칫 개혁을 빌미로 새로움을 제공하는 착시 현상을 경계해야 합니다. 변화 자체가 목표가 될 수는 없습니다. 개인이 아니라 전체를 위한 방향이 관리되어야 합니다. 객관성을 공유하려는 노력과 시간이 지나도 목적이 빛나는 리더십이 필수적입니다. 지속적으로 향상되는 교육의 가치에 대한 정확한 판단이 국내 모든 대학의 미래를 결정할 것입니다.

우리의 결정은 누가 검증하는가? 🌱

기획조정처는 대학의 전략을 구상하고 인적·물적 자원을 배분하고 조직과 각종 규정을 관리합니다. 대학의 미래를 설계하고 추진하는 것이 본연의 책무입니다. 저는 부서의 직원은 물론 경영진도 주기적으로 만나서 미래를 얘기하곤 했습니다. 처장으로 발령받고 나서 얼마 후, 곧 뇌리에 떠오르는 의문이 생겼습니다. 경영진과의 미팅이 조금 편안해지는 시점에 상임이사님에게 질문을 던졌습니다.

"저희들의 의사결정은 누가 검증할까요?"

저는 물론 경영진 의사결정의 퀄리티에 대한 의문이 들었던 것입니다. 시간이 흐른 후에 돌아보았을 때, "그때 결정이 참 좋았다"라는 평가를 들으려면 많은 토론과 검증을 거쳐야만 합니다. 아니면 최고경영진에 당대 최고의 통찰력을 가지신 분의 리더십이 함께 해야만 안심할 수 있는 일입니다. 성대 초기에는 이건희 회장님의 조언도 있었고 삼성경제연구소나 베인앤컴퍼니의 자문도 받았었습니다. 당시 삼성경제연구소에는 교육혁신 전문가도 있었고 하버드대학의 학장이 저술한 서적을 번역 출간할 정도로 글로벌 패턴을 읽어내는 데 주력했습니다. 그러나 제가 보직을 맡은 시점에는 최고 전문가의 목소리(Voice of Leaders)를 청취하는 채널이 분명하지 않았습니다.

"직원들이 잘 모시지 못하는 모양이군요."

이사님은 웃으시며 넌지시 조크를 던졌습니다. 제가 뭔가 불만스러운 것이 있어서 그런 질문을 했다고 보셨던 것 같습니다. 그런 것은 전혀 없었습니다. 오히려 반대입니다. 모든 분들이 개인적 역량이 탁월했고 대부분 업무경력도 충분했습니다. 경험이 많을수록 분명한 관점을 갖고 신속하게 대응할 수 있게 됩니다. 그러나 환경이 급변하는 시대에는 익숙한 관행이 미래에도 적절할지를 점검해야 합니다. 익숙한 패턴에 대한 새로운 질문이 혁신의 시작입니다. 문제 정의가 첫 발상입니다. **혁신의 가치는 새로운 일을 만드는 것에서 비롯되지 않습니다. 현재의 가치에 가장 많이 기여하는 익숙한 일에서 새로운 접근 방식을 찾는 것이 혁신리더십의 본질입니다.** 그러기 위해서는 진지한 경청이 전제되어야 합니다. 당연시하며 진행하는 업무를 시대의 요구에 맞추기 위해서는 귀와 마음을 열어야 합니다.

어느 조직이나 경영진의 리더십 철학은 경영에 매우 중요합니다. 경영의 90퍼센트를 리더가 결정한다는 얘기가 있을 정도로 지도자의 영향력은 큽니다. 특히 대한민국에서는 더욱 그렇습니다. 우리나라는 아직도 리더의 철학에 도전하는 분위기가 형성되어 있지 않습니다. 정·재계를 포함한 대부분의 분야가 그러합니다. 가능하면 최고경영자가 생각하는 바를 조용히 수행해내는 것을 팔로워의 미덕으로 꼽곤 합니다. 따지는 자는 우리 사회에서 쉽게 퇴출됩니다. 상대편을 공격하는 사람은 박수를 받아도 같은 편에게 이견을 내는 사람은 비판을 받곤 합니다. 시간이 지나 매우 옳은 일이었다손 치더라도 개의치 않습니다. 손실을 볼지언정 진영 논리를 우선시하는 것이 한국의 리더십 풍토입니다. 이렇게 분란 없는 실행력이 중요한 사회에는 공식적인 언로가 잘 갖추어져 있어야 합니다. 회의체는 중요한 리더십 수단입니다. 각 그룹의 의견수렴을 공식화하고 소수의 의견이라도 문서로 공유하면 좋습니다. 시간이 지나면 어떤 그룹의 판단이 더 정확했는지를 알게 됩니다. 데이터와 객관적인 관점에서 자신의 토론과 주장을 책임지는 환경으로 발전시켜야 합니다. 선진화된 소통 문화의 필수 조건입니다.

신동렬 총장님은 항상 변화와 혁신의 가능성을 열어놓고 그 어떤 토론도 마다하지 않으셨습니다. 그만큼 다이버시티를 중시하며 다양한 의견을 소화하려고 노력하셨습니다. 비전 2030을 수립하면서 내외부 자문위원도 모시고 대학발전 방향에 대해 쓴소리를 청했습니다. 격주에 걸쳐서 비전포럼을 개최토록 지시해 주요 리더들을 초청해 다양한 목소리를 들었습니다. 주요 이슈가 발생하면 위원회를 구성해 심도 있는 의견수렴 절차도 요청하곤 하셨습니다. 그러한 공식적인 경청을 통해서 때를 놓치지 않도록 결론을 내고 기민하게 실행하는 신선한 소통시스템이 중요합니다.

작년 초의 일입니다. 총장님은 모든 교무위원을 초청해 라스베가스 CES(Consumer Electronic Show) 가전박람회를 방문했습니다. 기술변화에 가장 민감하게 움직이는 가전제품 쇼가 얼마나 빠르게 미래를 향해서 변화고 있는지를 함께 공감하게 만들고 싶으셨던 것입니다. 40명이 넘는 대형 벤치마킹단을 조를 나누어 이끌고 버클리나 애리조나 주립대와 같은 서부 대학은 물론 코세라(Coursera)와 같은 교육플랫폼 사업체도 둘러보며 독려했습니다.

"여러분이 먼저 적극적으로 변화를 보셔야 합니다. 우리 스스로의 마인드를 바꾸지 않고서 대학혁신을 논할 수 없습니다."

총장님은 리더의 안목이 미래를 결정한다고 강조했습니다. 변화가 빠른 시대에는 더욱 그러합니다. 위기감만으로 충분하지 않습니다. 구체적으로 실행과제를 도출하고 제시하는 역량을 끌어올려야 합니다.

우리나라 대학의 경영진 모든 분들이 비슷한 고민을 하고 있는 것으로 알려져 있습니다. 정부의 입장에서 보면 교육부 또한 마찬가지입니다. 선택과 집중의 시대가 아닙니다. 다양한 선택을 시험하고 유연하게 대응할 수 있는 애자일(agile)한 교육생태계를 설계하고 완성시켜 나가는 것에 관심을 가져야 합니다. 어떤 한 사람의 판단이 대세를 이루는 획일적인 리더십 환경은 지나갔습니다. 교육계 리더들이 디지털 시대의 리더십 전환에 눈떠야 합니다. 리더의 판단을 맞고 틀리고의 관점에서 보면 시간의 축을 설명할 수가 없습니다. 맞기도 하고 틀리기도 하며 끊임없이 진화합니다. 얼마나 이해관계자들이 공감하며 동참하는가 여부가 혁신의 본질이 되고 있습니다. 왜냐하면 기술발전으로 인해서 개인의 의사결정 역량의 차이가 현저하게 줄어들고 있기 때문입니다. 혁신리더십은 포지션이 아니라 액션입니다. 모두가 리더의 자세로 공감하며 액션하는 교육생태계를 구상해야 합니다.

다이버시티, 위기 돌파의 키워드 🍃

교육계의 고민이 깊어지는 이유는 차원이 다른 환경에 직면했기 때문입니다. AI와 ICT 기술혁신으로 비롯된 디지털 전환만이 아니라, 인구절벽 현상으로 학령인구 감소가 눈앞의 위기로 다가왔습니다. 그래서 대학이 바빠졌습니다. 유학생 유치를 위한 국제화는 기본이고 취·창업 교육을 강조하는 한편 평생교육 체계 도입을 서두르고 있습니다. 기업 문제를 즉시 해결하는 현장체험 교육도 활성화되고 있습니다. 학생 유치, 교육방식, 연구환경, 산학협력, 사회협력 등 모든 영역에서 새로운 대안을 찾아 나선 모습입니다. 이러한 총체적인 현상을 압축하면, '다이버시티(Diversity)'로 표현될 수 있습니다. 다양한 선택 옵션(Option) 제공으로 맞춤형 교육에 도전하고 있습니다.

　위기가 발생하면 선택의 여지가 없습니다. 그래서 위기입니다. 따라서, 선택의 폭을 미리 넓히는 전략이 위기 대응의 유일한 길입니다. 우리나라의 현재 상황을 20년 전에 미리 경험한 독일과 일본의 교육정책을 눈여겨볼 필요가 있습니다.[8] 공교육이 중심인 초중고 영역은 학교 통폐합으로 대응했지만, 대학교육의 경우에는 캠퍼스 다이버시티와 대학 간 융합네트워크를 강화했습니다. 사립대가 많아서 인위적인 구조조정이 어려우므로 소규모 대학의 차별화로 풍부한 선택지를 마련한 것입니다. **그들의 다이버시티 유형은 크게 '학생과 지역사회의 다양한 요구를 해결'하는 포워드 방식과 '새로운 교육연구 서비스를 개발하여 수요를 창출'하는 백워드 방식으로 구분됩니다. 일본은 포워드 방식을 중시했지만, 학령기 인구 증가를 목표로 했던 독일은 백워드 방식을 동원했습니다.**

독일은 대학의 학생감소 문제를 국가와 지역사회의 공동 과제로 간주하여 15년 동안 전략적 다이버시티 구축을 추진합니다. 결국, 그러한 정책이 출생률과 이주민의 증가로 이어져 교육계의 빠른 정상화에 성공했습니다. 우리나라도 마찬가지입니다. 남북통일 가능성도 있으며 국가경쟁력 향상으로 한국 유학에 대한 주변국의 관심도 높습니다. 중국, 베트남, 인도네시아 등 인접 국가의 엄청난 교육수요를 생각하면 오히려 독일보다도 유리한 환경입니다. 대학이 얼마나 다이버시티하고 수준 높은 교육서비스를 제공할 수 있는가가 관건입니다. 이미 우리나라의 캠퍼스에 많은 외국인 유학생이 있습니다. 그만큼 다양해졌고 그에 상응하는 노력도 요구됩니다. 일단 영어 강의가 전제되어야 하니까요. 북미나 유럽의 대학풍경도 마찬가지입니다. 학생은 물론 교수조차도 외국인으로 채워지는 경우도 허다합니다. 캠퍼스 다이버시티를 익숙하게 생각해야 합니다.

다이버시티 이슈는 크게 세 가지 그룹으로 정리될 수 있습니다. 대학이 이해관계자의 다양성은 물론 차별화 포인트를 구상하는 데 검토해야 할 요소입니다.

- **러닝 다이버시티 :** 학생, 교원, 교과, 비교과, 복수전공, 융합전공, 공동강의, 학점교류, 학습방식(온-오프), 코칭, 멘토링, 졸업 경로, 취업

- **연구 다이버시티 :** 연구목적, 연구주제, 학부연구, 대학원연구, 학문후속세대, 연구학점, 국내 공동연구, 국제 공동연구, 실험기기 공유

- **산학 다이버시티 :** 산학비전, 산학과제, 창업, 인턴, 엑스턴, 산학교류, 기업교육, 지도자문, 사회문제 해결, 지적자산관리, 협업생태계

대학경영 의사결정은 어떤 비전과 전략으로 다이버시티를 반영하느냐가 본질입니다. 예컨대, 미국 육군사관학교인 웨스트포인트(West Point)는 신입생의 다이버시티를 관리하기 위해서 지역(District)별 할당제 개념에서 선발합니다. 모든 지역의 리더를 골고루 뽑아 육성한다는

전략입니다. 심지어 해당 지역 내 리더(최소한 구의원 혹은 시의원)의 추천서를 받도록 해서 지역의 리더후속세대를 웨스트포인트에 보내달라는 시그널을 보내기도 합니다. 다이버시티를 추구하는 분명한 목적을 갖고 전체 시스템을 설계하고 사회와 소통하고 있습니다.

선택의 폭이 넓어지는 4차 산업혁명 시대에는 빅픽처 관점에서 다이버시티를 구상하는 능력이 핵심 역량입니다. 특히 융합경영에는 더욱 그러합니다. 다이버시티가 없는 환경에서의 융복합은 이미 모순입니다. 비빔밥 재료도 없는데 비빌 걱정을 하는 격입니다. 다양성을 제공할 수 있는 환경에서만이 융합경영의 효과가 발휘됩니다. 다이버시티가 대학의 위기 대응에 전제 조건인 이유가 바로 여기에 있습니다.

다이버시티 효과는 이미 기업경영에서 확인되었습니다. 구성원의 다양성만 갖추어도 다각적 관점, 문제해결 능력, 관심 그룹 확장, 일자리 기회 확대, 그리고 수익률 증가에 도움이 됩니다. 다양성이 증가하면 문제해결 능력이 좋아지는 것은 과학적 연구로도 확인이 되었습니다. 더 열심히 하고 창의적이며 성과 또한 우수하다고 합니다. 수익률도 마찬가지입니다. 매킨지의 연구에 따르면 다양한 인종으로 구성된 기업이 평균 수익률이 33~35퍼센트 좋다고 합니다. 교육계도 다를 바 없습니다. 캠퍼스 다이버시티는 사회적 책임인 동시에 미래가치 창출 전략이기도 합니다.

물론 다이버시티에 약점이 있음도 간과해서는 안 됩니다. 교육의 질적 수준을 떨어뜨리며 더 많은 자원을 투입해야 하는 부담이 생길 수 있습니다. 예산이 넉넉하면 무슨 문제가 있겠습니까. 한정된 재원은 언제나 의사결정의 상충 현상(Conflict)을 일으킵니다. 미국에서 교수로 재직하던 시절의 이야기입니다. 학과 회의에서 외국인 유학생에게 주던 장학금을 없애고 학부에서 진학하는 미국인 학생에게 주겠다고 합니다.

"아니, 주던 조교비를 뺏어서 신입생에게 주는 것은 외국인 차별 아닙니까?"

저는 유학생 편을 들며 이의를 제기했습니다. 재원이 부족한 상황에서, 우선 미국인 대학원생을 키워야겠다는 학과장의 결정을 눈치 없이 따진 것입니다. 돌아보면, 당시 선배 교수들이 제 주장을 들어준 것만도 대단하다 싶습니다. 이해하려고 참았을 것입니다. 대학의 미래를 생각하면 본교 출신이 대학원에 진학하는 것이 중요한 게 사실이니까요. 그래야만 학문후속세대가 길러집니다. 당시 20대의 철없는 외국인 교수에게 대학전략은 크게 보이지 않았던 것입니다.

오늘날 대부분 한국 대학은 재원조달이 만만치 않습니다. 그러나 다이버시티를 추구할 수밖에 없는 것 또한 현실입니다. 선택이 아니라 필수 여건이 되고 있습니다. 이제부터 대학경영의 본 게임이 시작되었다고 봅니다. 단과대학 학장의 중요한 자질 중의 한 가지가 모금 능력입니다. 재원이 많으면 선택의 여지를 만들어낼 수 있기 때문입니다. 자신이 이끄는 대학의 가치를 포장하여 외부의 투자를 유치하는 것은 리더의 대표 과제입니다. 희망을 제시하며 선택 옵션을 넓히는 것. 그것이 바로 대학의 경쟁력입니다. 각 대학이 다이버시티 전략을 벤치마킹해야 합니다. 경쟁적 관점이 아니라 공생(symbiosis) 관점에서 서로 도와주어야 합니다. 국민은 변화를 요구합니다.

제3장

긍정,
다이버시티가
유일한 대안

학위과정 및 학위 취득 후
미래 사회의 리더로 진출시키기 위해서는
연속성 있는 플랫폼을 창출해야 합니다.

패컬티 플랫폼을 기반으로
연구장비 글로벌 클러스터를 구축해
연구중심 생태계로 전환시켜야 합니다.

– 성대 대학원혁신 전략 –

Diversity creates opportunity

이대로는 서울대를 이길 수 없다 🌿

교육 분야에서 승패를 직접 언급하는 것이 바람직한 관점은 아닙니다. 교육은 자신과의 경쟁이지 타인을 바라볼 필요는 없기 때문입니다. 출발선에 섰던 자신이 얼마나 더 성장하고 발전했는가가 중요합니다. 그것으로 한 삶의 미래를 설계하기에 족합니다. 그러나 현실은 다릅니다. 국제 랭킹은 물론 국내 랭킹도 큰 영향력을 갖고 있습니다. 우선 국내외 학생들이 배움의 터를 결정하는 데 공식 랭킹을 활용하곤 합니다. 얼마 전, 외국인 수강생이 많은 '서비스 전략(Service Strategy)' 과목에서 마침 교육서비스 사례를 토론하게 되었습니다. 학생들에게 왜 성대에 오게 되었는가 하고 물어보았습니다.

"글로벌 랭킹이 중요한 판단의 근거가 되었습니다."

시대는 바뀌었지만 선택의 과정은 유사합니다. 저 역시 미국에 가면서 당시 고만(Gorman) 랭킹이라는 책자를 뒤적이며 등록금 대비 순위가 높은 대학을 골랐던 기억이 생생합니다.

국내외 대다수 대학들이 성적 우수 합격자 중에서 바로 등록하는 학생들에게는 성적장학금을 제공합니다. 우수한 학생을 영입하려는 시도입니다. 우리 대학도 4년간 전액 장학금은 물론 아예 패키지화해서 다양한 기회를 주도록 기획되어 있습니다. 그럼에도, 복수의 대학에 합격한 학생들 중에는 장학금보다는 사회적 평판이 조금이라도 높은 대학을 선택하는 경우가 많습니다. 금전적 이점보다는 '나 이 대학 다녀!' 하는 자부심이 더 크게 작용하는 모양입니다. 4년간의 경제적 유불리로 평생 따라붙을 명성과 타협하고 싶지는 않을 것입니다. 돈이야 벌거나 빌리면 될 일이므로. 이런 현상은 실익보다는 명예를 중시하는 한국 사회에 뿌리 깊게 박혀있어서 입시철이면 수많은 입시생의 마음이 도미노처럼 쓰러집니다. 꽃다운 나이에 크고 작은 아픔을 겪지 않는 그룹은 오직 해당 학과에서 최고의 대학에 합격하는 학생들뿐입니다.

성대가 글로벌 명문대학이 되고 싶은 이유는 자부심을 갖고 미래를 준비하는 학생들을 배출하고 싶기 때문입니다. 긍정 문화가 가득한 캠퍼스를 만들고자 합니다. 더 좋은 대학을 가지 못해서 성대를 선택한 것이 아니라, 처음부터 성대를 목표로 준비해온 인재들이 활력 있게 캠퍼스를 누비는 것을 지향합니다. 국내 모든 대학이 입학생에게 갖는 간절한 기대일 것입니다. 우리나라는 과도할 정도로 대학입시를 위해 모든 승부를 겁니다. 중고등학교 시절에 최선을 다해서 배우지 않은 것을 부끄러워해야 하는 분위기입니다. 잘못된 편견입니다. 삶의 다양성을 배우는 기간이지 오로지 입시만을 준비하는 기간은 아닙니다. 스포츠, 예능, 지도력, 소통 능력, 기술 개발, 창업 등과 같은 다양한 영역에서 호기심을 갖고 열심히 배우고 자신을 시험할 기간입니다. 그럼에도 너무나 많은 학생들이 전력 질주해 입시 문턱을 지나가도록 강요받는 사회가 되었습니다.

저명 심리학자인 잭 햄브릭 교수 연구팀은 선천적 재능과 노력의 기여도를 연구해 〈심리과학〉이라는 국제학술지에 발표했습니다. 단순한 재능은 노력이 중요하고 공부와 같은 종합 역량은 선천적 재능이 절대적이라고 주장하고 있습니다. 공부는 무려 96퍼센트가 재능에 의존한다고 합니다. 이 연구 결과에 의하면, 우리나라 청소년은 모두 부모에게서 물려받은 상대적 재능 수준을 확인하려고 공부에 전념하는 것과 다를 바 없습니다. 그래서 정작 대학 초년생임에도 심리적 낙오자가 많습니다. 자신의 경쟁력을 너무나 확실하게 비교하며 대학에 진입하기 때문입니다. 물론 그렇게 치열하게 경쟁하는 과정에서 생긴 집중력과 실행력이 한국형 인재의 강점입니다. 하지만, 이제는 각자 자신이 원하는 미래를 위해 긍정 마인드를 갖는 국가로 만들어야 합니다.

성대의 발전 전략을 구상하기 위해서 경쟁의 관점에서 서울대와 비교해봅니다. 오른쪽 〈그림 3〉처럼 평판도, 교수 수, 직원 역량, 대학원생, 학부생, 산학, 동문, 학부모 단위에서 제 나름대로의 판단으로 비교해보았습니다. 음영으로 진하게 표시된 것이 상대적인 관점에서 유리하다고 생각하는 영역입니다. 저의 개인적인 판단으로 볼 때, 직원의 경쟁력 외에는 유리해 보이는 것이 없었습니다. 직원도 숫자적인 면에서는 매우 불리합니다. 우리가 더 효율적이긴 하지만 규모를 감안하면 차별적 우위를 주장하기 힘듭니다. 어떤 학과의 행정인력을 비교한 결과, 성대의 직원이 2명인 반면에 서울대는 7명이라고 합니다. 개인의 경쟁력이 3배나 차이가 날 수는 없을 것입니다. 성대가 서울대를 앞선다는 것은 불가능한 일로 보입니다. 물론 앞에서도 얘기했지만 이기고 지고의 문제로 볼 일은 아닙니다. 그럼에도 불구하고, 국내 최고 대학의 반열에 선다는 것 자체가 얼마나 어려운 환경인가를 확인할 수 있습니다. 카이스트와도 비슷한 비교를 했습니다. 카이스트는 종합대학이 아닙니다. 게다가 병역특례와 전액 장학제도를 운영하는 덕분에 국내 랭킹에서 자유롭습니다. 최고의 학생들이 카이스트를 선택합니다. 대학원을 지원하는 경우에도 마찬가지입니다. 학부를 마친 우수생들이 학습 조건을 따지지 않고 유명세를 따라 움직이는 관행이 크게 나아지지 않고 있습니다. 독특한 차별성으로 경쟁에

〈그림 3〉 비교 관점에서 판단한 성균관대의 발전 방향

서 자유로운 일부 단과대학이나 학과들만은 예외입니다. 자신이 바라는 환경에서 공부하려는 학생을 막을 수는 없는 일입니다. 이제 모든 대학이 각자 차별화된 교육 가치를 제공하는 새로운 플랫폼을 구상해야 합니다.

성균 Agency, 다이버시티를 관리하고 지원한다

미국 하버드대학 입시를 시도했지만 떨어져서 서울대에 진학한 학생이 있다면 어떻게 평가하시겠습니까. '흠. 나쁠 것 전혀 없지' 하는 생각이 들 것입니다. 반대로 서울대에 실패하고 하버드에 합격했다고 가정해보겠습니다. 아마 오히려 잘 되었다고 생각하는 분들이 다수일 것입니다. 생활비 외에 등록금 액수만 무려 10배 이상 차이가 나는데도 말입니다. 서로 비교우위를 이야기하기 힘들기에 생기는 현상입니다. 둘 다 경쟁력이 있음을 알 수 있습니다. 학업 과정과 졸업 이후의 기대가치(Expected Value)에 대한 판단에 따라서 선호도는 각 개인에 따라서 얼마든지 다르게 결론지어질 것입니다.

상징적으로 서울대를 이긴다는 표현을 사용하긴 했지만, 그 본질적 의미는 차별성을 인정받는 최고의 대학이 되는 것입니다. 성대만의 절대적인 고유가치(Unique Value)를 제공할 수 있는지 여부가 관건입니다. 즉, 수직적 역량 비교가 아니라 수평적 선택의 기회를 제공하는 다이버시티로 미래를 준비시켜야 합니다. 우리 대학만이 아니라 모든 대학이 도전하는 과제입니다. 사실 지금도 상당 부분 그러한 고유가치에 근거해서 대학을 선택합니다. 대학 간 비교우위는 부분 요소에 근거를 두고 있어서 모든 관점에서 지배(Domination)당하지는 않습니다. 우리나라의 모든 입시생에게 집 근처에 있는 지역대학은 통학 거리와 학습비용 면에서 하버드대보다 절대적으로 유리합니다. 기본적인 고유가치가 있음을 의미합니다. **의사결정 관점에서 보면 다이버시티의 중요성이 분명히 부각됩니다. 판단 기준이 많을수록 다양한 대안이 강점을 갖습니다. 각 대안이 나름의 강점을 갖기 때문입니다. 마찬가지입니다. 긍정이라는 키워드를 캠퍼스에 확산시키기 위해서는**

다이버시티를 키워야 합니다. 우리 모두의 노력이 필요한 분야입니다.

한국의 교육 형태는 상당 부분 표준화되어 있습니다. 교육부의 통제 수준이 높을수록 대학 간의 차별화가 쉽지 않습니다. 국내 대학의 위상 변화가 매우 어려운 이유입니다. 특히, 단기간에 입시 차별화가 실현되기 어려운 제도가 작동되고 있습니다. 다이버시티를 원천적으로 제어하는 방식에 익숙해지고 말았습니다. 대학을 선택하는 입시 과정에 대한 표준화가 정교하게 관리되고 있으므로 실제 대학의 경쟁력은 캠퍼스 생활과 졸업 후 기대가치에 초점을 맞추어 전략이 기획되어야 합니다. 입시라는 입구가 아니라 졸업 출구에 의해서 경쟁력이 결정됩니다.

"고맙습니다. 여기서 공부한 것이 제 인생의 큰 행운이었습니다!"라는 감사의 인사를 학생과 학부모에게서 들을 수 있는 대학은 진정한 일류대학입니다. 학생의 성공을 위해서 온 정성을 다한 대학이 최고의 대학입니다. 사실, 대학이 어느 곳이든 상관없습니다. 대한민국 교육계의 소망은 대학에서 공부하는 모든 학생이 그런 마음으로 졸업을 하는 것입니다. 저는 입시 전략에 대한 토론을 할 때마다 출구기획(Exit Planning)의 중요성을 강조했습니다. 마케팅 전략의 변화를 감안하면 매우 간단한 발상입니다. 이미 기업에서는 고객만족이나 고객감동의 시대가 훌쩍 지나가고 있습니다. 신뢰와 충성도 기반 플랫폼 비즈니스가 대세입니다. 맞춤형 시대에 신속하게 대응할 시스템을 선호합니다. 고객들은 자신도 모르게 플랫폼을 옮겨 다니며 일종의 비즈니스 파트너를 찾으며 가치관리를 지속적으로 하고 있습니다. 고객관계관리(Customer Relationships Management, CRM)가 고전용어로 들릴 정도로 소비자 중심의 사고가 익숙합니다. 요즘은 작은 커피점도 인상을 찌푸리며 나서는 고객을 방치하지 않습니다. 맛이 없다고 하면, 심지어 요금을 받지 않는 음식점도 있습니다. 교육계도 마찬가지입니다. 캠퍼스의 주인공인 학생 개개인의 가치관리를 통해서 학생 관리에 경쟁력을 높여야 합니다. 대학 문을 나서는 제자들의 발걸음이 가벼워야 할 충분한 이유를 제공해야 합니다. 교육의 기본인 동시에 가장 어려운 도전과제이기도 합니다.

성대는 챌린지스퀘어(Challenge Square) 구축에 거액을 투자해 모든 학생들의 이력관리에 근거한 교육서비스 정착에 도전하고 있습니다. 이제 시작입니다. 입학에서부터 졸업은 물론 안정적으로 사회에 정착하는 시점까지 교육서비스를 제공하려고 합니다. 성균 에이전시(Agency) 개념을 도입하여 학생들의 다양한 요구와 진로, 즉 다이버시티를 전문적이고 종합적으로 관리하려고 준비하고 있습니다. 영국 축구리그인 EPL과 같은 프로스포츠계를 생각해보면 스포츠에이전트부터 시작해서 모든 단계에서 해당 선수의 역량과 가치를 관리하는 전문가가 따라붙습니다. 그 역할을 감독이나 코치가 직접 하지 않습니다. 고등교육 생태계도 비슷한 구조로 발전할 수 있습니다. 학생의 가치가 높을수록 지원인력의 전문성을 높여야 합니다. 일류대학일수록 교직원당 학생 수의 비율을 낮게 유지합니다. 양질의 교육만이 모든 것을 결정하지 않습니다. 최고의 관리가 본질입니다. 특히 COVID-19 이후 온라인 교육과 국제교류를 포함한 대학 간 교류가 일상화되는 환경에서는 더욱 그러합니다. 우리 대학은 교내 상주하는 교육연구 및 행정인력을 감안하면 학생 10명당 1인 정도의 전문가가 활동하고 있습니다. 제대로만 연결하고 지원하면 모든 학생들이 전문적인 관리를 받으면서 학습과 연구를 수행할 수 있습니다. 의지의 문제일 뿐입니다. 게다가 1년에 5,000억 원에 해당하는 엄청난 산학 연구가 진행 중입니다. **벤처 창업까지 보태면 미래가치 창출 가능성은 무한대입니다. 자원의 문제가 아닙니다. 리더십과 전략의 과제입니다. 최고의 미래 인재의 다이버시티를 전문적으로 지원하는 플랫폼 구축과 운영을 선도해야 합니다.**

해외 선진국의 대학스포츠는 학업 병행을 중시합니다. 아무리 유능한 운동선수도 대개 대학 과정을 이수하고 프로로 진출합니다. 유행 때문이 아닙니다. 스포츠 선수로서의 생명이 짧기 때문입니다. 젊은 시절에 선수 생활을 마치게 되면 일부만 지도자의 길로 나섭니다. 소수의 승자 외에는 다수가 스포츠 이외의 보통 생활권으로 복귀해야 합니다. 그래서 고등교육을 이수하면서 스포츠에 참여하기를 권장합니다. 그렇지만 스포츠는 최고의 경쟁을 펼치는 분야입니다. 집중하지 않으면 경쟁에서 우위를 점할 수 없습니다. 미국에서 가끔 스포츠단에서 스타급

선수의 성적 편의를 제공하라는 요청에 대항하며 교수들이 소송을 하기도 하는데 그만큼 운동과 학업을 병행하기가 어렵습니다. 그러한 애로를 해결하기 위해서 우수 대학에서 선택한 방식은 멘토링이나 튜터링 제도입니다. 해당 학생의 학업과 스포츠를 아예 전문적으로 관리해 종합적인 역량관리에 도전합니다. 명문 스포츠 대학일수록 그러한 역량관리 프로그램이 고도화되어 있다고 보면 됩니다.

미래 교육은 변하고 있습니다. 고등교육을 마친 사람은 학문후속세대 도전, 취업, 창업, 공직 진출, 해외 진출, 자아실현에 이르기까지 다양한 진로가 눈앞에 펼쳐집니다. 특히 창업과 해외 진출 같은 분야는 개인은 물론 국가적 차원에서도 적극 권장하는 분야이지만 그 지원체계는 일천합니다. 긍정적인 시그널은 수년 전부터 취업이나 국제교류 등의 분야에 기업출신 경력자들이 여러 가지 형태의 서포터스(Supporters)나 멘토(Mentor) 역할을 하고 있다는 점입니다. 교육서비스 관점에서 볼 때, 역량개발과 관리의 코어(Core) 기능만이 아니라 지원(Supplementary) 기능에도 전문성이 투입되고 있음을 의미합니다. 우리나라는 서비스 경쟁력이 세계 최고 수준에 근접하고 하고 있습니다. 사회적 분위기가 서비스 제공에 대한 기대 수준이 그만큼 높다는 것을 입증합니다. 유수의 기업에서 조기에 퇴직했거나 전문 경력을 갖춘 사람들이 교육훈련 과정에 동참하는 교육지원 프로세스 혁신에 도전해야 합니다. 교육서비스 혁신을 통해서 교육의 질적 수준 제고와 동시에 새로운 형태의 일자리 창출에 관심을 갖는 것이 필요합니다.

인터랙션, 지식 큐레이터의 필수 조건 🍃

개별적인 맞춤형 학생관리는 교육생태계가 그렇게 조성되어 있어야 한다는 것을 의미합니다. 단발성이 아니라 반복성과 지속성을 보장하려면 인적 연결고리가 구조적으로 설계되어야 합니다. 국내 대학스포츠단이 좋은 사례가 될 수 있습니다. 많은 대학들이 스포츠단을 운영하고 있습니다만 사업화에 실패하고 있습니다. 한때 고교나 대학스포츠도 높은 인기를 구가한 시절도 있었지만 프로스포츠가 정착된 이후에는 대중의 관심에서 현격하게 멀어져버렸습니다. 만일 프로 때문에 어렵다면 미국 NCAA(National Collegiate Athletic Association, 전미대학체육협회)는 과연 어떻게 변함없이 성장 가능한 대학스포츠 생태계를 유지할 수 있었을까요. 경영, 특히 전략과 마케팅 전문가들이 적극 참여해 비즈니스 가치 중심으로 운영하기 때문입니다. 미국의 모든 프로스포츠는 선수를 소개할 때에 반드시 최종 출신 학교(대학이나 고교)를 소개합니다. 해당 학교의 동문은 물론 지역주민의 관심을 잃지 않으려는 시스템적 노력입니다. 그러한 생태계 차원의 노력으로 인해서 시스템 요소나 계층 간의 단절이 최소화되고 있습니다. 뿐만 아니라, 생태계가 조성되어 있으므로 전문적인 관리가 필요하게 되는 것입니다. 전후 연결구조가 없는 단발성 구조에서는 전문가가 실력을 발휘할 수 없습니다. 속된 말로, 게임을 하기에는 운동장이 작은 것입니다. **우리나라도 생태계라는 개념은 있습니다. 그러나 명맥이 유지되는 것이 신기할 정도로 요소 간의 연결구조가 취약하고 분절적입니다. 섬세한 경영의 실천이 가치를 보장한다는 사실을 인식해야 합니다.**

성대도 스포츠과학과의 모습은 다른 대학과 크게 다르지 않을 것입니다. 현재의 엘리트 스포츠를 유지해서 전국대회에서 좋은 성적을 거두는 스포츠팀을 유지하느냐, 아니면 생활스포츠를 전면 도입해 연구 중심의 스포츠과학과로 전환시키는가를 놓고 고민하고 있습니다. 굳이 경중을 가린다면 생활스포츠가 좀 더 적극적으로 추진되고 있다고 볼 수 있습니다. 스포츠인터랙션사이언스 대학원과 BK21 4단계 사업 모두에서 정부의 지원을 받는 등 연구 중심 대학의 모습으로 빠르게 진화하고 있습니다.

그럼에도, 엘리트 스포츠 또한 매우 중요할 것입니다. 인류의 미래는 체육과 레저를 빼놓고 생각할 수 없습니다. 다양한 종목들이 각광을 받으며 인류의 행복에 기여할 것입니다. 그러한 미래의 관점에서 볼 때, 대학에게 있어 스포츠단은 결코 한가롭게 여겨질 분야가 아님니다. 오히려 대중의 관심을 받을 수 있는 새로운 생태계 조성을 목표로 수직적 개념의 관계를 수평적 개념으로 전환시켜야 합니다. 예컨대, 성대 스포츠단이 삼성스포츠단의 아마추어 그룹으로 참여하는 것도 고려할 수 있습니다. 그렇게 되면 삼성스포츠단에서 코치를 파견하기도 하고 선수 스카우트 및 지도를 지원할 수 있습니다. 성대는 삼성스포츠단 소속 코치나 선수의 교육 또는 재교육을 책임져서 미래를 준비할 수 있도록 교육서비스 지원이 가능합니다. 전국의 모든 대학도 마찬가지입니다. 각 대학의 재단은 물론 시·도에 있는 스포츠단과 공식적인 네트워크를 결성하고 리더십 어젠다로 관리하면 됩니다. 법규제의 관점이 아니라 경영가치의 관점으로 스포츠를 조명할 필요가 있습니다. 개별적인 기능이 아니라 하나의 생태계 개념에서 동반성장의 개념을 모색해야만 대학스포츠도 새로운 가능성을 찾을 수 있습니다. 교육을 하나의 생태계 개념으로 보고 다양한 이해관계자의 동참과 가치창출의 플랫폼으로 만드는 발상이 중요합니다. 대학스포츠는 동문, 자치단체 주민, 지역 고교와 프로팀의 연결고리가 되어주어야 합니다. 건강한 생태계가 지속적인 미래가치를 약속합니다. 경영마인드와 분야별 전문성이 왜 그리고 어떻게 조화(Harmony)를 이루어야 하는가를 보아야 합니다.

생태계의 본질은 인터랙션입니다. 인터랙션을 통해서 소통과 가치창출이 전제되어야 합니다. 구성원, 기능, 그리고 계층 사이의 인터랙선 없이는 생태계라 할 것도 없습니다. 탁월한 교육전문가이시며 학생처를 맡고 있는 배상훈 처장의 고등교육의 종단분석에서 나타난 국내 대학의 취약점 중의 한 가지가 학생과 교수 사이의 인터랙션입니다. 과거에는 우리 대학도 지도교수제도를 도입해서 학생지도 시 점수를 주는 방법을 도입할 정도로 밀접한 학생관계를 중시했습니다. 그러나 최근 연구력과 산학협력에 초점을 맞추면서 관심이 기대에 미치지 못하고 있습니다. 상담할 것이 없다면 그만큼 생태계 구조가 취약함을 의미합니다. 선택의 여지가 별로 없다는 뜻이니까요. 과거에는 모든 졸업생이 취업만 바라보았습니다. 미래는 다릅니다. 아니, 이미 많이 달라져버렸습니다. 학생의 다이내믹한 경로 관리를 위해서 전문 상담에 투자를 하더라도 인터랙션을 빠르게 끌어올려야 합니다. 우리 대학은 현재 상담 챗봇을 도입하는 방안을 검토하고 있습니다. 공통적인 일반 사안은 챗봇으로 대화하고 특이점이 발견되면 전담인력이나 교원이 면담을 하는 2단계 방식입니다. 형식은 다양할 수 있습니다. 시대에 맞추어 바꾸어나가면 됩니다. **미래 교수 인력의 역할은 단순한 지식전달자에서 라이프 코치와 지식 큐레이터 기능으로 전환될 것입니다. 학생과의 인터랙션 없이 학생성공을 지원할 수는 없습니다.** 강건한 교육생태계를 구상하는 대학 경영진은 구성원 간의 인터랙션의 강도를 점검하는 기능에 관심을 가져야 할 것입니다.

글로벌 인플루언서(Influencer)를 키운다 🌱

연구중심대학을 지향하는 성대로서는 결국 얼마나 훌륭한 학문후속세대를 양성하는가에 의해서 대학 경영 성적표가 결정될 것입니다. 교육연구를 주도하는 동시에 또 다른 연구자를 양성하는 것이야말로 항구적인 경쟁력을 갖추게 될 원동력입니다. 자고로 모든 생물은 목전의 목표가 주어졌을 때 가장 강한 동기부여를 느낍니다. 교수나 연구자가 되기로 커리어를 결정한 사람들은 자신의 꿈을 펼칠 직장을 잡는 과정에서 가장 몰입합니다. 대학에서는 학위를 마친 후 5년 동안 가장 치열하게 연구에 몰입하고 좋은 실적을 거둔다는 얘기가 있습니다. 직장을 잡거나 정년 보장을 위해서 자신의 마지막 1퍼센트까지 쥐어짜는 기간입니다.

글로벌 명문대학, 특히 연구 중심 대학의 공통점은 학문후속세대가 몰려든다는 것입니다. 유명한 학자들이 연구실을 개방하면 함께 연구해 실적을 얻고자 하는 포스트닥터나 대학원생들이 참여 기회를 얻기를 희망합니다. 당연히 진입 자체가 경쟁적이므로 유능한 자원이 참여하게 되고 그들은 다시 더 좋은 연구 결과를 만들어내는 선순환 연결고리(Positive cycle)가 확보됩니다. 이러한 상황이 되면 누가 정말 실적의 주인공인지조차 분명하지 않습니다. 제1저자와 교신저자를 주저자로 명명하며 연구 기여도에 차이를 두지만 복수의 연구자가 공저가 되는 상황에서 그 또한 판단에 한계가 있습니다. 분야에 따라서는 기여도의 분류 자체가 의미가 없을 수도 있습니다. 대학에서의 공동연구 환경도 승자가 유리한 입장에서 미래를 준비합니다.

국립대학인 NUS(National University of Singapore)와 NTU(Nanyang Technology University) 같은 대학은 이미 30년 40년 전부터 미국의 신진학자들을 채용하려고 신임연구자 채용을 열심히 홍보해왔습니다. 각 분야의 주요 전문 학술간행물에 구인광고를 게재해서 문호가 열려있음을 알렸습니다. 마치 자신이 속한 지역의 대학에 지원하는 것처럼 싱가포르에도 관심을 갖는 구도를 만들어 놓았습니다. '역량이 있으면 언제든지 문을 두드려라'는 열린 연구문화를 추구해온 것입니다. 지금도 세계에서 유능한 연구자나 전문학술지 편집장이나 부편집장이 싱가포르 대학에서 여름학기를 보냅니다. 서구 대학이 1년 중에서 9개월 계약을 하는 상황을 이용해 하계방학 3개월을 아예 싱가포르에서 보내는 장기적인 계획을 도와주는 것입니다. 영향력 있는 연구자가 동양의 새로운 환경에서 미래 연구자나 젊은 학자들과 참신한 아이디어를 구상한다는 것은 상상만 해도 유쾌한 일입니다. 언젠가 여름방학 동안에 NTU에서 학회가 있어서 대학 게스트하우스에 잠시 머무른 적이 있었습니다. 그곳에서 만난 고령의 연구자 부부를 엘리베이터에서 만나 인사말을 던졌습니다.

"안녕하세요? 얼마나 오래 머무르시죠?"

"3개월씩 있어요. 매년 말이죠."

남편 대신 대답을 하는 부인의 표정에 여유가 느껴졌습니다.

벤치마킹 차원에서 방문했던 싱가포르 국립대(NUS)는 더욱 진취적입니다. 우수 연구자는 100만 불(약 11억 원)에 가까운 지원을 하며 포스트닥터 2명을 배정하고 있었습니다. 우리가 만난 교수는 NUS는 물론 한국 소재 대학에서도 풀타임으로 근무하고 있다고 했습니다. 두 곳에서 교수를 하고 있는 셈이죠. 교육과 연구에 관한 한, 시간과 공간을 뛰어넘는 시절이 된 것입니다. 우리 대학도 유사한 프로그램을 도입하고 있으며 가속화시키려고 노력하고 있습니다. 비전 2030 수립 과정에서 연구 분과장이신 기계공학부 박성수 교수께서 크게 강조한 분야입니다. 학문후속세대를 육성함에 있어서 양적 경쟁이 어렵다면 질적 차원의 전략을 강구해야 합니다. 영원히 우리 대학과 파트너십을 갖고 있는가 여부도 더 이상 중요하지 않습니다. 학문후속세대를 길러내는 데 얼마나 유효하게 기여하는가에 초점을 맞추어야 합니다. 글로벌 리더를 고집할 일이 아닙니다. 글로벌 일플루언서(Influencer)가 될 수 있는 기회를 제공하는 데 관심을 가져야 합니다.

GVR+(Global Value Researcher Plus) 시스템이 경쟁력

아직 실현되지는 않았지만 제가 오랜 기간 고민 끝에 기획한 아이디어가 GVR+(글로벌가치 연구그룹) 제도입니다. 새로운 수단을 구체화하지 않고서는 미래의 교육체계에 선제적으로 대응할 수 없습니다. 교육·연구·산학 분야에 프로페셔널 서비스를 제공할 방안이 필요합니다. 교육연구를 아웃풋(Output) 중심에서 아웃컴(Outcome) 개념으로 전환하는 것이 아이디어의 본질입니다. 즉 교육생태계의 한계선(Boundary) 외부에 위치해온 가치창출 또는 실용화 과정을 교육생태계의 일부로 옮겨오는 작업이기도 합니다. 모든 사람들이 교육과 연구 과정에 전문가가 참여하면 도움이 된다는 사실은 잘 이해하고 있습니다. 다만 자원이 부족한 상황에서 유능한 전문가를 캠퍼스에 참여시킬 엄두가 나지 않을 뿐입니다.

글로벌가치연구그룹은 교육환경이 변했다는 것에 기반을 두고 있습니다. 교육은 어느덧 평생교육체계로 전환되었고 고령화로 인해서 50대 또는 60대의 유능한 전문가들이 새로운 미래를 준비해야 합니다. 우선 대학 내에서 퇴직한 우수 교수는 글로벌 가치 창출에 수년간 기여할 수 있습니다. 직원도 마찬가지입니다. 업무 중에 자신이 원하는 분야에서 학위를 획득하면 최고의 전문가를 지원할 수 있는 충분한 역량을 갖추게 됩니다. 퇴직을 하는 입장이므로 연금을 합해서 활동비를 설계하면 훨씬 유연하게 허용된 예산 범위 내에서 최고급 인력을 동참시킬 수 있습니다. 기업 소속 경영자나 연구 인력도 참여가 가능합니다. 퇴직을 준비하는 시점이 되면 엑스턴(Extern) 개념으로 학습의 장에 재진입합니다. 인턴의 역할과 반대입니다. 인턴은 실습의 개념으로 미래인재에게 현장학습의 기회를 주는 것입니다. 엑스턴은 현장 전문가가 대학에 가서 내부의 가치를 사회로 연결시키는 데 도전합니다. 이 과정에서 가장 문제가 되는 것이 엑스턴의 처우일 것입니다. 관심 기업과 대학이 협약을 통해서 5년 정도 중기계약을 체결하면 됩니다. 기업 현안을 갖고 학교로 가는 대신에 회사는 5년 정도 비용을 대응합니다. 물론 퇴직금과 연금을 고려해 합리적인 비용 체계를 협상하는 과정이 요구됩니다. 엑스턴은 캠퍼스에 참여해 자신의 전문성이 도움이 될 수 있는 학과 내지는 연구소에 참여합니다. 융합적인 관점에서 학생, 교수, 연구자를 지원해 내부 역량을 글로벌 역량으로 연결시키는 데 주력합니다. 4차 산업혁명 시대에 초연결 (Hyper Connectivity) 개념을 인적자원의 연결과 가치창출로 조직화하는 것입니다.

유럽의 일부 대학은 이미 연구 분석사(Research Analyst) 제도를 운영하고 있으며 싱가포르 경영대학도 아예 미국 교수를 채용해 연구 기획을 전담시키고 있습니다. 교수들이 각자 자신의 강의와 연구에 바쁘기 때문에 전문성을 갖고 연구자와 사회적인 니즈를 매칭하는 전담인력을 채용하고 있는 것입니다. 의사결정과 실행 과정에 전문가를 대신 투입하는 개념은 반드시 고려되어야 할 정도로 교육계 모두 지식서비스 시대에 살고있는 것입니다. 사실 이미 일부 기업이나 대학에서 유사한 형태의 인적교류를 산발적으로 진행시켜왔습니다. GVR+은 다양한 영역에서 산발적으로 진행되어온 일들을 전문화시키자는 전략입니다.

성대에는 이미 엑스턴 개념에서 활동하는 산학중점 교수들이 다수 있습니다. LINC+ 사업과 연동된 분도 계시고 학문 단위 차원에서 강의를 하면서 산학연구에 참여하는 분들도 계십니다. 이들 중에서는 클리니컬 교수직으로 전환되어 아예 정년 트랙 개념에서 더욱 보람된 마음으로 활동하는 분들도 계십니다. **한국인은 예상보다 훨씬 역동적입니다. 정확한 계획을 세워서 지원하면 긍정적인 미래가치를 창출하는 계기를 만들어내곤 합니다. 양적인 팽창이 아니라 질적인 가치창출 채널을 전문적으로 확보하는 것에 초점을 맞추어야 합니다.** 경영과 역량에 대한 균형 있는 관리가 캠퍼스의 잠재력을 극대화시킬 것입니다.

제4장

성균,
학생성공의
궁극적 목표

여러분 한 분 한 분의 변화와 성공을 지지합니다.
여러분의 성장을 지원합니다.
여러분의 필요를 진지하게 생각합니다.

-SKKU 학생성공센터 표어-

Student Success, a plain but excellent mission!

학생성공, 평범하지만 탁월한 미션

신동렬 총장님은 취임과 동시에 두 가지 키워드를 강조하셨습니다. 학생성공과 미래가치 창출입니다. 총장님의 한결같은 교육철학이기도 합니다. 대학혁신 사업의 대표적인 키워드로 도입된 두 용어는 '글로벌 리딩 대학'이라는 대학 비전을 달성하는 모멘텀으로 공감대를 이루는 데 크게 기여했습니다. 총장은 직접 모든 단과대학과 간담회를 통해서 학생성공이 지향하는 바를 반복적으로 설명하기 시작했습니다. 문과대학에서 첫 간담회가 시작되었습니다. 총장이 오프닝 발언을 마치자마자 퇴임을 앞둔 사회적으로 저명한 원로 교수님이 질문을 하셨습니다.

"학생성공은 성대에게는 좀 그렇습니다. 학생성취(Student Achievement)라는 단어가 가까울 것입니다."

이미 학생성공이라는 깃발을 들고 뛰기 시작한 신임 총장에게 용어 자체를 지적하는 질문은 그리 편하지는 않을 수 있습니다. 그러나 그런 의견 또한 소중한 것이었습니다. 총장님은 학생성공에 품격과 품위의 관점을 포함시켜달라는 주문으로 받아들이며 넉넉한 답변으로 대응하셨습니다.

학생성공은 학기 초에 진행된 대학운영전략회의에서도 신랄하게 논의되었습니다. 모든 교무위원은 물론 각 부처의 팀장들도 모인 대회의 자리였습니다. 항상 학생의 관점을 중시하시는 유홍준 부총장님이 사회를 보셨습니다. 시작하면서, 대뜸 '우리가 추구하는 학생성공의 정의가 무엇이라고 생각하느냐?'는 흥미로우면서도 본질적인 질문을 던졌습니다.

"전략적 모호성보다는 사회적으로 필요한 정의가 필요합니다."

유학대학 학장이 먼저 말문을 열었습니다. 정의를 말하기 보다는 대답의 방향성을 언급했습니다.

"학생이 졸업 시점에서 '만족스럽다'는 느낌을 갖는 것."

생명공학 학장의 답입니다.

"학생이 행복한 것이 성공."

대학혁신과공유센터장은 스스로 좋아하는 것을 찾고 대학에서 도움을 받고 성취하는 행복을 느끼도록 해야 한다고 주장합니다.

교무팀장은 학교 규정에 이미 합의된 인재상과 미션이 있다고 설명하며 기본에 충실하면서 시대 변화에 대응하도록 정의해야 한다고 강조했습니다.

학생지원팀장은 학생실패의 반대말로서 "학생들이 실패하지 않도록 학생이 원하는 바에 맞추어 지원하는 것"이라고 말했습니다.

"학생들의 미래 행복을 위해서 도와주는 것"이라며 소프트웨어 학장은 지금만 보면 안 된다고 했습니다.

입학처장은 "학생들이 꿈꾸는 목표를 찾아서 도와주는 것", 출판부장은 "졸업하는 날, 성대에서 공부한 것을 자랑스럽게 생각하는 것" 등을 이야기 했습니다.

표현들은 각자 다양합니다. 그러나 느낌은 같습니다. 성공이라는 단어에 대한 정의는 각자 다를 것이지만 지향하는 바가 똑같기 때문입니다. 학생을 행복하게 만드는 대학. 행복을 느끼는 방식은 다를 수 있어도 바로 그 행복을 바라보는 마음은 동일합니다. **학생성공이라는 성대의 방향성(Orientation)은 평이합니다. 너무나 당연한 화두니까요. 그러나 정작 그 평범함이 빛나는 가치가 될 수 있음을 깨닫게 되었습니다. 우선순위를 조정하는 문제였던 것입니다.**

문득 두산의 박용만 회장이 떠올랐습니다. '사람이 미래다'를 표방

했던 두산은 회사를 홍보하기 위해서 회장이 직접 우리 대학을 방문해 대강당에서 강연을 했습니다. 3년 연이어 방문해 금요일 오후에 강의를 했는데 매번 500명 이상이 강의를 청취했습니다. 제가 직접 강의를 들었던 해에는 학생들이 연단의 빈자리에도 앉아서 들을 정도로 열기가 뜨거웠습니다. '미래의 인재라고 생각하면 두산에서 꿈을 펼쳐라'는 메시지가 핵심이었습니다. 두산이라는 기업에게 사람이 왜 중요한지도 데이터를 보여주며 확인시켜주었습니다.

박 회장이 3년째 강의를 왔을 때, 강의 전에 티타임을 하면서 여유 있게 담소를 나누게 되었습니다. 대기업의 그룹을 총괄하는 리더십 역할을 맡고 있는 분이므로 일상에서의 마음가짐이 궁금했습니다.

"회장님은 언제 가장 행복하십니까?"

"글쎄요. 평범함이 크게 보입니다. 가족들과 도란도란 저녁식사를 마쳤을 때. 그런 때 오히려 행복을 느낍니다."

성공한 사람의 여유일 수도 있습니다. 그러나 사실 큰 화두입니다. 본연의 의무에서 만족하는 것이 가장 아름다운 삶입니다.

교육은 수혜 대상자인 학생들에게 초점이 맞추어져야 합니다. 매일 행복할 수는 없겠지만, 캠퍼스에서 '참 행복하다'라는 생각이 문득문득 스쳐 지나가기를 기대합니다. 학생 각자가 행복한 캠퍼스 생활을 하는 것은 물론 졸업 시점, 또는 그 이후에도 행복하다면 최고의 보람일 것입니다. 사회에 진출한 이후에는 워낙 변수가 많으므로 제자들 또한 부침이 있을 것입니다. 어렵고 힘들은 여정에서도 행복한 기억으로 남을 캠퍼스 생활을 꿈꿉니다. 배우는 학생들의 행복한 일상이 가장 소중한 캠퍼스를 만들고 싶습니다.

F 학점 받기 어려운 하버드 대학생 🌿

성대의 학생성공은 단순한 슬로건에 그치지 않습니다. 대학혁신사업으로 '학생성공센터'를 멋지게 구축해서 쾌적한 학습과 토론 공간을 제공하는 것은 물론 상담원을 채용해 원스톱 서비스에 도전하고 있습니다. 외국유학생도 상담이 가능하도록 국제어 담당 상담원을 채용해 본격적으로 추진했습니다. 다소간의 시차는 있었지만 명륜동 인사캠과 율전동 자과캠 양 캠퍼스에서 동일하게 진행된 일입니다. 가장 편리하고 빛나는 공간에 자리를 마련했습니다. 이미 전국 수십 개의 대학에서 벤치마킹을 위해 다녀갔을 정도로 어느덧 학생성공은 성균관대의 상징으로 자리 잡고 있습니다. 대학원혁신사업의 일환으로 대학원성공센터로 확산시키게 되어 사각지대 없이 학생성공을 꿈꾸게 되었습니다. 사각지대 얘기가 나왔으므로 간단히 코멘트를 더합니다. 인사캠은 평지인 명륜당을 배경으로 한 산기슭에 위치하고 있습니다. 학습하는 빌딩들이 신체적으로 불편한 학생들에게는 여간 불편하지

않습니다. 퇴직하시는 교수님 한 분이 이러한 애로를 지적하며 장애
학생 차량을 기부하셨습니다. 물론 본부 예산팀도 때를 맞추어 에듀
플러스(Edu+) 프로그램을 통해 학생들이 불편 없이 활동하도록 공간
정비 니즈를 대대적으로 파악해서 즉각적인 보강을 지원했습니다. 사
각지대가 없는 캠퍼스. 학생성공의 기초일 것입니다.

하드웨어적 학생성공은 시작에 불과합니다. 균형을 갖추는 것이 중
요합니다. 하드웨어, 소프트웨어, 휴먼웨어 차원의 적합성을 지속적
으로 점검해야 합니다. 작년 상반기에 비전포럼에서 대학의 비전 수
립 방향에 대해서 실시간 온라인 강의를 하게 되었습니다. 대학의 모
든 주요 보직자들이 듣는 열린 토론의 시간입니다. 우리 대학이 글로
벌 리딩 대학을 지향하고 있으므로 세계 최고 명문인 하버드대학의
약점을 보여주고 싶었습니다. "명문대학도 이러한 약점이 있다"고 자
극을 주고 싶었던 것입니다. 구글링을 위해 질문을 자판에 쳤습니다.

"왜 하버드 대학생은 실패하는가?"

검색 결과 제가 원하는 답은 없었습니다. 대학생이 실패하는 이유
는 나왔지만 하버드 대학생에 대한 얘기는 아니었습니다. 그 대신, 두
눈이 뚱그레지는 문장을 보게 되었습니다.

"What happens if you fail a class in Harvard?"

하버드에서 수업을 실패하면 무슨 일이 생기는가. 즉 어떤 과목에
서 F 학점을 받으면 어떻게 되는가를 소개하는 글이었습니다. 질문에

대한 대답으로 하버드에서 학부생을 가르친 강사의 경험담이 올라와 있었습니다. 매우 흥미로운 교육현장 얘기를 소개하고 있었습니다.

"하버드대학에서는 수강 실패가 어렵다. 거기에서 학부생을 가르쳤다. 우리들은 만일 어떤 학생이 F 학점을 맞을 상황이 되면 기말고사 훨씬 전에 대학에 그 상황을 보고하도록 되어 있다. 만일 학생이 과목에서 F 학점을 받은 경우에는 이의신청을 할 수 있도록 되어 있다. 만일 강사가 충분히 사전에 그런 상황을 학생에게 인지시키지 않았으면 학점을 변경하도록 요구받을 수도 있다. 물론 입증 부담은 전적으로 강사에게 있다. 모든 기록을 잘 정리하지 않고서는 학생에게 F 학점을 줄 수가 없다. 가끔 F 학점이 나오기도 한다. 지난 6년간에 들은 얘기로는 어떤 강사가 과제물을 한 번도 내지 않은 학생에게 F 학점을 주었다고 한다."[9]

미국에서의 교수 경력을 포함해 33년간 대학생들을 가르친 저에게도 큰 울림이 되는 글이었습니다. 그동안 내 과목을 들으며 소리 없이 좌절한 수많은 제자들에게 미안한 마음이 들었습니다. 성대에 부임했던 첫 학기에 어떤 학생이 공무원 시험 준비로 시험은 물론 한 번도 과제물을 제출하지 않은 학생이 있었습니다. 성적을 준 이후, 학생이 찾아와서 이번에 학점을 받지 못하면 졸업할 수 없다며 사정을 봐달라고 했습니다. 필수과목이라서 3번째 이 과목을 듣게 되었다는 것입니다. 출석은 안 했지만 이미 들은 과목이라는 주장입니다. 그래서 시험을 치자고 제안을 했습니다. 50점이 넘으면 학점을 주겠다고 말이죠. 넉넉하게 채점을 하고도 30점대에 불과했습니다. "이제 확인되었느냐"고 학생에게 물으니 "교수님, 정말 사정을 봐 주세요"라며 다시 부탁하기 시작했습니다. 저는 학점을 아무런 근거 없이 주면, 나머지 F 학점 받은 학생들은 도대체 어떻겠는가 하면서 설득을 시켰습니다. 그러자, 학생이 화를 내기 시작했습니다.

"도대체 교수님은 왜 교수를 하세요? 학생이 잘되어야 하는 것 아닌가요!"

저는 학생을 돌려보냈습니다. 미래를 위해서 대학교육의 시스템을 잘 지키는 것도 중요하다고 하면서요. 사실, 저는 다음날 학생의 성적을 올려서 처리했습니다. 학생의 외침이 마음에 닿았습니다. 학생의 수강 상황을 미리 파악하지 못한 제게도 책임이 있었음을 인정한 결정입니다.

하버드대학은 명문대임에 틀림없습니다. 학생성공의 책임을 교수나 강사가 져야 한다는 의식 자체가 명문입니다. 물론 댓글에서 비아냥 목소리도 있었습니다.

"하버드는 권력자나 엄청난 기부금을 내는 사람들의 자녀들에게 F 학점을 주기를 원치 않는다. 바이어스(Bias) 없는 대학이 되려면 모든 학생들이 F 학점 받기가 어렵도록 만들어야 한다."

하버드도 완벽하게 달성하지는 못한 모양입니다. 그러나 하버드의 학생성공 정신은 배울 만합니다. 해당 교과목에서 학생실패의 책임은 가르치는 선생에게 있는 것입니다.

지난 학기에 온라인 실시간으로 대학원 과목을 가르쳤습니다. 물론 대부분의 학생이 좋은 성적을 받았습니다. 그중에서 출석과 과제물 제출에서 불성실한 학생들이 있었습니다. 성적을 주면서 해당 학생들에게 메일을 보냈습니다. 이런 이유로 예상 성적이 나쁘므로 혹시 내가 놓친 것이 있으면 사유를 애기하라고 말이죠. 그중에서 한 학생은 상황을 설명하며 늦었지만 누락된 과제물을 제출했습니다. 저는 그 과제물들을 재평가해 합당한 성적을 부여했습니다. 과제물을 평가하는 제 마음이 좋았습니다. 학생성공은 멀리 있지 않습니다. 우리 각자가 자신의 맡은 바를 학생의 관점에서 준비하고 점검하면 됩니다. 바로 그 기본적인 일에 무심코 허술했던 지난 세월을 반성합니다.

항상 최고 수준의 강의평가를 기록하는 교강사님들을 보면 정말 경이롭습니다. 본부에서는 대단위 강좌인 경우에는 그런 강의를 시그너처(Signature) 과목으로 지정해 지원하기도 합니다. 지난 학기에도 명예교수님 한 분이 학부 수강생 60명을 대상으로 100점 만점을 받으셨습니다. 총장님께서 그분의 강의를 다른 교수님들이 보실 필요가 있다고 강조하실 정도입니다. 단순한 가르침의 재능으로 된 일이 아닐 것입니다. 깊은 연구와 저술을 바탕으로 학생의 관점에서 철저히 준비하시는 마음이 전달되었을 것입니다. 가르침은 준비된 마음 위에서 주고받는 지식이라는 언어의 소통입니다.

미래가치, 사회적 균형에 기여한다

학생성공이 학생의 관점에서 고민할 이슈라면 미래가치는 리더십 관점에서 기획해야 됩니다. 중요한 지역에 공터가 있다고 가정해봅시다. 그 공터에 아무런 계획을 세우지 않고 방치하면 출발점 그대로 있는 것이 아닙니다. 시간이 지날수록 잡초만 무성하게 자랍니다. 미래기회의 가치는 항상 같은 패턴으로 움직입니다. 누군가 기획하고 노력한 분량만큼 가치로 전환될 가능성이 커집니다.

본래 '성균(成均)'은 '아직 쓸모 있는 상태로 다듬어지지 않은 인재들을 완성시킨다'는 뜻의 '성인재지미취(成人材之未就)'와 '고르지 못한 풍속을 고르게 한다'는 '균풍속지부제(均風俗之不齊)' 구절의 첫 글자를 취해 만든 이름입니다. '성(成)'이 인재양성이 교육의 목적이라면 '균(均)'은 교육의 방향이 사회기여 즉 사회적 가치에 있음을 나타냅니다. 우리 대학의 박소정 교수는 연구를 통해서 '성균'을 고대 학궁이 아닌 '음악적 조화로 상징되는 도덕적 완성'의 의미로 보아야 한다고 주장하셨습니다. 일부러 시간을 내어 제게 대학 비전에 성균의 의미를 담아내야 한다는 말씀도 주셨습니다. 학생성공이 전자가 중시하는 바대로 인재의 완성에 초점을 맞춘다면 미래가치는 조화로운 사회를 만드는 태도, 즉 자세에 초점을 두고 있습니다. 실제로 신동렬 총장님은 종종 성균으로 학생성공과 미래가치를 설명합니다.

성균은 명사보다는 동사가 예쁩니다.

'성균하세요. 성균을 기원합니다.'

아직 많은 사람에게 낯선 말일 것입니다. '성공하세요. 성공을 기원합니다'라는 표현이 익숙합니다. 그러나 이 또한 좋은 말이긴 하지만 거칩니다. 성공이라는 단어가 주는 보이지 않는 부담감 때문입니다.

10년 정도 전에 고려대에서 학생들을 대상으로 리더십 특강을 했습니다. 학생 간부들이 많이 들었는데 제가 성공 방정식을 소개했습니다.

성공 = 능력×태도×환경.

당연히 태도의 중요성을 강조하려는 의도였습니다. 강의를 마치자, 한 학생이 질문을 했습니다.

"교수님. 성공이라는 말 자체가 부담스럽습니다. 꼭 성공을 목표로 해야 하나요?"

도대체 언제까지 성공, 성공, 성공하며 살아야 가는가를 지적하고 있었습니다. 이미 철이 든 학생일 것입니다. 아니면 호시절 청춘을 오로지 성공이라는 단어에 집착하게 만드는 현실이 안타까워서 그럴 수도 있습니다. 저는 '여러분이 원하는 방향에 가까이 가는 것이 여기서의 성공'이라고 답변했습니다. 그것이 봉사든, 위치든, 심지어 돈이든 상관없습니다. 자신의 꿈에 가까이 가는 것을 성공으로 보면 된다고 말이죠. 대답을 하면서도 '우리 후배들이 성공이라는 단어에 지쳐있구나' 하는 생각을 떨칠 수가 없었습니다.

성균은 도덕적 완성을 지향합니다. 전체의 균형을 맞추는 성취에 초점을 맞추고 있습니다. 일종의 음악이요 하모니입니다. 성공이 험난하고 거친 과정을 떠올리게 만든다면 성균은 점진적이고 조화로운 협주를 떠올리게 합니다. 성균 = 능력×태도×환경. 성균 방정식을 수사(rhetoric) 관점으로 보면, 태도가 훨씬 더 강조되는 매력이 있습니다. 부드럽지만 안정적인 미래를 상상하게 만듭니다.

신동렬 총장님이 강조하는 미래가치는 균(均)을 의미합니다. 총장의 경영철학으로 볼 때, "학생성공과 미래가치에 도전하세요"는 "성균하세요"로 들립니다. 의도를 이해할 때까지 강조하는 어법을 구사하는 스타일이십니다. 2년 동안 듣다 보니 저도 모르게 '성균하라'는 메시지가 뇌리에 박히게 되었습니다.

미래가치는 교육성과, 연구성과, 산학성과, 창업성과, 지역사회 공헌성과, 사회문제 해결성과 등 전방위적 관점에서 다루어질 수밖에 없습니다. 종합대학으로서 모든 이해관계자로부터 그러한 보이지 않는 기대를 받으며 미래를 준비하게 됩니다. 만일 고등교육이 우리 사회로부터 존중받지 못한 부분이 있다면 그러한 기대를 충족시키지 못하고 있음을 나타냅니다. 한 가지 짚고 넘어가야 할 사항은 가치(Value)라는 단어가 갖고 있는 속성입니다. 세상의 모든 것에 대한 가치는 극히 개인적입니다. 교육과 훈련의 영향력에 의해서 가족, 조직, 기업, 지역, 국가의 가치관이 리더가 의도한 방향으로 조정되기는 하지만 각자의 마음속에 내재된 가치관은 그 기본을 유지하기 마련입니다. 일부 정신세계 연구에 심취한 사람들이 생물학적 유전자가 DNA 형태로 전수되듯이 인간의 정신세계 또한 유전 형태로 전수된다고 주장하는 이유이기도 합니다.

인성, 성대의 영원한 필수과목 🍃

최근 유튜브에서 사교육의 아이콘인 손주은 메가스터디 회장의 강의를 듣게 되었습니다. 수천 명을 앞에 두고 한 몇 년 전의 강의였습니다. 우리 사회에 인터넷 강의를 도입해 전국적인 차원에서 사교육에 대한 접근성을 제공한 혁신적인 교육자입니다. 그분의 강의를 들으면서 설명하기 힘든 미소가 제 입가를 스쳐가더군요. 왜냐하면 미래는 역량이 아니라 인성이 인재를 결정한다고 주장하셨습니다. 심지어, 이제 사교육도 인성을 가르치는 데 관심을 가질 시대가 오고 있다는 것이었습니다. 유럽 선진 기업이 인성 좋은 청소년을 조기에 취업시킨 후에 역량 교육은 아예 필요한 만큼 기업에서 책임지고 배울 기회를 제공한다고 합니다. **인성을 갖춘 인재를 뽑아서 맞춤형 교육훈련을 실시하는 풍경은 고등교육의 미래를 예단하기에 충분한 발제 주제입니다.**

따지고 보면, 성대야말로 손 회장이 생각하는 미래형 인재를 오래전부터 꿈꾸어왔던 대학입니다. 대학 공간을 인의예지로 구분할 정도로 진지하게 추진되는 주제입니다. 다르다고 모든 것이 좋은 것은 아닙니다. 올바른 다이버시티, 사회에 기여할 수 있는 다양성을 갖추는 마음가짐이 중요합니다. 삼성 재단 재영입 이후 학생을 대상으로 추진한 역량 강화 브랜드로는 3품제가 기억에 납니다. 인성품, 국제품, 창의품을 졸업 조건으로 제시해 균형 있는 인재상을 강조했습니다. 모든 학생들은 3품제 조건을 충족시켜야만 졸업이 가능합니다. 인성품은 초기에 40시간의 사회봉사 활동과 유학 관련 교과목을 이수해 취득할 수 있었습니다. 중간에 ACE 사업을 하면서 개편해서 국토 대장정, 리더십 프로그램 등 체험 중심의 실질적 사회봉사 활동도 인정했습니다. 인성품은 성대 역량의 상징이기도 합니다. 국토대장정만 보더라도 학생들의 변화를 느끼게 됩니다. 10박을 넘기는 긴 체험의 시간과 공간은 자신을 돌아보는 충분한 여건이 되어줄 것입니다.

"평소 사서 고생하는 것을 즐기는 저에게도 국토대장정은 너무 내

놓고 사서 하는 생고생이 아닌가 하는 생각이 들어서 반감을 가졌었습니다. 하지만 (한 번은 가도 두 번은 안 갈 거라는) 경험자의 적극적인 추천에 의해 국토대장정을 신청하게 되었고, 덕분에 인생에 두 번 다시는 오지 않을 멋진 경험을 하게 된 것 같습니다. (중략) 대학생들의 학업과 사회생활에 피폐해진 몸과 마음을 정말로 순수하게 씻을 수 있다는 점에 더 큰 의미가 있지 않을까요?"

많은 대학들이 유사한 국토대장정을 도입했습니다. 성대의 특징이 있다면 종합적인 관리 기능일 것입니다. 인성을 확실한 역량으로 만들기 위해서 10년 가까이 학부대학장을 역임한 유홍준 부총장님과 유학대학, 그리고 문과대학의 수많은 교강사의 헌신이 있었습니다. 본질은 그래서 '정말 성대 출신은 인성이 좋은가?' 하는 질문에 대한 응답일 것입니다. '인성교육의 효과성'을 측정해보았을 정도로 학부대학에서 관심 갖는 주제이지만 일시적인 현상에 그치면 안 됩니다. 궁극적으로 사회가 느끼고 공감해야 할 이슈입니다. 2019년, 성균인성교육센터가 제7회 대한민국 인성교육 대상을 수상했습니다. 대학에서 가장 먼저 인성교육의 깃발을 든 성균관대의 리더십을 인정받은 셈입니다. 단언컨대, 인성은 성대의 영원한 필수과목으로 대접받을 것으로 믿습니다.

국제품은 공인 외국어 성적, 국제학술 활동, 해외 연수, 국제교류 등을 포함합니다. 창의품은 발명을 통한 수상, 창업, 프로젝트나 캡스톤 디자인과 같은 문제해결형 과제에 도전하는 것을 중심으로 진행됩니다. 신동렬 총장 취임 이후, AI 관련 교과목을 추가해 신3품제로 개편을 했습니다. AI품과 인턴품을 추가해 그중에서 택3을 하도록 자율성을 부가했습니다. 캠퍼스의 모든 제도가 그렇지만 무엇을 하느냐가 본질이 아닙니다. 왜 학생들이 3품제로 비교과 활동이라는 관문을 거쳐야 하는가에 주목해야 합니다. 성대는 글로벌 리더를 양성하려고 노력하고 있습니다. 리더는 주는 사람입니다. 영향(Impact)을 주는 사람입니다. 교과과정은 영향을 받는 것이 중심입니다. 교과와 비교과 프로그램의 밸런스가 미래 지향 인재육성의 핵심입니다.

스쿠(SKKU) 분석으로 성균을 점검한다 🍃

개인적인 역량(Competency)과 인성(Humanity)을 동시에 추구하는 것은 중요하지만 까다로운 일입니다. 일종의 판단의 문제이기 때문입니다. 성균의 관점에서 개인적 또는 조직의 역량에 대한 객관적인 포지셔닝을 할 수 있는 스쿠(SKKU) 분석표를 소개합니다(〈그림 4〉 참조).

의사결정은 기준(Criteria) 또는 속성(Attribute)을 근거로 대안을 선택하는 행위입니다. 성공을 성균으로 전환시키는 2가지 관점, 즉 성취(Performance)와 균형(Balance)이라는 기준을 동시에 고려하는 다기준 의사결정에 해당합니다. 어떤 대안을 비교할 때에 많은 기준이 관여

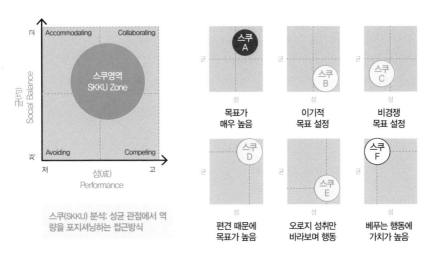

〈그림 4〉 성균 개념에 기초한 스쿠(SKKU) 분석표와 예시

되지만 가장 중요한 기준 2~3개를 충족시키기만 해도 상당히 만족할 만한 결과에 도달한다는 것이 이미 학문적으로 확인되었습니다. 성균의 관점에만 충실해도 매우 중요한 가치를 확보할 수 있음을 의미합니다.

성균은 협상 이론에 대비해서 해석될 수 있습니다. 성공은 협상의 결과(Performance Outcome)을 의미하고 균형은 관계(Human Relationship)와 비교됩니다. 사람들이 개인의 성취와 사회와의 조화를 대상으로 끊임없이 협상을 하면서 살아간다고 보면 됩니다. 실질적인 삶이 그렇습니다. 욕심이 생기는 시점에서 자기를 절제하는 기준은 본인은 물론 주변 사람 또는 더 나아가서 사회와의 균형을 생각하게 됩니다. 바로 그 시점에 이성을 잃고 물욕에 집착하다가 훗날 큰 낭패를 보게 됩니다. 한두 번은 성공할 수 있습니다. 그러나 균형을 잃은 판단은 언제나 높은 담벼락을 걷는 행위와 다를 것이 없습니다.

대학은 사회에 진출하는 미래의 인재에게 성균(Performance&Balance, P&B)을 가르치는 역할을 합니다. 성취에 필요한 전문성을 가르치는 한편 사회적 균형에 필요한 인성과 판단력도 훈련시킵니다. 아래 그림에 나와 있듯이 성균의 관점으로 보면 경쟁(Competing), 상생(Collaborating), 성원 또는 수용(Accommodating), 양보 또는 상극(Avoiding)으로 상황이 구분될 수 있습니다. 개인이나 조직은 바로 이 좌표에 나름의 스쿠(SKKU) 영역을 형성하며 미래로 나아가는 것입니다. 물론 협상도 원칙협상, 강성협상, 연성협상이 있듯이 개인의 삶의 방식은 각자 견뎌낼 수 있는 스트레스 레벨에 의해 차이가 납니다.

스쿠 분석표에 나타나있듯이, 편견에 의해서 스쿠존이 왜곡되는 것을 조심해야 합니다. 자신은 욕심이 없다고 주장하지만 온통 탐욕으로 물들어 있는 사람도 있습니다. 그와는 정반대로 놀라운 잠재력을 가졌음에도 자신은 안 된다고 포기하는 사람도 많습니다. **성균에 대한 올바른 판단과 가치관을 유지하는 것이 소중합니다. 그것이 교육의 목적입니다. 특히, 우리 사회를 이끌어야 할 미래 리더들에게는 절대적입니다. 그들의 성균(P&B) 의식에 의해서 미래가 결정됩니다.**

다소 주관적인 관찰이지만, 넷플릭스(Netflix)에 소개된 마이클 조던의 대학 선택 얘기를 요약해봅니다. 그는 고교 시절부터 잠재력이 큰 선수로 인정받았습니다. 어느 대학이라도 갈 수 있었습니다. 당시 지역대학인 노스캘로라이나 주립대학의 농구팀은 까다로운 규율로 유명한 딘 스미스가 이끌고 있었습니다. 성적도 좋았지만 교육 자체를 중시해 존경을 받았습니다. 아들을 그 대학으로 보낸 조던의 어머니가 회상합니다.

"마이클을 더 성장시킬 곳을 찾았어요. 농구는 물론 좋은 교육을 받을 수 대학을 말이죠."

그에게 농구는 성(Performance)의 기준이었고 교육은 균(Balance)을 판단하는 근거였습니다. 덕분에 우리 시대의 위대한 스포츠맨은 프로로 전향해서도 마약, 술과 담배를 손도 대지 않고 철저히 자기관리를 했습니다. 우쭐대기 쉬운 환경에서도 한결같은 절제력으로 대스타로서의 책무를 다합니다. 마이클 조던의 성균 덕분에 미국 시카고는 물론 전 세계가 에어 조던의 무한도전을 즐길 수 있었습니다.

제5장

4배(拜), 개방형 융합교육의 플랫폼

글로벌 교육혁신 오픈 플랫폼

교육과정은 개방성, 융합성, 글로벌화의
3대 원칙으로 혁신합니다.
교육방식은 플립드러닝, 자기주도형, 연구유발형으로 혁신합니다.
교육인프라는 글로벌 멀티웨이 클래스,
실시간 러닝시스템, 상시 공유앱으로 혁신합니다.

– 성대 대학원혁신 전략 –

Harmony between performance and balance

순혈주의에 집착하지 않는다

연구중심대학의 경쟁력은 교원의 연구력이 매우 중요합니다. 우수 연구자 초빙은 모든 비교 대학이 인지하고 있는 전략과제이지만 모시기도 힘들고 유지하는 것 또한 어렵기는 마찬가지입니다. 과거에는 한번 국내 교단에 섰으면 옮기지 않는 것이 미덕이었습니다. 가르치던 제자들에게 등을 보이며 다른 제자를 찾아나서는 모습이 스승의 도리인가 하는 유교문화가 적지 않게 의사결정에 반영되었습니다. 물론 시대와 상관없이 개인적인 성향이 모든 결정을 좌우하는 것은 동서고금을 막론하고 마찬가지입니다. 국내 주요 대학이 연구중심대학을 표방하고 정부가 BK21(Brain Korea 21) 사업이나 WCU(World Class University) 사업에서 우수 연구자를 집중 지원하면서 교육계의 풍토가 확 바뀌었습니다. 협력연구가 가능한 대학으로 연구의 터를 바꾸는 것에 대한 부담이 줄어들기 시작했으며 연구역량이 뛰어날수록 전직의 기회가 생겼습니다. 심지어, 역으로 대부분의 대학이 우수 연구자를 스카우트하는 특별채용 제도를 도입하기에 이르렀습니다.

삼성 재단이 대학 경영에 참여한 이후 생긴 큰 변화 중의 한 가지가 신임교수 채용이라고 봅니다. 과거에는 학과의 추천에서 1순위로 올라갈 수 있는가 여부가 초빙 과정의 핵심이었습니다. 많지 않은 교수들이지만 각 학과에서 초빙하고자 하는 교수에 대해 통일된 의견을 모은다는 것은 쉽지 않은 일입니다. 워낙 개성을 중시하는 직종이고 각자 나름의 논리가 탄탄하기 때문입니다. 고참 교수의 목소리가 중요했고 합의가 어려워서 아예 퇴임 교수의 전공 분야로 모집 광고를 내는 것이 다반사였습니다. 학과의 발전을 위해 전략적인 차원의 초빙보다는 매끄러운 학과 의견수렴이 더 중시되었습니다. 돌아보면 바로 교수초빙 영역을 혁신한 것이 대학발전의 좋은 기초가 되었습니다. 학과에서 추천하는 과정은 크게 바꾸지 않았습니다. 다만 명확한 질적 채용 가이드라인을 통과한 후보만이 본부의 인사협의회를 통과할 수 있었습니다. 논문의 영향력과 피인용도 관점에서 주요 경쟁대학의 동일연구자 대비 상위 1~2퍼센트, 5퍼센트, 10퍼센트, 또는 20

퍼센트 수준에 근거해 판단합니다. 그러한 인재를 모시려면 상대적으로 경쟁력이 있는 사람을 물색하지 않고 소수의 인맥을 고집해서는 연이어 채용에 실패하게 됩니다. 1990년대 후반은 우수교원 쟁탈전이 치열하지 않은 시점이라서 성대의 우수교원 초빙 전략은 상대적으로 빛을 발하게 됩니다. 결정적인 성공 요인 중의 하나라고 판단합니다. **가장 먼저 차별적인 전략을 시도하는 발상은 언제나 가치가 큽니다.**

더욱 특이한 점은 출신 대학의 평판에 집착하지 않았다는 것입니다. 학과의 판단은 다를 수도 있지만 적어도 본부는 거의 블라인드 개념에서 후보자의 수월성에 초점을 맞추었습니다. 본교 출신을 고집하지 않았으며 일류대로 알려진 학교명에 우선순위를 두지 않았습니다. 오로지 검증된 교원을 모시는 것으로 승부를 걸었습니다. 왜냐하면 국제 경쟁력이 있는 일류 연구자를 모시는 일에 조건이 생기면 그만큼 후보군이 좁아지기 때문입니다. 자신들만의 리그를 스스로 만들고 있는 것입니다. 갈 길이 먼데 왜 울타리를 치면서 후보군을 좁히며 나아갑니까. 이 순간, 그리고 재직하는 동안 최선을 다해서 대학발전에 크게 기여할 수 있는 역량과 태도를 가지면 충분합니다. 이러한 전략은 냉정히 장기간 진행되어 오히려 연구력이 우수한 제자를 배출하지 못한 학과에서는 성대 학부 출신 교수가 오랜 기간 초빙되지 못할 정도입니다. 각 학과에서 우수 학문후속세대를 양성하는 것에 자연스럽게 관심을 갖게 된 것은 중요한 부대효과였습니다. 출신 배경을 차별하는 것은 옳은 일이 아닙니다. 제자들에게 사람을 차별하지 말라고 가르치면서도 정작 교수들 스스로 지키지 않는 행태에 불과합니다. 한 개인의 노력과 실적을 공정하게 평가하고 인정하는 문화야말로 바른 교육의 기본입니다.

요즘 대학 간 인력 이동은 일반 기업만큼이나 일상화되고 있습니다. 우수 교직원을 모시는 일도 중요하지만 지속적으로 근무하도록 유지하는 것도 큰 과제가 되었습니다. 국가적으로 보면 바람직한 일입니다. 유동성은 불편하기는 하지만 새로운 가치를 위해서는 조직의 역동성을 부여하며 모든 사람에게 안주하지 않도록 동인(Motivation)을 제공합니다. 국제적으로도 이런 현상이 뚜렷해졌습니다. 홍콩이나 싱가포르에서 활동하던 교원은 물론 미국과 영국은 물론 중국, 중동, 호주 등에서 근무하던 외국인도 우리 대학의 교직원에 신청하는 시대가 되었습니다.

스포츠를 보면 인재영입의 중요성에 대한 이해가 쉽습니다. 어느 분야든 국제교류를 빨리 오픈하고 역량 중심으로 체계적으로 운영하는 종목이 대중의 인기를 누리고 있습니다. 야구, 축구, 농구, 심지어 골프와 같은 개인 종목에 이르기까지 글로벌 교류를 활성화시키며 최고의 기량을 펼치도록 만드는 무대일수록 방송광고를 포함해 글로벌 가치를 선도하게 됩니다. 얼마 전, 우연히 손흥민 선수의 유럽진출 에피소드를 그 여정을 함께했던 이강 선수가 유튜브 영상으로 올려서 보게 되었습니다. 대한축구협회 우수 선수 해외유학프로젝트의 일환으로 독일 함브르크 유소년팀 스카우터가 청소년 6명을 선발해서 갔다고 합니다. 손흥민 고등학교 시절의 일입니다. 당시 한국 코치는 정말 탁월해서 보내고 싶지 않은 선수는 일부러 포지션을 바꾸면서까지 스카우터의 판단을 방해했다고 하니 세상은 참 묘하다 싶습니다.

함께 갔던 이강 선수의 평가에 따르면 손흥민은 자기관리에 철저했고, 언어의 벽을 깼으며 멘탈에 강했다고 합니다. 독일 청소년들의 텃세에 흥분하지 않고 자기의 목적에 충실히 매진했다고 합니다. 더욱 흥미로운 사실은 원래 축구를 대단히 잘했다고 합니다. 빠르고 슛이 정확했다고 합니다. 다만, 화려하지 않았답니다. 그래서 국내에서는 크게 눈에 띄지 않았던 것이겠지요. 바로 이 대목을 교육계도 배워야 합니다. 화려하게 홍보하지 않지만 탁월한 역량으로 묵묵히 교육연구에 몰두하는 훌륭한 인재들이 도처에 있습니다. 그분들을 모셔서 마음껏 활동할 수 있는 여건을 제공해야 합니다. 화려함이 아니라 진짜 실력에 가치를 부여해야 합니다.

우리 대학에는 탁구 교수동호회가 있습니다. 매주 1~2차례 점심시간 언저리에 모여서 체력관리에 신경을 쓰는 분들입니다. 탁구는 근거리에서 짧은 시간에 집중적으로 운동할 수 있다는 장점이 있습니다. 그 모임을 20년 넘게 주도하신 분이 물리학과 교수셨습니다. 평소

늘 운동만 하셔서 그분이 어떤 분인지 몰랐습니다. 본부 일을 하게 되면서 피인용지수 높은 논문을 가장 많이 쓰신 교내 일인자임을 알게 되었습니다. 작년에 퇴직하셨지만, 교수님이 평소 자주하시던 부탁말씀이 지금도 귀에 들리는 듯합니다. 보이지 않는 곳에서도 최선을 다하라는 메시지입니다.

"꾸준히 나오세요. 꾸준하게…."

B급 이상의 교육을 사수한다 🍃

대학은 연구도 중요하지만 가르치는 역할이 본업입니다. 교육이 중심이 되지 않는다면 연구소와 다를 바 없습니다. 연구하는 방법을 전수하는 것 또한 교육입니다. 학문후속세대는 다양한 스승의 교육과 연구 철학을 보고 배우면서 자신의 기량을 키우고 새로운 미래를 준비하게 됩니다.

인의예지(仁義禮智)를 교시로 하는 성균관대학에게 교육은 더욱 중요하다고 볼 수 있습니다. 가르침에 대한 천명을 이어나가야 할 책임이 있습니다. 그게 진정한 전통일 것입니다. 성대는 입학, 졸업, 신축과 같은 큰 행사를 치르기 전에 총장과 전 교무위원이 참여해 고유례(告由禮)를 지냅니다. 입학식과 졸업식의 경우에는 학생 대표들도 대

〈그림 5〉 성균관대 졸업식을 앞두고 고유례를 지내는 모습

거 참석합니다. 창립 취지와 교지를 받들어 한국 교육을 수성하겠다는 성대 정신의 계승을 공식적으로 수행하고 있습니다. 고유례를 마치고 줄을 지어 행사장으로 이동하는데 언젠가는 인근 지역에 위치한 기숙사나 동문회관 등 성대 정신을 전파하는 데 중요한 기관도 방문해서 널리 그 정신을 알리고 이어나가야 할 것입니다.

뿐만이 아닙니다. 새학기를 맞이할 때면 재학생과 신입생들로 구성된 청랑(青浪)이 명륜당에서 신방례를 치릅니다. 청랑은 '성균관 유생문화를 현대적으로 계승해 우리민족 고유의 새로운 대학생 문화를 창조'하는 것을 선도하는 성균관대 학생단체입니다. 신방례는 조선시대에 과거에 합격한 유생들을 위한 환영식이자, 선배들이 신입 유생들을 대상으로 치렀던 일종의 통과의례였습니다. 신입생과 모든 재학생들이 함께 조선시대의 대학문화를 즐길 수 있는 자리를 마련하고 있습니다. 성대만의 독특한 전통계승 방식입니다.

성대 고유례는 4배(拜)를 드립니다. 네 번 절을 합니다. 큰 예를 갖추기 위해서 하는 것이지만 저의 경우에는 '국궁진력(鞠躬盡力)'을 떠올리곤 합니다. '존경하는 마음으로 몸을 구부려 온 힘을 다한다'는 뜻입니다. 교육이란 가르치고 섬기는 일입니다. 몸을 굽히지 않고서는 세상의 어려움을 볼 수 없습니다. 네 번 절하는 관습을 떠올리며 '4배 리더십'이라는 키워드를 일기에 적기도 했습니다. 한 번에 25퍼센트씩 전진한다는 의미로 최소한 4번은 인내심을 갖고 노력하자는 다짐이었습니다. 다양한 전문성을 반영하는 융합교육 시대에 필요한 교육 자세입니다. 국궁진력을 보다 현실적으로 적용하는 법을 체화시키고 싶었습니다. 가르치는 일은 그 정도의 헌신이 필요하다는 것을 뒤늦게 깨우칩니다.

성대는 강의전담 교수들에게 강의평가 점수가 학부는 80점, 대학원은 85점을 넘어야 다시 동일한 교과목을 가르치는 것을 권장합니다. 강의평가에서 B등급을 사수하라는 메시지이기도 합니다. 까다로운 요구지만 교육에 전담하는 역할에 대해서 분명한 목표를 제시하고 있습니다. 교육의 본질은 준비하는 마음입니다. 문제를 해결하는 기법을 가르치는 것도 중요하지만 문제 자체에 대한 깊은 사고습관을 갖도록 체질화시키는 것이 더욱 소중할 것입니다. 우수한 교강사는 절대 지식만을 전달하지 않습니다. 지식 전수에 대한 열정 없이는 학생의 의욕을 깨우칠 수 없습니다. 인의예지, 고유례, 신방례, 4배, 국궁진력. 이들 모두 성균인이 보다 나은 교육을 위해 마음을 다지는 모습들입니다.

국내 대부분의 대학은 각자 차별화된 교육철학을 중시하며 대학을 운영하고 있습니다. 단순한 실사구시를 넘어 배움의 자세를 강조하는 한국 정서의 강점입니다. **배움을 추구하는 학생들이 바로 그 철학을 보고 느끼도록 만들어야 합니다. 자신의 성향에 맞는 교육철학에 정진하는 캠퍼스를 선택하도록 지원해야 합니다.** 역량이 아니라 태도가 더욱 중요한 가치를 갖게 될 미래형 인재에게는 더욱 그러합니다.

AI 시대의 융합교육 플랫폼을 제공한다 🌿

1969년 우주선 아폴로 11호에는 최고 사양의 첨단 컴퓨터가 탑재되어 있었습니다. 모든 것이 불확실한 우주를 탐험하기에 온갖 첨단 장비를 갖추었던 것이지요. 52년이 지난 현재, 지구인의 25퍼센트는 그 컴퓨터보다 수십 배나 성능이 좋은 컴퓨터를 호주머니에 대충 넣고 다닙니다. 우리는 그런 시절에 살고 있는 것입니다.

구글은 머신 의사결정의 대명사인 알파고를 탄생시키며 AI 시대가 왔음을 선포했습니다. 100퍼센트 두뇌 의사결정 게임인 바둑에 관한 한 인간은 AI 머신을 선생으로 모시게 되었습니다. 요즘 바둑전문가들은 AI의 추천을 분석하며 기량을 연마합니다. 과거에는 50대가 바둑의 최고 고수였는데 요즘은 20대 중반만 되어도 최고수의 반열에서 밀립니다. 누가 더 치열하게 단기간에 학습하느냐가 관건이기 때문입니다.

'재수 없으면 200살까지 산다'로 유명한 김창경 한양대 과학기술정책학과 교수는 AI가 스스로 학습해서 간단한 컴퓨터 게임인 '벽돌 깨기'를 이겨버린 2013년에 이미 3차 산업혁명은 종료되었다고 주장합니다. 스스로 생각하며 학습하는 머신이 모든 질문에 대답을 해주는 시대가 되었다며 교수의 처지를 한탄합니다.

"나와 같은 교수는 곧 3천원짜리 앱으로 대체될 수 있습니다. 하하하"

이제 세상의 모든 정보나 지식을 편집해 재구성이 가능해졌습니다. 일상 지식은 물론 DNA 편집에 이르기까지 딥러닝의 응용범위는 광범위합니다. 알파고를 개발한 데미스 하사비스는 에너지 효율화는 물론 신약 개발에도 AI 알고리즘을 적용하고 있습니다. 대학 교육에 AI 열풍이 불고 있는 것은 너무나 당연한 일입니다.

올해 초, 신입생 입학 시점에 우리대학 홈페이지에는 총장님이 두 분 등장했습니다. 한 분은 신동렬 총장님이고 함께 나오신 분은 총장의 목소리를 흉내 내고 있는 AI 총장이었습니다. 누가 더 진짜 같은지를 맞추어보라는 주문이 함께했습니다. 마침 총장님의 전공 역시 AI 코어 교육을 책임지고 있는 소프트웨어 학과여서 매우 흥미로운 광경이었습니다. 이미 많은 대학이 전속력으로 AI를 캠퍼스에 접목시키고 있습니다. 연구와 산학협력은 물론 전공도 AI나 AI 융합전공이 속속 등장하고 있습니다.

"AI 융합은 코어 교육이 핵심입니다. 응용은 금방 배울 수 있어요. 우리 학생들에게 코어 역량을 심어주어야 합니다."

신 총장님이 갖고 계시는 AI 교육에 대한 철학입니다. 성대는 글로벌융합학과를 만들어 AI는 물론 데이터사이언스를 학문영역으로 제공하고 있습니다. 가장 먼저 교육플랫폼 개념을 구축하고 제공할 분야입니다. 교수가 직접 코어 교육을 가르치고 실습하기에는 수요가 너무 폭발적입니다. 코어 교육의 공통분모를 설계해서 AI 플랫폼 차원에서 학습훈련 방식을 제공해야 합니다. 그러한 플랫폼이 정교하게 제공되어야만, 각 학문영역에서 유연한 융합교육을 전개해 나갈 수가 있습니다. 가장 시급한 교육훈련 플랫폼이 AI 코어 역량입니다. 선제적인 수요예측과 인프라 제공에서 대학의 명성이 평가될 것입니다. 우리 대학은 모든 학생이 기초교양으로 AI를 체험하게 되었습니다. 그럴싸한 형식이 아니라, 총장님의 말씀처럼 AI 융합의 코어를 직접 체험하는 캠퍼스를 제공해야 합니다.

융복합 지원 실적을 평가할 타이밍 🍂

현대 경영의 핵심이 성과관리입니다. 과거에는 중앙집중형으로 경영이 이루어졌습니다. 사업영역도 경계가 분명하고 지리적으로도 모여있었습니다. 톱다운 리더십이 일사분란하게 작동될 수 있는 환경입니다. 굳이 마음 상하게 평가를 하지 않아도 성과에 대한 판단이 가능했고 실시간 피드백도 용이했습니다. 그러나 요즘의 환경은 다릅니다. 조직의 많은 기능이 다양한 형태로 흩어져있는 분산 또는 분권 스타일로 운영되고 있습니다. 시장은 세계를 대상으로 하고 구성원도 재택은 물론 출장까지 감안하면 대부분 흩어진 상태에서 근무한다고 보면 됩니다. 성과관리가 중요한 이유가 바로 여기에 있습니다. 조직 전체의 주요 업무에 대한 상황과 예상 실적을 보려면 성과관리를 정교하게 작동시켜야 합니다. 이러한 경영의 흐름은 교육계도 마찬가지입니다. 우수한 성과관리 체계를 구축한 대학이 혁신에 앞서가게 됩니다.

사람들은 성과관리에 대해서 좁게 생각하는 경향이 있습니다. 주로 인센티브나 동기부여 차원으로 해석하곤 합니다. 사실, 성과관리의 본질은 정확한 피드백과 의사결정입니다. 목표 대비 실적을 분석해 방향 수정과 투입자원 조정에 대해서 판단하는 것이 핵심입니다. 성과평가에 대한 조직의 스트레스를 낮추는 동시에 정확한 미래를 준비하는 문화를 정착시켜야 합니다.

성대의 업적평가 시스템은 교육, 연구, 봉사, 산학협력 영역으로 구분되어 있습니다. 아직 산학협력 영역은 연구 영역에 포함되어 있는데 이는 문과와 이과의 산학협력에 대한 활동 범위가 크게 차이가 나기 때문입니다. 현행 업적평가는 매년 평가되고 있으며 저의 판단으로는 제도의 목적성과 참여성 관점에서 상당히 정교합니다. 평가는 사실 민감한 이슈입니다. 특히 가르침이라는 무형의 가치를 평가하는 일은 가치관에 따라서 얼마든지 다르게 보일 수 있는 이슈입니다. 성과평가 제도가 장기간 높은 수용도를 유지하고 있다는 것은 그만큼 지속적인 개선 노력이 투입되고 있다는 것을 의미합니다. 매년 평가하면서도 3년간 누적의 개념을 적용한다든지 입력, 심의, 재심, 확정 등으로 이어지는 일련의 과정이 합리적입니다. 작년부터 국제화 영역을 추가하는 것을 검토할 정도로 미래 발전 방향과의 일치성도 높이려고 노력하고 있습니다. 아직, 아웃라이어 수준의 성과를 내는 구성원에 대한 보상 및 처우개선에 대한 자유도는 제한적입니다. 다소 시간이 걸릴 일이지만 최근의 추세로 보면 빠르게 시대적 요구를 반영할 것으로 기대됩니다.

경영의 핵심은 혁신 동력을 찾아내는 리더십에 있습니다. 그러한 동력은 소위 오너십으로 명명되는 주인정신과 책임감입니다. 대학 경영에서 오너십을 극대화하려면 단위 조직의 권한과 책임을 명확하게 인정해야 합니다. 즉, 학문 단위 또는 학과 단위의 권한과 책임성을 부여하는 것으로 압축됩니다. 따라서 성과관리는 궁극적으로 학과 차원에서 작동될 수 있도록 개선해 나가야 합니다. 미국이나 영국처럼 경영의 가치를 높게 평가하는 나라에서는 학문 단위 평가가 치열하게 이루어지고 있으며 놀랍게도 프로젝트나 기금모금처럼 금전적인 기여도 외에는 대부분 질적 평가에 의존하고 있습니다. 성과관리에 리더십에 대한 신뢰를 인정하고 운영합니다. 대신, 다면평가를 통해서 리더 그룹도 전문성과 객관성을 유지하도록 상호 견제하는 기능을 작동시킵니다. 예컨대, 학장이 학과장을 평가하고 학과장은 담당하고 있는 교원을 평가합니다. 반대로 대학 본부는 거꾸로 교원에게 학과장이나 학장의 리더십에 대한 의견수렴을 실시합니다. 모든 영역에서 대학이 지향하는 목적에 매진하도록 제도화하고 있는 것입니다. 우리 대학도 그러한 방향을 지속적으로 논의하고 있습니다. 이제 시점과 방식만 남았습니다. 업적평가는 보다 나은 의사결정을 하기 위한 공동체의 노력입니다. 건강한 피드백을 통한 긍정 미래설계는 혁신의 공감대를 높이는 유효한 수단입니다.

디지털 전환에 대응하기 위해서, 대학은 업적평가에 새로운 관점을 반영시킬 필요가 있습니다. 교육생태계의 미래는 융복합 교육과 연구에 초점이 맞추어져 있습니다. 그러한 새로운 환경에 대응하기 위해서 지원 활동을 인정하고 평가해야 합니다. 즉, 얼마나 다른 사람이나 조직을 도와주고 지원해주었는가도 평가의 일부분에 포함시켜야 합니다. 특정 영역으로 나눌 것이 아니라 모든 평가 영역에서 수평적 지원 활동을 실적으로 제시하는 기회를 주고 평가에 반영하는 것이 필요합니다. 교원 모두가 스타가 될 수는 없고 그럴 필요도 없습니다. 어떻게 조연 또는 서포터스의 역할을 정립하고 헌신적으로 기여하고 있는가를 인정하면 됩니다. 내가 아니라 다른 사람이 가치 있는 일을 하도록 도와주는 것도 매우 훌륭한 업적입니다. 물론 동료의 헌신에 공짜로 묻어가려고 꼼수를 부릴 것을 걱정하는 분도 있을 것입니다. 정말 그런 분들도 가끔은 있습니다. 그럼에도, 평가의 기본은 긍정마인드라는 사실을 믿어야 합니다. 혼자서 여럿을 이길 수 없습니다. 개인이 아니라 팀으로 도전하도록 업적평가시스템을 진화시켜야 합니다.

전공학과의 발전계획을 롤링(Rolling)한다 🍃

기조처장을 맡고 나서 가장 먼저 찾아간 부서가 교무처입니다. 첫 처장단 회의를 하기 전에 교무처장을 만났습니다. 본부 일에 대해 정확한 판단을 할 수 있는 분이었습니다. 교무처를 찾아간 이유는 학과의 발전 계획을 만들도록 지원을 요청하기 위해서입니다. 모든 학과들이 이런저런 방법으로 발전 전략을 구상하고 있습니다.

"처장님, 이번 학기부터 각 학과에서 신임교수 초빙계획서를 받으실 때에 학과 발전 계획을 공식적으로 요청하는 것이 가능할지요?"

개별 학과로 볼 때, 신임교수 초빙은 매우 큰 결정이고 장기적인 영향을 기대하는 순간입니다. 저는 그러한 중대한 의사결정이 학과가 공감하는 전략에 기초해야 하므로 학과의 중장기 전략은 신임교수 초빙과 연계시키는 것이 실효성이 클 것으로 예상했습니다. 교무처장은 나름 의미 있는 아이디어지만 시기적으로 촉박한 것 같다고 말했습니다.

다음으로 미루면 논의조차 안 될 것 같아, 일단 처장단 회의에서 그 주제의 필요성을 제기했습니다. 의욕적인 제안이었지만, 받아들여지지 않았고 토론도 길게 이어지지 않았습니다. 주로 충분한 준비 시간이 필요하며 이런 요청을 하면 자칫 구조조정 작업으로 오인받을 수 있다는 것이 이유였습니다. 저의 첫 발제는 전혀 힘을 받지 못한 채, "좀 더 준비해서 나중에 다시 말씀드리겠습니다"로 막을 내렸습니다. 내심 조금 더 사전에 치밀하게 소통해야 되겠다는 생각을 했던 것이 기억납니다. 제가 제시했던 아이디어는 복잡하고 장황한 중장기 전략이 아닙니다. 학과 발전의 대강의 청사진, 즉 학과 비전, 전략 분야, 전략 목표 및 과제, 그리고 전략 분야별 교과목, 연구(산학)과제, 교수, 연구원 정도면 충분한 것이었습니다. 단위 학과에서 마음만 먹으면 단기간에 정리할 수 있을 것입니다. 모든 학과가 적어도 어떤 방향을 향해서 어떻게 가고 있다는 정도는 관리되어야만 비전이 있는 대학입니다. 특히 신임교수를 모시는 상황에서는 중장기 전략을 기반으로 초빙 분야를 논의해야 할 것입니다. 당시, 신임교수 채용과 곧바로 연결시키지는 못했지만 2019년 하반기에 학문 단위별로 비전 2030을 수립하는 대대적인 작업을 하면서 학과 발전 계획 정비를 주도했습니다. 중장기발전 계획 수립 여건이 부족한 일부 대학은 함께 토론하면서 나름 의미 있는 방향설정을 완성해낼 수 있었습니다.

학문단위의 자율경영을 끌어올리려면 발전 계획 롤링을 통해서 목표를 제시하고 연간 실적을 점검해야만 됩니다. 신임교수 초빙과 연계시키면 충분히 가능합니다. 교원의 개별 성과평가를 넘어서 학문 단위 또는 학과의 종합적인 성과관리가 책임경영의 출발선입니다. 오랜 기간 몸담고 교육과 연구를 하는 상황이므로 굳이 문서화하지 않아도 학교 교수님들 머릿속에 정확히 인지되어 있을 이슈입니다. 그러나 매년 공감대를 이루면서 조정할 수 있도록 문서로 정리하고 공유하는 것이 중요합니다. 그래야만 학과, 단과대학, 캠퍼스, 본부 등의 전략방향과의 정합성을 점검하며 나아갈 수 있습니다. 고등교육은 각 학문 단위에 최고의 전문가들이 포진하고 있는 독특한 구조입니다. 그러한 자율성을 인정하면서도 전체적인 조화를 만들기 위해 노력해야 합니다. 인사가 만사라는 것은 인재의 중요성을 강조하는 반면 리더십의 책임을 지적하는 표현입니다. 미래는 대학의 브랜드가 아니라 전공의 가치로 판가름 납니다. 학문단위 조직의 리더십 크기가 미래의 크기입니다. 교육은 정교한 검토와 개선 노력이 필요합니다. 대학은 4배(拜)의 국궁진력의 마음으로 교육혁신 플랫폼을 완성시켜야 합니다.

제6장

연구,
BK21 4단계의
철학 선도

교육·연구 융합 플랫폼

교육과 연구의 경계를 허물어야 합니다.

교수와 대학원생은 교육자인 동시에

연구자로서 융합플랫폼에 참여합니다.

대학원 교육에서 연구 영감(Inspiration)을 자극해서

연구 잠재력을 개발합니다.

대학원클래스는 교육과 연구의 공존의 장이 되어야 합니다.

– 성대 대학원혁신 전략 –

Focus on problem solving skills!

연구혁신의 1등 공신, BK사업

전쟁을 치렀습니다. 연구과제 전쟁을 치렀던 셈이지요. 전쟁 이외에 다른 용어가 떠오르지 않을 정도로 치열하게 경쟁한 과제가 바로 BK(Brain Korea) 21 4단계 사업입니다. BK사업은 김대중 정부 시절부터 시작된 교육부 연구지원사업으로 한국 대학을 글로벌 대학과 경쟁할 수 있는 위상으로 끌어올리는 데 초점을 맞추고 있습니다. 전국모든 대학이 신청할 수 있으며 인문사회와 자연과학, 수도권과 지역대학을 구분할 정도로 균형성도 갖추며 추진되고 있습니다. 2019년에 삼성도 코엑스에서 20주년 행사를 성대하게 한 것을 보면 우리나라에서 성공한 대표적인 교육지원 사업으로 꼽힐 만합니다.

"미국에 가서 2주 정도 있으면서 많은 사람을 만났습니다. 특히 유력한 재미과학자들과 한국 연구의 질적 수준을 끌어올리는 방안을 논의했습니다. 그분들이 그러시는 겁니다. 논문의 피인용도를 보라고요. 논문 편수가 아니라 피인용도를 평가해야 연구 수준이 올라간다는 겁니다."

도입 당시 교육부 장관을 지냈던 이해찬 대표에게서 직접 들은 이야기입니다. 우리나라의 연구경쟁력을 높이기 위해서 시작된 이 사업은 주로 대학원생과 박사후 연구원들을 지원하는 제도입니다. 안정적으로 연구기반을 확보하고 싶은 연구중심대학과 우수연구자로서 7년간 지원을 확보한다는 것은 치명적인 '리딩 엣지(Leading Edge)'임에 틀림없습니다. 글로벌 경쟁력이라는 명분도 좋고 질적 연구지원이라는 실행 이슈도 탄탄해서 국가 연구경쟁력의 견인차로 우뚝 서게 된 것입니다.

1997년부터 혁신 엔진의 발동을 건 성균관대에게 1999년에 시작된 BK사업은 하늘이 준 기회였습니다. 초창기에는 일부 대학에서는 실효성에 의구심을 나타내기도 했는데, 사안의 영향력을 정확하게 예측한 당시 경영진의 리더십 판단이 돋보입니다. BK사업과 더불어 글로벌 랭킹에 초점을 맞추며 300위권에서 100위권 이내에 진입한 것은 진정 이 사업의 영향이 컸습니다. 이 사업은 1단계, 2단계, 3단계를 거치면서 계속 발전해온 상황이라서 2020년 4단계 사업은 국내 모든 대학의 최대 관심사였습니다. 관심만 높아진 것이 아니라 그 가치도 공유되어 그 어느 때보다도 경쟁적인 상황이 전개되었습니다.

성대에서는 BK사업의 총괄지휘를 기조처에서 담당합니다. 저는 임기 중에 이 사업을 준비하고 제안할 책임을 지게 되었습니다. 현재 이 사장님이 기초처장과 총장을 역임하시면서 2단계와 3단계 진두지휘하신 상황이라서 적잖은 일화도 들렸습니다. 직접 빨간 펜을 들고 보고서를 모조리 읽고 수정했다는 얘기는 웃으면서 듣지만 적잖은 부담으로 작용했습니다. 일부 걱정이 된 것도 사실이지만, 저 역시 각종 진단과 평가 관련 25년간의 경험을 쌓은 터라 내심 자신감을 갖고 임하게 되었습니다. 특히, 대학원혁신 영역이 별도로 100점이 배정되어 모든 사업단 점수에 더해지는 상황이어서 연구중심대학에게 필요한 혁신 이슈를 담을 수 있어서 더욱 의욕을 가지고 준비할 수 있었습니다.

그러나 상황은 만만치 않았습니다. 2019년 하반기에 BK 4단계 사업설명회가 서울시립대에서 열렸습니다. 대강당은 전국 대학에서 온 관계자와 교수들로 가득 찼습니다. 아직 10개월이나 남은 사업에 대한 열기를 보면서 긴장을 끈을 당겨야겠다고 마음먹었습니다. 설명회에 함께 참석한 대학원장과 논의해서 신년 초에 계획된 교무위원 미국 CES 및 주요 대학 벤치마킹 일정에 참여하지 않기로 결정했습니다. 오히려 그 시간에 전체 사업추진의 계획과 준비상태를 점검하자는 데 의견을 모았습니다. 여러 가지 구상을 했습니다. 3단계 사업 준비와 뭔가 크게 달라야만 좋은 결과를 기대할 수 있을 것이라는 생각에 몰입했습니다. 강점은 살리면서도 차별화된 경쟁력을 찾아내는 일. 그 과제를 찾아서 선제적으로 해결하는 발상이 필요했습니다.

미래가치가 있는 원석을 찾아라 🍃

BK21 4단계 사업을 체계적으로 준비하기 위해서 우선 2019년 하반기에 기획위원회를 운영했습니다. 3단계 사업 당시에 기조처장이셨던 송성진 자과캠 부총장을 위원장으로 모시고 일부 보직자, BK사업단장, 대표 교수님들과 직원들을 모시고 대강의 골격에 대한 논의를 시작했습니다. 대학원혁신, 교육, 연구, 산학협력 영역에서 향후 7년간 추진해야 될 대표적인 과제를 도출하는 것이 위원회의 목적이었습니다. 저는 위원회의 간사인 동시에 대학원혁신 분과장 역할로 위원회를 지원했습니다.

첫 모임을 외부에서 조찬모임으로 진행했습니다. 워낙 많은 사람들이 모이는 회의여서 시간대를 맞추기가 쉽지 않았습니다. 캠퍼스가 분리 운영되는 상황이어서 단체로 대면회의를 하고 각자 캠퍼스에 일찍 출근할 수 있도록 하기 위해서였습니다. 첫날 풍경이 지금도 눈에 선합니다. 회의시작 정시에 모두가 참석해 정확한 일정에 맞추어 진행할 수 있었습니다. 위원들의 의지가 잘 엿보이는 풍경이었습니다. BK사업에 대한 리딩그룹의 관심을 읽는 데 충분했습니다.

분과별로 분과장과 간사를 세워서 분과 회의를 통해서 준비하는 한편 전체 회의에서는 서로 의견을 교환하고 토론해 방향을 조정했습니다. 처음에는 대학원혁신이라는 표현이 걸맞지 않은 밋밋한 이슈들이 많았습니다. 당연한 현상입니다. 기존에 경험한 문제점을 개선하는 방향으로 논의되기 때문에 과거보다 나은 대안에 초점을 맞추게 됩니다. 그렇게 발상하면 혁신과제가 현행 또는 과거 문제 중심으로 타이틀이 잡혀서 미래 관점에서 보면 전혀 새롭지 않게 됩니다.

"혁신과제를 7년 전에 했으면 어떨까에 대해서 판단해보기 바랍니다."

만일 7년 전에 그런 아이디어를 내어도 좋았을 수준이라면 분명 7년 후에는 영향력이 기대에 미치지 못할 것입니다. **혁신은 새로운 것을 창조하는 것입니다. 오늘 아쉬운 것은 분명 내일 해결되어야 할 일임에 틀림없습니다. 그러나 내년을 구상하는 일이 아니라 7년 후 또는 10년 후를 구상하는 일은 목표와 접근방식 자체의 적합성에 도전해야 합니다.** 고맙게도 경험이 많은 교수님들이 계셔서 시간이 지나면서 중요한 아이디어들이 다수 나왔습니다. 사회문제 해결이 새로운 화두였는데, 과연 사회문제를 어떤 범위까지 포함시켜야 하는가가 여러 번 토론되었습니다. 성균대학원역량지수를 측정 및 활용 활용을 제안한 경영대 이건창 교수님과 CSR(Corporate Social Responsibility)이라는 용어 대신에 USR(University Social Responsibility)을 사용하자는 김장현 교수님의 아이디어는 매우 신선하게 다가왔습니다. 중국의 북경대가 비전에 USR을 대표적인 키워드로 세우는 것을 보면 분명 의미 있는 일임에 틀림없습니다. 산학협력을 책임지고 있었던 유필진 교수님도 중요한 전략과제를 제시하며 대학원혁신의 도전성을 진일보시켰습니다.

기획위원회를 통해서 시간적 압박이 없는 상황에서 멀리 보며 성대 BK 사업단이 추구할 혁신과제를 도출했습니다. 시간이 남을 일이었으므로 계속 개선 및 변경될 이슈였습니다. 그럼에도 막상 위원회를 마치면서 과제를 정리하는데 뭔가 신선함이 부족했습니다. 2019년을 마치면서 위원회를 종료해야 할 연말을 앞두고 그런 부분이 보강되어야 한다고 강조했습니다.

"너무 다듬으려고 하지 마세요. 지금은 좋은 원석을 찾는 것이 중요합니다. 앞으로 다듬고 가공할 시간은 많습니다. 미래에 빛날 원석을 준비하느냐 여부가 성패를 좌우할 것입니다."

기획위원회를 통해서 학교를 대표하는 분들이 미래 방향에 필요한 중요한 이슈에 대해서 공감대를 형성한 것은 중요한 출발이었습니다. 방향성에 대한 신랄한 토론을 거치며 우리가 나아가는 방향에 대한 공감대도 형성되었고 향후 사업을 추진하는 과정에 노정된 문제점도 미리 짚어볼 수 있었습니다. 무엇보다도 거대한 프로젝트를 준비하는 본부로서는 예열을 나름 성공적으로 마치게 되었습니다.

혁신 인재, 멋있지만 까다로운 도전 🏁

4단계 BK21 사업을 준비하면서 개인적으로 가장 어려웠던 점을 꼽으라면 교육연구단을 구성하는 것이었습니다. 호수의 화려한 백조도 물밑에서는 치열한 발놀림이 있어야 한다는 얘기도 있고, 아무리 멋진 레스토랑도 주방은 항상 전쟁을 치른다는 말이 있지 않습니까. 시간을 돌려보면 사업단 구성에 정말 많은 발품을 팔 수밖에 없었습니다. 유독 사업단 구성이 어려웠던 것은 4단계 BK가 미래인재 양성과 혁신인재 양성으로 구분된 것에서 비롯되었습니다. 미래인재 양성은 기존 학문 단위별 사업단을 구성하는 일이므로 우수교원으로 구성하면 되는 일이어서 별다른 어려움이 없었습니다. 그러나 혁신인재 양성은 융·복합 교육연구단을 편성해서 신산업 분야의 경쟁력 제고와 산업 또는 사회문제 해결을 중점을 두고 있었습니다. 의당 다양한 전공자가 함께 교육연구단을 꾸리도록 분위기를 조성해야만 되었습니다. 각 학문 단위는 같은 값이면 미래인재 양성으로 출전하려고 하고 본부는 그중에서 일부를 혁신인재 양성으로 돌려서 미래를 준비하도록 만들어야 하는 전략적 선택의 기로에 서게 되었습니다.

성대는 BK21 사업의 발전 흐름에 맞추어 혁신인재 양성 방향이 중요하다고 판단했습니다. 비교 관점에서 볼 때, 미래인재 양성에서 사업선정이 만만치 않은 영역에서는 혁신인재 양성 분야를 매칭하여 준비했고 새로운 분야에서는 융합전공을 신설해서 참여를 준비했습니다. 이제 숙제는 융합전공에 어떤 전공의 교수님들이 참여하느냐가 관건이었습니다. 우리는 미래가 디지털 전환(Digital Transformation) 시대로 바뀐다는 것과 때마침 강력하게 부각되고 있는 인공지능(AI) 역량을 중시했습니다. 융합전공에 소프트웨어, AI, 데이터분석 전공 교수님을 포함해 새로운 미래에 대응하려고 했습니다. 문제는 캠퍼스의 다양한 요구에 대응하는 순간 소프트웨어대학의 발전전략에 상당한 수정이 불가피하다는 점이었습니다.

성대 소프트웨어대학은 2019년에 AI중점대학원에 선정되어 성장세를 가속화하려는 의욕이 높았습니다. 장기적인 발전전략을 구상하고 다양한 사업을 통한 풍부한 재원 확보는 물론 글로벌 교류에도 가장 앞장서온 학문 영역입니다. 게다가 4차 산업혁명과 소프트웨어 기술혁신으로 인해서 새로운 부흥기가 도래했습니다. 그러한 전략적 변곡점에서 핵심 교육연구 자원을 타전공이 주도하는 융합전공을 전격 지원하는 의사결정은 민감한 사안이었습니다.

"학장님, 혁신인재양성 사업단이 너무나 중요합니다. 실패하면 큰일입니다. 한두 사업단이 아니라 여러 사업단이 걸린 일이니 꼭 좀 도와주시기 바랍니다."

사실 저의 주장은 얼마든지 반대로 해석할 수도 있습니다. 결과가 나쁘면 저 또한 욕을 먹게 될 것은 자명한 상황이었습니다. 오랜 기간 토론과 논의를 거친 끝에 결국 소프트웨어대학이 본부의 전략을 도와주기로 하였습니다. 총장님의 노력은 물론 학장님과 학과 교수님들의 학교 사랑 덕분에 그러한 결단이 가능했다고 생각합니다.

BK21을 준비하는 과정에서 개인적으로 많은 분에게 신세를 졌습니다. 사실 모두 학교발전을 위한 노력의 일환입니다. 그럼에도 불구, 소프트웨어대학 교수님들의 헌신이 연구사업에 대한 우리들의 절실함을 보여주었다고 생각합니다. 앞으로 잘 준비해서 5단계 사업에서는 미래인재양성에도 도전하고 캠퍼스 융합교육에 발판을 마련해주길 기대합니다. 마침 올해부터 소프트웨어대학이 글로벌융합학부를 포함하면서 소프트웨어융합대학으로 개편하게 되었습니다. 본격적으로 융복합 교육·연구가 시작되는 시점에 의미 있는 변화이며 기대 또한 큽니다. 그동안 융합이라는 화두와 여러 차례 씨름하면서 어렴풋이 작은 교훈을 얻게 되었습니다.

"융합 교육은 참여 교수의 희생만큼 성공할 것이다."

일류사회의 거대 난제에 도전한다 🍃

2020년이 시작하면서 기조처장을 위원장으로 하는 BK추진단을 다시 구성해 본격적인 제안을 준비했습니다. 기본적인 방향은 각 교육연구단의 최고 전문가들이 팀워크를 살려서 준비할 수 있도록 적극 지원하는 것이었습니다. 최고의 단장, 일관된 전략, 지속적인 검토와 개선에 초점을 맞추어 진행시켰습니다. 아마 모든 대학들이 비슷한 모습으로 준비했을 것입니다. 결국 누가 더 미래 준비에 철저했고 전략적 이슈들을 도출해서 관리하고 있는가가 핵심이었을 것입니다. 다행스럽게도, BK21 4단계 사업에 무사히 진입했습니다. 서울대 다음으로 가장 많은 사업단 선정에 성공했을 뿐만 아니라 인사캠과 자과캠 둘 다 주요 사업단이 대부분 선정되어 균형을 맞추며 미래를 준비할 수 있게 되었습니다. 사실, 모든 분들의 염원이 모여서 나름의 성과를 거두었습니다. 각 교육연구단 참여 교수는 물론 경영진의 과감한 결단이 있었고 전략기획팀을 비롯한 교직원 선생님들의 탁월한 역량과 헌신이 결집되었습니다. BK21 4단계 선정사업은 우리 대학에게는 연구중심대학으로의 정착을 위해 차원을 높이는 계기가 되었습니다.

기억에 남을만한 몇 가지 특이점을 정리해봅니다. 첫째, 전략의 일관성입니다. 본부 전략, 단과대학 전략, 그리고 사업단 전략의 일관성을 높이는 것이 중요했습니다. 모든 단과대학이 2019년에 2030 중상기 전략을 수립하도록 한 의도는 본부와 각 사업단 간의 전략의 일관성을 담보하기 위한 노력입니다. 둘째, 실행 준비의 적합성입니다. 연구는 갑자기 경쟁력을 올리기가 어렵습니다. 3단계 사업에서 최선을 다해 실적을 쌓아온 것이 주효했습니다. 셋째, 객관적이고 전문적인 검토입니다. 우수 교수님들을 초대해 점검반을 구성했습니다. 양 캠퍼스 부총장님들을 포함한 처장단 역시 자체 평가에 헌신하셨습니다. 탁월한 식견으로 검토와 지적을 반복한 덕분에 제안서들이 빠르게 개선되었습니다. 넷째, 진정한 글로벌 대학을 지향하는 대학원혁신계획입니다. 기획위원회에서 도출한 핵심과제를 계속 점검하면서 대학원혁신 보고서를 완성시켰습니다. 제가 직접 수정한 버전만도 26차가 있는 것을 보면 우리가 얼마나 치열하게 혁신계획을 짜려고 노력했는지를 알 수 있습니다. 혁신은 양에서 나오지 않습니다. 모든 구성원이 동참하는 대학원혁신이 되기 위해서는 다양한 관점을 반영해서 다듬어야 합니다. 질적 결과는 바로 그 정교함에 들인 시간과 비례할 것입니다. 단지 평가를 위해서가 아니라, 향후 7년간의 대학발전과 비전 2030 실현을 염두에 두고 캠퍼스가 공감할 만한 구체적인 청사진을 도출하려고 노력했습니다.

미래는 융합기반 혁신이 키워드입니다. BK를 준비하는 과정에서 보여준 성균인의 노력은 커다란 가능성을 보여주었습니다. 성대처럼 기민하고(Agile), 빠르고(Speed), 협력적인(Collaborative) 대학이라면 미래를 선도할 자격을 갖추었다고 생각합니다. **또한 BK사업을 통해서 세계적인 연구중심대학을 육성하려는 정부의 일관된 리더십에서 큰 교훈을 배우게 됩니다. 교육부와 연구재단이 어떠한 노력을 기울여야만 명품 정책이 나올 수 있는가를 목격했습니다.** 철저한 준비, 지속적인 소통, 적극적인 참여 권장, 합리적인 균형 유지를 위해서 많은 분들이 헌신하고 있었습니다. 이제 BK사업은 국내 대학 간의 경쟁이 본질이 아닙니다. 서로 협력하고 지원해서 국내 모든 연구중심대학이 글로벌 대학의 눈높이로 대학 경영과 교육연구를 선도해야 합니다. 누가 더 적극적으로 선도하며 대한민국의 교육연구 역량으로 세계의 발전에 앞장서느냐가 관심사입니다.

BK사업은 대학 연구의 일부분에 불과합니다. HCR(Highly Cited Researcher)이나 HCP(Highly Cited Paper)로 상징되는 질적 연구의 지향점이 이미 한국 교육계에 충분히 공감대를 이루고 있습니다. 연구자로서 교원에 대한 시대적인 요구는 더욱 분명해지고 있습니다. 기술 발달로 인해서 난이도가 낮은 연구는 쉽게 확인될 수 있습니다. 굳이 이론 연구를 거치지 않아도 빅데이터를 통해서 확인할 수 있습니다. 가장 복잡하다는 뇌에 대한 연구조차 MRI를 통해서 분석할 정도로 과학의 진보가 빠릅니다. 모두가 연구하는 시대에서 질적 연구를 선도할 연구자를 집중 지원하는 시대로 변하고 있습니다. 우리 대학은 인류사회의 거대 난제에 도전하는 연구풍토 형성을 중시합니다. 결국 이 영역에서의 위상이 글로벌 성대의 역할을 좌우할 것입니다. HCR 연구자로서 IBS(기초과학연구원) 사업을 오랜 기간 주도한 교수님께서 비전포럼에서 강의를 하셨습니다. 워낙 깊이 있는 경험과 글로벌 청사진을 가지신 분이라 한마디 한마디가 소중하게 느껴졌습니다.

"제가 조금 더 일찍 빅픽처(Big Picture)를 보았다면 노벨상을 탔을 것입니다. 하하하. 성대에서 가장 자랑스러운 일은 포기하지 않은 것이고 모든 것을 시도해보았습니다. 대학에 감사합니다. 여러분은 꼭 거대 난제에 도전하시길 바랍니다."

BK21이 추구하는 연구철학은 교육과 연구의 경계를 허무는 것입니다. 교수와 대학원생은 교육자인 동시에 연구자로서 융합플랫폼에 참여합니다. 교육에서 연구 영감(Inspiration)을 자극해 연구 잠재력을 개발하고 다시 연구 잠재력을 자기주도형 학습과 실험실습 과정을 통해 국제적인 연구 성과로 창출합니다. 모든 분야에서 교육과 연구가 공존하며 가치를 만드는 것이 미래의 캠퍼스입니다.

학부생도 연구를 하는 대학 🍃

"노벨상을 수상하는 첫 번째 대학이 되기 바랍니다."

학교 주요 행사에서 동문회장의 연구부문에 대한 당부 말씀이 명료합니다. 노벨상에 도전하는 대학이 되라는 주문입니다. 어느덧 성균인의 꿈은 한국에서 가장 먼저 노벨상을 배출하는 대학이 되었습니다. 자과캠에 있는 N센터의 N을 아예 노벨의 이니셜로 생각하는 분도 많습니다. 단순한 구호가 아닙니다. 동문회의 도움으로 노벨기금을 만들어 HCR 연구자를 지원하는 등 구체적인 노력을 기울이고 있는 중입니다. 중요한 것은 노벨상 자체가 아니라 글로벌 최고의 연구 실적에 도전하는 캠퍼스 내 연구 최우선 분위기일 것입니다.

우리 대학에서 잠재력이 높은 제도가 바로 학부연구제도인 URP(Undergraduate Research Program)입니다. 학부생이 연구 참여를 신청하면 대학에서 연구비의 일부를 지원해 학생을 지원하는 제도입니다. 혹시 학비나 생활비를 만들기 위해서 아르바이트를 해야 하는 학생들이 있다면 그 시간에 연구에 집중하라는 메시지입니다. URP 제도 외에도 거의 5,000억 원에 해당되는 정부나 산학 연구가 교내에 진행되고 있어서 연구나 창업 기회는 매우 풍부합니다. 다만 아직도 학생들의 참여가 기대보다 높지는 않아서 다소 아쉽습니다. 저의 경우만 보더라도 늘 학생을 찾는 편입니다. 연구에 참여할 학부연구생을 애써서 모집해야 하는 상황입니다. 학부에서 강의를 하면서 수업 시간에 모집을 하면 쉽게 찾아와서 문의를 합니다. 그러나 공개 모집으로 안내문을 붙이면 쉽지 않습니다. '학생들이 연구 기회를 찾는 것이 학습의 일부'라는 분위기를 형성하는 데 더욱 관심을 기울여야 합니다.

제가 중요한 판단이 필요할 때 자주 상의를 드렸던 분이 법인 상임 이사셨습니다. 장기적인 안목이나 투자 결정이 탁월하셨습니다. 이사님은 모든 성대생은 최하 석사학위를 한다는 자세로 입학하게 만들어야 한다고 강조하셨습니다. 미래가 연구중심 사회로 바뀌는 것을 예측하고 성대의 포지셔닝을 정하라는 주문이십니다.

　대학에 입학한 이후, 고등학교 시절까지의 입시 교육과 확연하게 차이를 느끼기 위해서는 연구에 참여를 해보아야 합니다. 입시 교육이 지식을 외우고 이해하는 것이 중심이었다면 연구는 문제를 정의하고 해결하는 것이 핵심입니다. 대학생이 누릴 수 있는 특권입니다. 그동안 배운 지식을 조합해 새로운 가치를 만들 수 있는가에 도전하는 과정입니다. 전문가에게 인정받는 연구를 하기 위해서는 반드시 세 가지 조건을 충족시켜야 합니다. 첫째, 독창적 아이디어가 있어야 합니다. 소위 독창성(Originality)으로 불리는 요소로서 타인의 아이디어를 유사하게 복제하는 것을 제한합니다. 타인의 이론도 얼마든지 응용할 수는 있습니다. 응용 분야가 독특하다면 그 또한 고유한 가치가 있는 연구입니다. 둘째, 재생산이 가능해야 합니다. 반복성(Reproducibility)을 의미하며 해당 이론이 동일한 조건에서 똑같은 결과를 만들어내어야만 합니다. 당연한 연구 실적의 조건입니다. 그래야만 연구된 이론의 사용자가 원하는 결과물을 다시 기대할 수 있습니다. 마지막 셋째, 가치성(Contribution)이 있어야 합니다. 인류 사회에 도움이 되는 긍정 가치를 보여주어야 합니다. 통계적으로 또는 임상적으로 긍정 효과가 있다는 것이 입증되어야 합니다. 보다 나은 미래에 기여하는가를 평가합니다.

학부생이 연구를 한다는 의미는 세상에 도움이 되는 독특한 아이디어를 찾고 실험과 연구를 통해서 해결방법을 입증하는 훈련을 하는 것입니다. 다른 사람이나 기계의 대체재(Substitute)가 아니라 생각하고 창조하는 개체로서의 역량을 키우는 노력입니다. 고등교육이 지향하는 인재상이고 디지털 전환시대의 필수 자질입니다. 며칠 전, 지난 여름방학 기간에 저의 연구실에서 3개월간 학부연구생을 거친 신소재학과 학부생이 인사를 왔습니다. 전공은 달랐지만 오픈 퀄리티(Open Quality) 정부과제를 잘 도와주었습니다. 학부연구 실적 덕분에 교내에 상주하는 글로벌화학소재 1위 기업인 BASF의 인턴이 되었다고 합니다. 졸업하기 전에 연구를 하면서 학부를 마무리할 기회를 갖게 된 것입니다. 무슨 일을 하는가 하고 물어보았습니다.

"아직은 주로 배우는 과정입니다. 옆에서 신소재 개발 실험을 도와주고 있는데 제가 그런 연구를 주도할 시간이 오겠지요? 하하하"

즐겁고 유쾌한 대화였습니다. 넉넉한 캠퍼스 안 풍경입니다. 단언컨대, 앞으로 성대는 모든 학부생도 연구하는 대학으로 발전시킬 것입니다. BK21 4단계 사업은 물론 대학 비전 2030의 핵심 전략이기도 합니다. 캠퍼스 모든 구성원이 연구개발에 관심을 갖는 연구혁신 풍토를 추구합니다. 노벨상은 그러한 문화적 기반에서 탄생될 것입니다.

제7장

협업,
포부의
생태계 설계

대학-기업-사회(CES) 협업 플랫폼

대학-기업(기관)-사회와 협력해서
미래가치를 창출하는 대학으로 발전해야 합니다.

4차 산업혁명 시대의 신기술은 물론
인류 사회적 리스크(바이러스, 재해, 환경 등)에 대응할
사회혁신 플랫폼을 제공해야 합니다.

– 성대 대학원혁신 전략 –

Crafting a dream ratio

드림성공률(Dream Ratio)을 측정해야 한다

성대는 삼성의 이미지가 강합니다. 그러한 브랜드는 강점인 동시에
약점입니다. 집이 부자인 한 청년이 사회생활을 배우는 경우에 비유
될 수 있습니다. 보이지 않게 내부적으로 여러 가지 유리한 환경을 가
지고 살아갈 것입니다. 반면에 외부인과 파트너십을 추구하는 경우에
는 커다란 선입견에 시달립니다. '집에서 어련히 알아서 잘 챙겨줄 텐
데 왜 이런 것까지 해야 하는가' 하는 부분입니다.

"삼성이 많이 투자하지요?"

"삼성에 얼마나 많이 취업하나요?"

외부인을 만나면 주로 듣는 질문이 삼성의 지원에 대한 것입니다. "성대가 약진하고 있는데 삼성 덕이 크지요" 하는 의미로 들립니다. 물론 좋은 뜻에서 던지는 질문입니다. 그러나 대학은 다양성을 갖추어야 더 크게 그리고 더 멀리 성장할 수 있습니다. 성대는 재단이 삼성이긴 하지만, 삼성이 관심을 갖고 지원하는 유일한 대학이 아닙니다. 삼성은 인재제일을 표방하며 출범한 기업입니다. 대한민국, 아니 더 나아가서 세계의 인재와 함께하는 기업을 지향하며 그러한 관점에서 교육계를 바라보고 있을 것입니다. 삼성이 다양한 대학에 기부를 하고 프로젝트를 공유해온 과거 실적이 삼성의 인재양성 철학의 목적과 범위를 대변해줍니다.

실적은 과거이고 과제가 미래입니다. 누구라도 성대에 투자하고 싶은 마음이 들 수 있는 새로운 성공률을 제시할 수 있어야 합니다. 기업의 가치를 평가할 때, 사람들은 종종 투자수익률(Earning ratio) 개념에서 판단합니다. 대학도 가치 관점의 척도를 제시할 필요가 있습니다. 캠퍼스의 산학 및 사회협력 모델은 학생은 물론 협업을 위해 캠퍼스를 찾는 모든 사람에게 드림성공율(Dream Ration, DR)을 직시하게 만들어야 합니다.

미래가치 생태계를 구축한다는 것 🌿

글로벌 리딩 대학은 대학, 기업(기관), 사회가 협력해서 미래가치를 창출하는 마당의 역할을 해야 합니다. 기업과 함께 교육, 연구, 기술개발, 지적재산을 아우르는 산학협력 플랫폼을 구축해야만 진정으로 사회에 기여하는 교육서비스를 제공할 수 있을 것입니다. 삼성만으로 될 일이 아닙니다. 전방위 모든 구성원이 새로운 가치를 창출하는 데 동참할 수 있는 분위기를 만들어야 합니다. 미국 실리콘밸리에 위치한 스탠포드대학은 2019년 6월 말 기준 약 32조 원의 기금을 운용하고 있습니다. 1991년에 설립된 스탠포드매니지먼트컴퍼니에 23명의 투자팀과 52명의 지원인력이 연평균 11.7퍼센트의 수익률을 올리며 기금을 늘리고 있다니 입이 다물어지지 않습니다. 투자수익으로 매년 1조 원 이상을 대학에 연구비 등으로 재투입하고 있습니다. 그들이 매일 굴리고 있는 가치라는 눈덩이는 우리들의 평범한 상상을 초월합니다.

우리가 배울 점은 엄청남 규모의 기금 자체가 아닙니다. 그러한 기금이 어떻게 조성되었느냐 하는 것이 핵심입니다. 스탠포드는 무수히 많은 벤처기업을 배출시킨 스타트업 인큐베이터로 유명합니다. 휴렛패커드로 시작해 시스코시스템즈, 구글, 야후, 선마이크로시스템즈, 실리콘그래픽스 등 듣기만 해도 고개가 끄덕여지는 글로벌 대표 기업들이 즐비합니다. 특히 휴렛이 프레드 터먼 교수에게 지도받은 졸업 프로젝트를 토대로 동창인 패커드와 함께 휴렛패커드를 설립했다는 스토리가 실리콘밸리의 상징으로 회자되고 있습니다. **교육연구 자체가 아니라 교육연구의 결과로 나타난 궁극적 가치에 집중해야 합니다.** 대학, 기업, 그리고 사회가 함께 미래로 나아가야 합니다. 우리나라도 성균관대, 카이스트, 한양대 등 주요 대학들이 오래전부터 학내 벤처와 창업에 눈 뜬 것은 그런 의미에서 고무적입니다.

저 역시 벤처 1세대 시절인 2000년대 초반에 학내 벤처창업에 도전한 적이 있습니다. 당시 기업 프로젝트를 하면서 인터넷을 이용해 설문조사를 하고 자동으로 분석하는 고객만족분석시스템을 개발했습니다. 그 시스템을 활용하려고 CS2B라는 회사명으로 고객만족도나 직원만족도를 자동으로 저렴하게 조사해주는 서비스에 도전했습니다. 일종의 셀프 조사분석 사업이라고 볼 수 있습니다. 그즈음, 혁신을 주도하던 리더 다섯 분과 매월 조찬모임을 가졌습니다. 아더&앤더슨코리아 사장님도 계셔서 모임을 마치고 따로 상담 말씀을 드렸습니다.

"교수님, 타깃 시장 규모가 작습니다. 좀 너 큰 시장을 찾아야 합니다."

이 대표님의 조언의 의미를 몇 년 뒤에야 깨닫게 되었습니다. 회사는 3년 정도 유지되었지만 결국 사업을 지속할 수 없었습니다. 제법 형식을 갖추고 시작했지만, 교수직을 유지하면서 5퍼센트의 노력으로 될 일이 아니었습니다. 기술특허 한두 개 가졌다고 소비자가 지갑을 열지도 않습니다. 시장에 제공하는 가치가 몇 배는 커야만 희망이 보이는 것이 사업입니다. 산학협력단도 적극 도와주었지만 저의 경우에는 지적자산을 통해서 학교에 도움이 되지는 못했습니다. 일부 학생들이 장학금을 받고 경험을 쌓은 것으로 만족해야 했습니다. 사업은 연구에 비해서 너무나 어려운 도전이었습니다. 덕분에 비싼 등록금을 내긴 했지만 기업 생존의 치열함을 배웠습니다.

스탠포드대학 공대의 경우 2011년부터 엔지니어링 영웅(Heroes)을 발표하고 있습니다. 2011년 영웅에 터먼 교수, 휴렛, 패커드가 모두 선정되었습니다. 총 8명이 뽑혔는데 나머지 영웅들의 기여도 또한 익히 짐작이 갑니다. 그분들은 단순히 대학에만 기여한 것이 아닙니다. 실리콘밸리에 벤처창업 생태계를 만들어 스탠포드에서 시작된 창업 열기를 전 세계에 퍼트렸습니다. 인류에게 미래가치라는 혜택을 제공한 주인공들입니다. 고려대 공과대학도 작년부터 영웅을 뽑고 있다고 합니다. 성대 동창회장을 역임하셨던 신성그룹의 이완근 회장은 사내 영웅을 선정해서 혁신을 선도시키고 있습니다. 새로운 가치창출에 도전하는 인재를 본보기로 삼으려는 좋은 시도들입니다. 시행착오를 각오하고 남들이 가지 않은 길을 개척하는 분들 모두 박수를 받아 마땅합니다.

미래의 영웅들에 500억 원을 투자하다 🦶

성대는 미래의 영웅들에게 투자하기를 희망합니다. 아니 미래의 인재에게 투자하고 함께하려고 합니다. 2019년 초, 글로벌 바이오메디컬의 서민아 교수님을 뵙게 되었습니다. 총장님과 함께 식사를 하면서 '아임뉴런'이라는 벤처회사의 미래 이야기를 들었습니다. 유한양행에서 활동하다가 나온 김한주 박사와 교내 두 분의 교수님(서민아 교수와 김영호 교수)이 창업한 회사입니다. 야심찬 경영자와 두 분의 유력한 과학자의 만남에서 시작된 이야기입니다.

　유한양행은 아임뉴런 창업을 지원하고 성대는 킹고파트너스를 통해서 매칭해서 100억 원을 투자했습니다. 재단이 사업성을 면밀히 검토하고 재정적으로 적극 지원해준 것이 큰 결정이었습니다. 두 분의 교수님은 기술료 수입 43억 원을 학교에 기부금으로 약정하셨습니다. 미래의 가치로 판단하는 아임뉴런 패밀리의 마인드를 배우게 됩니다. 뒤늦게 알게 된 이야기지만 신 총장님이 인수인계를 준비하는 시점에 김한주 대표와 두 분 교수님이 찾아와서 성대에서 창업을 하고 싶다는 제안을 했다고 합니다. 창업 초반의 추진 기반을 마련하는 것 외에도 아임뉴런의 실험실과 사무실을 만드는 것이 쉽지 않은 과제였습니다. 학교의 첨단 실험장비가 구축되어 있는 N센터에 공간을 요구했습니다. 우여곡절이 있었지만 결국 대강의 초반 구도를 완성시켜나갈 수가 있었습니다.

 그렇게 아임뉴런이 창업을 하게 되었습니다. 1년 후, 유한양행, 성균관대, 아임뉴런은 아예 뇌질환 연구생태계를 조성하기로 3자 협약을 하게 됩니다. 통상 기술(T)-생산(P)-마케팅(M)의 비율을 1:100:10000으로 표현하곤 합니다. 그만큼 기술 상용화가 어렵다는 뜻입니다. 창업이 단계적으로 추진되는 경우에는 이러한 과정에서의 난이도를 피할 길이 없습니다. 그러나 아예 생태계를 조성하면 다양한 시도들이 동시다발적으로 진행되므로 각 단계에서의 시너지 창출이 가능합니다. 기술을 개발하면서 상용화를 먼저 점검하게 되고 생산하면서도 기술혁신에 박차를 가할 수 있습니다. 유한양행의 생산, 성대의 교육과 연구, 아임뉴런의 기획, 연구 및 사업, 그리고 삼성병원과 함께하는 실용화 단계가 동시에 작동되는 그림을 꿈꾸게 된 것입니다. 사업의 결실이 생태계로 나타납니다. 아예 그 생태계를 먼저 기획·설계하는 리더의 안목은 담대한 비전으로만 설명될 수 있습니다.

 3자간 협력을 통해 뇌질환 R&BD(Reserch & Business Development) 생태계를 만든다는 것은 합의가 되었지만 본격적으로 투자에 대한 의사결정을 하는 것은 새로운 노력이 필요한 일입니다. 장기간의 전략적 합의이며 유한양행이나 성대 모두 각자 500억 원에 해당하는 자원투입을 약속해야만 합니다. 1,000억 원의 프로젝트에 아임뉴런이 약속한 기술가치를 포함하면 1,500억 원에 해당하는 미래가치에 대한 의사결정이었습니다. 보다 현실적이고 구체적인 청사진이 공유되어야만 가능한 상황이었습니다. 더 이상 지체되면 자칫 계획에 차질이 있을 것 같아서 유한양행 카운터파트너였던 김재교 전무에게 미팅을 요청했습니다. 노량진 수산시장의 2층에서 식사를 하면서 진행된 자리에 마침 김한주 대표도 참석해서 중요한 얘기를 할 수 있었습니다.

"50년 전에 유일한 박사께서 유한양행을 통해서 대한민국의 기업가 정신에 새로운 이정표를 제시하셨습니다. 이번 협약은 유한양행이 융복합 시대의 협력방식에 대해서 또 다른 이정표를 제시하게 될 것입니다. CNS의 성공은 아임뉴런과 유한양행만이 아니라 성균관대학의 관심사입니다. 그러한 새로운 연구개발 생태계의 성공모델을 만드는 것이 우리의 최대 관심사입니다."

일방적인 투자지원이 아니고 양방향 투자모델임을 강조하며, 경영진에게 직접 설명드릴 기회를 달라고 청했습니다.

며칠 후에 사장님과 경영진을 뵙고 성대의 추진 방향과 의지를 전달할 기회가 있었습니다. 성대 의대 및 약대의 글로벌 경쟁력, 융합교육 추진 의지, 교내 연구인프라와 첨단실험기기, 그리고 연구생태계의 모습을 제시하며 유한양행의 엑스턴(Extern)들이 성대에 와서 스핀오프(Spin-off) 차원의 벤처창업 도전 기회를 예를 들면서 시대적인 소명을 말씀드렸습니다. 2시간에 가까운 시간 동안 다양한 질문과 향후 발전방안 등을 토론했습니다. 회의를 마치면서, 이정희 사장께서 덕담으로 마무리하셨습니다.

"성대는 곁에서 보기에는 느릴 것 같은데 막상 만나보면 매우 빠르고 혁신적입니다."

지난해 8월에 드디어 공식 출범식을 갖고 계약도 모두 정리되었습니다. 이미 투자가 진행되었고 올해부터 본격적인 신축과 새로운 미래를 향한 도전이 시작됩니다. 미래의 영웅들인 김한주 대표, 서민아 교수와 김용호 교수를 비롯한 아임뉴런의 도전과 열정 덕분입니다. 그러한 결의와 잠재력을 평가한 이정희 유한양행 대표, 신동렬 총장, 성대 법인 경영진의 신뢰와 협력이 있었기에 가능했습니다. 유한양행 이사회의 최종 의결 회의에서 오랜 기간 사외이사를 하고 계시는 연세대 교수님이 당부하셨습니다.

"이런 일은 우리도 해 보았지만, 생각보다 어려운 도전입니다. 헌신과 결단 없이는 성과를 장담할 수 없습니다."

"예, 명심하겠습니다. 뼈가 으스러질 각오로 임하겠습니다."

아임뉴런의 부사장을 맡고 있는 서민아 교수가 답변했습니다. 모두들 한바탕 웃으며 마음을 보탰습니다. 뇌질환 연구센터인 CNS 연구센터는 그렇게 탄생하게 되었습니다. 장차 미래의 영웅들이 성대에서 멋지게 활동하게 될 것을 기대합니다.

포부의 다리(Bridge of Aspiration)를 꿈꾼다 🍂

8층 규모의 CNS 연구센터가 완성되기까지 실질적으로 연구와 실험을 진행하기 위해서 N센터 5층을 아임뉴런에게 임대공간으로 제공했습니다. 협약식을 앞두고 불과 1달 정도 전에 리모델링 공사 허가가 떨어졌음에도 정말 멋진 공간이 준비되어 있습니다. 아임뉴런은 사무 공간은 공간마다 컨셉이 있었고 컬러까지 곁들여 스토리 있는 공간을 만들어 놓았습니다. 연구실험 공간은 더욱 가치 있게 설계되어 있었습니다. 한 편에는 뇌질환 연구에 필요한 실험기기가 프로세스 중심으로 설치되어 있었고 반대편에는 전체 실험 과정을 보면서 토론하거나 학습을 수 있는 융복합 공간입니다. 벽 없이 누구나 원하는 공간에 자리를 잡고 유연하게 팀으로 움직일 수 있도록 만들었습니다. 출범식 당일에 참석자들이 둘러보면서 놀라워했습니다.

시간이 좀 지나, 어느 가을날 교무회의를 마치고 가볍게 도시락으로 이른 오찬을 마치게 되어 총장님께 일부 교무위원을 모시고 아임뉴런을 방문하자고 건의했습니다. 갑자기 방문하는 일이어서 김한주 대표와 서민아 교수에게 연락을 취했지만 통화가 되지 않았습니다. 현장에 도착하니 전 직원이 스티븐코비 박사의 《성공하는 사람들의 7가지 습관》에 기초한 리더십 교육을 받고 있었습니다. 식당으로 쓰는 공간의 스크린에는 아임뉴런의 7가지 가치가 파란색을 배경으로 선명하게 모

〈그림 6〉 아임뉴런의 연구 및 실험공간 (사진 제공: 아임뉴런)

습을 드러내고 있었습니다. 이미 30명이 넘는 조직으로 발전하고 있었고 최고의 인재들이 입사를 문의하고 있다고 합니다.

여러 가지 격무와 코로나로 인해서 총장님도 마음 편한 날이 많지 않았지만 그날은 정말 행복한 모습으로 대화를 나누셨습니다. 미래의 가치는 언제나 희망을 주기 마련입니다. 저는 11월 말에 진행된 비전 포럼에서 우리 대학의 2030 비전을 소개할 기회가 있었습니다. 일부러 김 대표의 발표시간을 중간에 넣었습니다. 정말 멋지고 소중한 강의였습니다. 김 대표는 '포부의 다리(Bridge of Aspiration)'라는 사진을 보여주며 유럽 발레단의 단원이 건물과 건물 사이의 연결통로에 서 있는 모습을 소개했습니다. **성대 모든 건물을 실질적으로 연결해**

서 포부의 다리를 만들고 싶다고 합니다. 실질적인 모습과 상관없이 성대 내외 모든 조직의 소망을 연결고리를 만들겠다는 김 대표의 비전에 큰 공감이 다가왔습니다. 지난 2년 동안 그가 보여준 큰 믿음이 CNS라는 기적을 만들었습니다. 20년 후에 그들의 모습을 상상하면 저절로 가슴이 설렙니다.

신동렬 총장이 매우 중시하는 협업연구 분야가 바이오융합연구입니다. 융합연구를 촉진시키기 위해서 이공계 단과대학의 도움을 받아서 융합연구기금을 만들었습니다. 삼성병원과 1:1 예산매칭 개념으로 바이오-S를 협약했고 병원-이공계-인문계 등 다양한 융복합을 권장해 현재 20개 과제가 동시에 추진되고 있습니다. 공간적으로도 병원 근처에 아예 융합연구센터를 만들어 융합연구 생태계 조성을 위해 노력하고 있습니다. 특히 AI 접목 등을 강조하고 있는데 대단히 호응도가 높아서 의미 있는 시도로 평가받고 있으며 올해부터 일정 부분 초기 성과가 나올 것으로 예상하고 있습니다. 이러한 융합연구가 크고 작은 포부로 연결될 것입니다. 다양한 융합연구 생태계 조성이 시도되는 역동적인 캠퍼스를 만들어야 합니다.

신기술 테스트베드로 오픈이노베이션을 주도한다 🦑

진정한 미래가치를 위해서는 대학의 기술사업화에 새로운 안목을 가져야 합니다. 기술사업화 관점에서 미국 주요 대학과의 비교는 우리나라의 목표와 방향을 설정하는 데 도움이 됩니다. 미국 대학의 기금 운영 수준은 국내 대학의 100배 수준을 넘습니다. 다들 수십조 원을 전문적으로 운영하고 있으며 기술사업화가 기금 확보의 핵심 채널입니다. 우리나라 기술사업화는 아직 태동기 수준입니다. 겨우 50억 원 대를 넘나들고 있으므로 이를 5,000억 원에서 1조 원까지 끌어올려야만 교육부문에서의 글로벌 경쟁이 가능합니다.

미국은 등록금과 기술사업화를 재정 확보의 수단으로 연계시키지 않습니다. 대학이 교육예산을 책임질 수는 없기 때문입니다. 기술사업화를 해야 되는 이유는 장기적인 등록금 동결 문제를 해결하기 위해서가 아닙니다. 기술과 산업 혁신을 선도하는 대학의 새로운 역할을 수행하기 위해서 기술사업화에 박차를 가해야 합니다.

미국은 가치경영의 개념에서 대학이 운영됩니다. 다양한 행정기능에 전문성이 배어있습니다. 인력을 확보하는 과정에서 시장 가치가 통용됩니다. 예컨대 기술사업화 홍보를 담당하는 인력의 처우는 기업이나 대학이나 차이가 별로 없습니다. 전문성의 가치를 인정하는 풍토이기 때문에 인적교류가 가능합니다. 우리나라는 캠퍼스를 차원이 다른 공간으로 생각하는 사람이 많습니다. 정년을 보장하는 대신 저임금 체계로 운영합니다. 그리고 소수가 여러 분야를 커버하므로 고급 전문성을 갖춘 인재를 확보하기가 어려운 환경입니다. 경영은 가치창출이 중요하므로 어떤 전문가가 투입되는가가 결과에 크게 영향을 줍니다. 기술사업화 부문에 전문그룹이 대거 투입되어야 합니다.

우리도 제도적으로는 창업지원센터도 있고 스타트업 펀드도 제공하고 있습니다. 서울시 캠퍼스타운 사업을 통해서 인문학 분야의 창업도 적극 지원하고 있지만, 아직까지는 이공계 교원들이 주로 창업에 관심을 갖는 수준입니다. 그러나 이공계 교수들 입장에서는 연구비 수준 대비 지원액이 상대적으로 작아서 동기부여가 약한 편입니다. 결국 핵심은 학생일 것입니다. 창업은 교수가 아니라 학생들을 통한 수요창출에 성공해야 100배 성장이 가능합니다. 창업 경험이 있는 대졸자를 기업에서 우선 채용하는 풍토만 형성되면 가능합니다. 4차 산업혁명과 AI 시대로 인해서 창업지원체계가 빠르게 혁신되고 있습니다. 창업에 도전하는 인재를 높게 평가하는 시대가 이미 왔다고 봅니다. 그러한 사회적 분위기를 캠퍼스에 빨리 끌어들이는 것이 대학 경영진의 리더십 과제입니다. 성대는 도전학기를 만들어 3개월 여름방학 동안에 인턴, 창업, 국제교류를 체험하는 공식적인 제도를 만들었습니다. 결국 이러한 제도가 얼마나 학생들의 참여로 이어지느냐가 이제부터의 과제입니다.

작년 말 국회에서 대학기술지주 자회사 지분율을 20퍼센트에서 10퍼센트로 낮추는 조항을 통과시켜 올해 6월부터 시행됩니다. 지분율이 낮아지면 외부자본이나 기업의 참여가 늘어날 것이므로 창업 활성화는 물론 성공 가능성도 향상시킬 제도 개선이라고 봅니다. 그러나 지분의 문제는 본질이 아닙니다. 과연 어떻게 창업 볼륨과 성공률을 높이는가가 관건입니다. 성공해야만 지분율의 가치가 발생하기 때문입니다. 지분율 조정은 기업의 오픈이노베이션 전략과 연동되어야 합니다. 대한민국의 수많은 기업이 인근 대학과 오픈이노베이션 개념에서 장기적으로 연구개발 투자를 협약하고 기술가치화에 동참해야 합니다. 지금도 이미 LINC+ 사업 등으로 패밀리기업들이 다수 있습니다. 그러나 교육 중심의 명목상 패밀리가 아니라 R&BD 중심의 패밀리를 새롭게 탄생시켜야 합니다. IT 기술과 비대면 상황을 이용한 국내외 협업체계 및 플랫폼 개념을 도입하는 것도 중요합니다. 학생들이 다양한 시도를 할 수 있도록 대응하고 교수도 다양한 영역에 동시에 참여할 수 있는 '공동 교육연구 플랫폼'을 설계하고 구축해야 합니다. **단순한 교육이 아니라 교육-연구-창업이 동시에 시도되도록 '새로운 아이디어를 테스트하는 신기술테스트베드(New Technology Test-Bed)'로서 대한민국의 대학 위상을 전환시켜야 할 것입니다.**

교수들이 기업과제도 많지만 정부과제를 더 선호하는 편입니다. 정부가 국가 R&D 생태계 혁신에 나서고 있으나 여전히 운영과 성과 측면에서 극복해야 할 과제가 있는 셈입니다. 정부과제는 대개 장기간의 과제가 많고 결과에 대한 책임성도 크지 않습니다. 반면에 기업과제는 단기간이고 실적이 없으면 지속성이 보장되기 힘듭니다. 당연히 교수들의 입장에서는 정부과제를 선호할 수밖에 없으며 특히 인프라 구축에는 정부과제가 절대적으로 필요합니다. 이 주제의 본질은 정부과제와 기업과제의 시너지를 창출하는 것입니다. 즉 장기과제와 단기과제의 통합운영이 가능하도록 여건을 조성하면 연구자들이 다양한 관심을 가질 것입니다. 장기적인 정부과제를 추진하면서도 단기 기업과제를 정부가 일부 매칭해서 연구의 지속성과 기술사업화를 지원하는 방안도 대안이 될 수 있습니다. 글로벌 기업이 캠퍼스에 상주해서 함께 연구하는 여건도 강화시켜야 합니다. 성대는 BASF의 입주를 통해서 MRA(마스터연구협약), JEA(공동교육협약) 등을 통한 파트너십의 가능성을 배우게 되었습니다. 수동적인(Reactive) 개념에서 전향적인(Proactive) 관점으로 오픈이노베이션을 바라보아야 합니다.

제8장

경영,
캠퍼스의
주인공인
90년생

세계적인 연구중심대학 지원 플랫폼

혁신적인 경영·제도·행정의
3대 지원 플랫폼을 정착시켜야 합니다.

인사, 재정, 문화, 윤리에 있어
신뢰받는 경영시스템을 구축합니다.

글로벌 연구중심대학에 걸맞도록
플랫폼의 효과성을 높여야 합니다.

– 성대 대학원혁신 전략 –

As you see it

결심이 아니라 실행력이 중요한 시스템경영! 🌿

성대의 행정인력은 비교 대학 대비 인력 규모는 상대적으로 상당히
작은 편입니다. 국내 대학과의 비교에서도 30퍼센트 정도는 규모가
작은 편이고 해외 대학과는 비교 자체가 의미가 없을 정도입니다. 국
립싱가포르대(National University of Singapore, NUS)에 벤치마킹차 방문
을 했을 때 대학의 자산관리 인력 규모를 물어보았습니다. 200명 정
도가 투입되고 있다고 합니다. 대학의 각종 시설과 공관관리에 투입
하는 인력이 그 정도인 것을 감안하면 얼마나 여유 있는 행정인력을
운영하고 있는가를 알 수 있습니다. 성대의 경우, 전체 정규직원 규모

를 300명 수준으로 유지하는 현실을 감안하면 여러 가지 생각을 하게 됩니다. **학생 정원을 감안하면 각 대학의 행정 지원의 소요는 유사할 것입니다. 따라서 더 적은 숫자로 행정서비스를 지원한다는 의미는 엄청난 효율화가 전제되어야만 설명 가능합니다.**

성대 행정서비스의 효율성은 6시그마 프로세스 혁신 교육에서 시작되었습니다. 1990년대 후반의 혁신은 6시그마가 대표적인 수단이었습니다. 거의 모든 대기업에서 이 접근방식으로 고객만족은 물론 문제해결에 도전했습니다. 기본적인 사상은 고품질을 목적으로 한 과학적(통계적) 관점에서 프로세스를 혁신하는 것입니다. 6시그마는 미국에서 시작되었던 가장 성공적인 혁신 개념이기도 합니다. 경영혁신 또는 경영효율화는 오랜 기간 관심을 끌어온 주제입니다. 경영관리라는 개념의 가치를 인정하는 순간 더 효율적인 수단을 찾는 노력은 지극히 인간적입니다. 언제나 그러하듯이 혁신은 어려움에 직면한 개인이나 조직이 운명적으로 몰입하는 순간에 만들어집니다. 6시그마도 마찬가지입니다. 미국이 가장 좌절했던 순간에 혁신을 주도했던 기업인 모토로라에서 창출되어 세계적인 베스트셀링 혁신 수단으로 인정받게 됩니다.

1945년에 제2차 세계대전이 막을 내리며 지구는 재건을 시작합니다. 우리나라는 한국전을 치르며 10년 후까지 전쟁의 여파에서 허덕입니다. 전쟁을 직접 겪어본 세대는 사고방식이 달라집니다. 목적 달성의 수단에 큰 의미를 부여하지 않습니다. 생존에 직면하는 순간, 수단 자체가 아니라 치열한 집중력이 더 중요하다는 것을 배우게 됩니다. 전쟁에서 승리한 미국, 영국, 프랑스, 러시아나 중국은 그 치열함이 없었습니다. 반면에 패전의 쓰라림을 겪은 독일이나 일본의 국민은 완전히 다른 마인드로 미래를 바라보게 되었습니다. 독일은 기술로, 일본은 품질과 태도에 집중합니다. 인고의 세월을 30년 보낸 후, 1970년대 중후반에 들어서면서 독일과 일본은 새로운 경쟁 환경에서 세계를 주도합니다. 군사력이 아니라 제품과 서비스 경쟁력으로 비즈니스를 석권하기 시작한 것입니다. 독일은 연구개발을, 그리고 일본은 품질혁신을 국가 브랜드로 제시하며 국민의 결집에 주력합니다. 우리나라도 전후 국가를 재건하면서 국가개발 5개년 계획을 추진하고 새마을운동으로 그 상징성을 찾습니다. 국가개발 5개년 계획을 7차까지 진행하며 35년간 대장정을 거쳐서 선진국 진입의 발판을 마련합니다. 30년이라는 시간적 격차는 정말 긴 시간입니다. 부모자식간의 세대 차이에 해당됩니다. 생각의 패러다임이 완전히 바뀔 수 있는 충분한 시간입니다. 경험하는 환경이 완전히 다르기 때문입니다.

미국 비즈니스 세계에 위기감이 가장 혹독하게 다가온 1980년대 초반, 그들은 두 가지 개념을 만들어내는 데 성공합니다. 한 가지는 경영진단 모델입니다. 볼드리지(Baldrige) 모델을 만들어 품질과 생산성을 높은 수단으로 삼고 미국은 물론 글로벌 경영 표준으로 전파시킵니다. 미국에서 도출된 수많은 성공사례를 공유하면서 시작된 일입니다. 영어라는 언어의 강점을 가진 미국의 전략은 독일이나 일본에 비해서 파급력이 훨씬 컸습니다. 다른 한 가지는 모토로라에서 시작되었는데 바로 통계분석의 보편화입니다. 이것이 바로 6시그마라는 혁신 방식입니다. 아시아권은 섬세함에 대해서 가치를 부여하는 지역입니다. 분석에 신중하며 교육 자체도 수리분석 역량을 높게 평가합니다. 서양은 커뮤니케이션을 대표 역량을 삼는 반면 동양은 분석력을 높게 평가합니다. 6시그마는 분석력이 약했던 미국인이 개인용 PC가 상용화되던 시점에 미니탭이나 엑셀과 같은 통계 패키지를 활용해 분석력을 강화시키는 수단이었습니다. 독특한 점은, 챔피언, 마스터블랙벨트, 블랙벨트, 그린벨트와 같은 혁신 전문성에 등급을 부여하며 역량의 차이를 인정했다는 사실입니다. 챔피언은 혁신을 주도하는 리더, 마스터와 블랙벨트는 문제해결 전문가, 그린벨트는 문제해결 참여 및 실행 주체로 보면 됩니다. 전체적인 관점은 고객의 입장에서 문제를 설정하고 데이터를 수집하고 분석하고 문제해결과 최적화를 시도하는 것이 핵심입니다. 가장 핵심은 데이터분석에 근거한 문제해결과 의사결정입니다.

성대는 한때 거의 모든 직원이 벨트에 도전했을 정도로 6시그마를 강력하게 혁신의 수단으로 삼으며 과제해결에 도전했습니다. 4차 산업혁명 시기에 들어서면서 데이터 수집 및 분석의 자동화 또는 외주

화가 일상화되었습니다. 6시그마의 가치는 퇴색되고 있으며 데이터분석(Data Analyst)과 인공지능 전문가가 새로운 돌풍을 일으키는 상황입니다. 성대에는 아직도 6시그마 과제가 진행되고 있으며 웨이브(Wave) 역시 명맥을 이어나가고 있습니다. 기조처장인 저에게 6시그마 과제 시상식 지원을 요청하며 혁신과제 리스트를 보여주었습니다. 다들 6시그마에 지쳐가고 있다는 얘기를 듣기도 했던 시점입니다.

"6시그마를 DSS, 즉 디지털식스시그마로 승화시켜서 요즘의 데이터분석력을 담고 새롭게 브랜딩하면 어떨지요?"

시대에 맞게 새로운 모멘텀을 주면 좋겠다는 생각에서 제안했습니다. 저의 제안대로 추진되지는 않았지만 6시그마+(Six Sigma Plus)라는 개념으로 진화시켰습니다. 그 또한 나쁘지 않은 선택입니다.

6시그마는 성대의 구성원에게 데이터분석에 근거한 의사결정 문화를 강력하게 심어주었습니다. 목표, 분석, 혁신이라는 키워드를 편안하게 만들었습니다. 대단한 성공입니다. 그러나 20년이라는 시간은 사람들을 지치게 하기에 충분합니다. 요즘 6시그마는 흘러간 혁신 개념으로 보는 것이 대세입니다. 대신 데이터분석 전문역량이 부각되고 있습니다. 정확한 의사결정만 가능하다면 이제 방법론은 중요하지 않습니다. 행정서비스 효율화와 혁신을 위해 새로운 수단과 동기부여가 필요한 시점입니다. 인력의 숫자를 고정하는 개념에서 인적자원의 가치를 인정하고 투자의 개념에서 경영과 행정인력을 새롭게 조명해야 합니다. **의식혁신 10년 주기설에 대한 냉정한 판단과 준비가 필요합니다. 아무리 좋은 혁신 명분도 10년이 넘으면 생각이 바뀐다고 합니다.** 다행스럽게도, 데이터분석사를 공식화해서 자격제도로 운영하는 방안은 바람직합니다. 역량 효율화에 대해서 본격적으로 기획하고 목표를 제시할 타이밍입니다.

90년생 교직원이 캠퍼스로 오고 있다

'90년생이 온다'는 화두는 베스트셀러가 될 정도로 큰 파장을 일으켰습니다. 꿈이 9급 공무원이라고 비유될 정도로 '안정'을 추구하는 세대입니다. 어렵게 학업을 마쳤지만, 사회 진출 시기에 하필 불확실성이 매우 높은 환경이 조성되고 있습니다. 거슬러 올라가면, 90년대 초반 X세대라고 불리었던 그룹입니다. 무엇을 생각하고 지향하는지 판단하기 어려워서 붙여진 이름입니다. 30년 주기의 관점에서 볼 때, 개발도상국이었던 한국의 치열한 생존경쟁의 기억을 갖지 않은 세대들이기도 합니다. 부모 세대의 기대에 부응하기 위해서 노력했지만 취업조차 쉽지 않은 충격을 가슴에 품으며 살아가고 있는 첫 세대입니다.

작년 하반기에 '최인아책방'을 오픈하며 새로운 지식사회를 열어나가고 계신 최인아 대표를 만났습니다. 비전수립위원회의 자문위원으로 모셔서 소중한 말씀을 들을 수 있었습니다. 성대의 발전 방향에 대한 함축적인 표현을 얻기 위해서 일부러 약속을 잡고 역삼역 근처 강남파이낸스 빌딩에 있는 책방으로 찾아뵈었습니다. 제일기획에서 부사장을 역임하셨으며 스타 카피라이터로 유명하신 분입니다. 책방의 풍경이 예사롭지 않았습니다. 며칠만 들락거리면 뭔가 새로운 아이디어를 건질 것 같은 창의적인 내부 디자인이 눈에 들어왔습니다.

"인플루언서(Influencer)에 주목하실 필요가 있습니다. 요즘 아이들은 정말 다르지 않아요? 우리 세대는 평균의 삶을 강요받았어요. 평균으로 보면 기성세대가 좀 더 나을지 모릅니다. 다들 열심히 살았으니까요. **그런데 요즘 세대는 상한선이 없어요. 잘하는 친구들은 세계에서 1등을 하는 인재들입니다. 우리 세대로서는 상상하지도 못했던 수준이죠.**"

정말 귀가 쫑긋할 정도로 공감이 되었습니다. 상한선이 없는 세대. 그렇습니다. 우리 세대는 늘 안 된다는 소리를 귀에 달고 살았습니다. 어디를 가든 안 되는 게 있다고 생각하며 시작하니 매사 움츠러들기 십상이었습니다. 그러한 두려움 없이 미래를 바라보는 세대가 우리들의 후배들인 것입니다. 그들이 바로 90년생입니다.

돌아보면, 후손에게 걱정 없이 성장할 수 있는 환경을 조성해주는 것이 부모 세대의 꿈이었습니다. 의식주 걱정 없이 마음껏 꿈을 펼칠 수 있도록 만들겠다며 여기까지 왔는데 이제는 오히려 버릇이 없다거나 생각이 없다며 안달을 합니다. 기성세대가 처했던 성장환경을 경험하지 못한 신세대는 다를 수밖에 없습니다. 우리도 그들을 모르고 그들 또한 우리의 판단에 의아함을 느낄 것입니다.

최근 성대 간부 직원들에게서 '그동안 없던 일이 생긴다'며 걱정을 하는 분들이 계십니다. 우리 대학의 직원이 다른 대학으로 옮겨가는 상황이 발생하고 있다는 것입니다. 조금 근무해보고 마음이 들지 않으면 가버리더랍니다. 심지어 대학 랭킹이 상대적으로 차이가 나는 상황도 마다하지 않는답니다. 기존 멤버들에게는 없었던 일이므로 다들 고개를 갸우뚱하며 그 이유를 내부 환경의 문제점에서 찾으려고 했습니다. 물론 잘못한 부분도 있을 것입니다. 그러나 크게 보고 받아들여야 합니다. 문제점이 아니라 그렇게 자유롭게 자신의 뜻과 역량을 펼칠 수 있는 새로운 바운더리를 찾는 것에 주저함이 없는 세대가 90년생입니다. 바로 그들이 캠퍼스의 주요 리더로 자리 잡을 날도 멀지 않았습니다. 최인아 대표의 조언처럼 그들이 무한 잠재력을 꽃피울 여건을 제공하는 데 관심을 찾아 리더십 방향을 조정해야 합니다.

함께 근무하게 된 김동민 선생이 좋은 사례입니다. 학교에 입사한 지 2년 차에 만났습니다. 교무처에서 1년을 근무하고 기조처에 오게 된 일종의 새내기 직원입니다. 신축과 공간 관련 업무를 담당하고 있는데 평소 삶이 예사롭지 않습니다. 아프리카로 혼자 여행을 다녀오고 틈나면 자전거를 타며 즐깁니다. 그것도 충분하지 않은지 자신의 주종목이 축구라며 아직도 남아있는 잠재력을 슬쩍 소개합니다. 저도 운동을 좋아하는 체질이라서 대화를 하면 저절로 몸에 에너지가 생길 정도로 활력이 있습니다. 그런 그가 글로벌 1위 독일 기업인 바스프(BASF)의 계약연장 건과 연구개발 글로벌본부 입주 건으로 장기간의 업무협의를 추진하게 되었습니다.

"김동민 씨는 바스프에 오셔도 에이스 중의 에이스급입니다."

바스프 고위간부들이 입을 모아서 했던 칭찬입니다. 사실 저도 그렇게 생각하고 있었습니다. 경험에 비해서 담당하고 있는 일들의 가치가 정말 컸습니다. 3개의 신축을 포함해 모든 공간 배정 및 조정 업무를 직접 처리하는데 각 단계에서의 의사결정 준비, 속도, 대응, 마무리에서 불편함이 전혀 없었습니다. 새로운 세대에 대한 우리들의 생각이 바뀌어야 합니다. 걱정이 아니라 기대감으로 말이죠. 우리들 세대보다 훨씬 잘할 수 있는 미래의 주역입니다.

비전의 공통분모를 찾는다 🌿

성대의 행정서비스는 한국생산성본부가 조선일보와 함께 주관하는 국가고객만족도(NCSI)에서 교육 부문 14년째 1위를 달성하고 있습니다. 작년에 퇴임하는 총무처장께서 "누군가는 이 기록을 멈추어야 하는데, 내가 아니어서 고맙고 미안하다"는 말을 하셨습니다. 객관성을 담보하기 위해서 학생설문조사를 포함하고 있는 외부 조사에서 14년을 연속해서 1위를 했습니다. 대학 경영의 경쟁력으로 평가받을 만합니다. 작년 말에 고려대 기획처장께서 저를 찾아와서 가장 먼저 질문한 부분도 바로 이 내용입니다.

처음에는 대부분의 대학이 이런 외부 평가에 관심을 보이지 않았습니다. 2000년대 초중반은 고객만족 경영의 시대였습니다. 1997년 미국에서 발표하기 시작한 미국고객만족지수(American Customer Satisfaction Index, ACSI)를 필두로 고객만족 수준을 계량으로 (점수로) 나타내는 것이 유행처럼 퍼졌습니다. 고객만족도 절대 수치의 의미보다는 분야별 상대적인 수준과 전년도 대비 개선 수준에 주목하기 시작했습니다. 대학교육에서 강의평가가 교육의 질 향상에 전환점이 되었듯이 고객만족도의 측정은 고객만족 활동에 결정적으로 도움이 되었습니다.

성대가 NCSI에 가장 먼저 반응한 것은 당연한 일입니다. 혁신의 수단으로 6시그마를 선택하고 있었기에 그 결과를 고객만족지수로 확인하는 것이 당시로서는 혁신 기업의 통상적 발상이었습니다. 다시 말해서, 과정(Process)은 6시그마로 혁신하고 결과(Results)는 고객만족지수로 평가하는 것입니다. 제가 개인적으로 자문했던 삼성전자, 현대차, KT, 포스코 등이 모두 이러한 접근방식을 선호했습니다. 혁신에 눈뜬 조직의 선택입니다. 왜냐하면 접점에서 고객만족도를 파악하지 않으면 문제 정의 자체가 시작되지 못합니다. VOC(Voice of Customers)와 CTQ(Critical to Quality)라는 용어가 있습니다. '고객의 불만을 파악해서 어떤 요소를 우선적으로 해결해야 하는지를 결정해야 한다'는 상식적인 발상입니다. 번거롭지만 기본에 충실한 프레임을 누가 더 관리할 수 있는가가 혁신리더십의 본질입니다.

교육은 반복입니다. 연대 총장을 거쳐 교육부 장관을 역임하셨던 송자 총장님은 혁신의 아이콘이었고 국내 대학에 발전기금에 대한 개념을 바꾸신 분입니다. 그분이 대교 대표이사 회장을 하던 2006년 즈음에 강의를 듣게 되었습니다. 고객만족 개념이 빠르게 확산되던 시점입니다. 교육은 반복입니다. "반복, 반복, 반복" 가르치는 교육자나 배우는 학생들이 견뎌내야 할 필요조건입니다. **훈련이 아니라 단련의 과정이 교육입니다. 대학 조직에서의 경영혁신도 마찬가지입니다. 혁신의 수단을 바꿀 수 있지만 반복적인 실행에 의해서 역량이 보장됩니다.**

반복적인 실행에 대한 동인은 무엇일까요? 생존을 위한 실행은 안정이 보이는 순간에 동력을 상실하곤 합니다. 위기에 직면해 절벽에 섰던 기억만으로 글로벌 리딩 대학이 될 수는 없습니다. 글로벌 리딩 대학이 되면 우리에게 무엇이 좋아지는가를 점검해야 합니다. 최고 대학이 되는 순간 우수한 인재들이 몰려오며 그것을 발판으로 더 큰 미래를 준비할 수 있습니다. 자신감은 물론 자아실현에 대한 성취감이 함께할 것입니다. 그러나 적은 직원 수로 최고의 행정서비스를 제공해야 하는 상황이라면 최고의 처우를 보장하는 데 관심을 가져야 할 것입니다.

"그동안 헌신하신 덕분에 우리가 이 위치까지 왔습니다. 행정서비스에서 베스트가 되기 위해서는 처우 면에서도 최고라는 자부심을 가질 필요가 있습니다. 지난 10년간 등록금 동결로 임금인상은 제한적이었습니다. 글로벌 최고는 힘들겠지만 국내에서는 최고의 처우를 받는 대학을 만들고 싶습니다. 그러한 위치에 가는 데에 무엇이 필요한지 말씀해주시기 바랍니다."

작년에 임단협 회의에서 한 얘기입니다. 물론 노동조합 대표들 또한 구성원이므로 학교의 경영환경을 잘 이해하고 있습니다. 이것은 비단 재정적인 문제만으로 해결할 일은 아닙니다. 최고 대학으로의 도약에 기여한다는 자부심을 느낄 수 있는 방식을 모색해나가야 합니다.

10년 전, 비전 2020을 수립하는 과정에서 저는 대학혁신 분과장으로 활동했습니다. 작년에 비전 2030 수립위원회 위원장으로 활동하면서 10년 전의 보고서를 다시 검토하게 되었습니다. 그 당시 저희 분과가 제시한 대학혁신의 중점과제가 눈에 들어왔습니다. 직원 90퍼센트가 박사학위 취득에 도전하도록 지원해서 직원 대부분이 마지막

10년 정도는 교육연구에 함께할 수 있는 여건을 만드는 것이었습니다. 미래의 행정은 스태핑 기능만으로 충분하지 않습니다. '나도 언젠가 직접 연구와 교육에 동참하게 된다'는 미래의 로드맵은 모든 면에서 생각의 크기를 다르게 만들 것입니다. 고등교육 현장의 구성원은 내부에서 서로 다른 그룹으로 구분되는 것을 경계해야 합니다. 공통적인 비전을 공유하는 패밀리 그룹에 가까이 가야 합니다. 그러기 위해서는 모든 사람에게 개인 비전을 만들고 도전할 기회가 부여되어야 합니다. 소망을 갖고 도전할 수 있는 환경이 반복이라는 행동 내재화를 가능케 합니다.

자원 투입의 상대적 비율을 직시한다 🐦

성대의 행정서비스를 보다 근원적인 차원에서 살펴보겠습니다. **경영은 자원 배분이라는 입력에 의해서 결과가 달라집니다. 인풋이 아웃풋을 결정하므로 우리 대학의 자원 배분이 글로벌 리딩 대학과 어떻게 비교되는지가 중요합니다.** 예산기획팀의 정호준 선생의 도움을 받아서 주요 대학과의 예산 배분 내용을 비교했습니다. 예산이 교육 관련, 학생지원, 연구 관련, 운영지원으로 구분할 때 어떤 차이가 있는지를 파악해서 대학 경영 리더십의 우선순위를 살펴보았습니다. 미

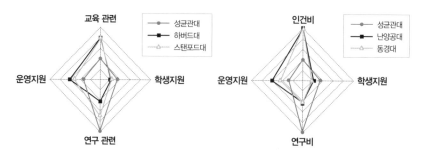

〈그림 7〉 성균관대와 해외 일류대학의 예산 배분 비교

국의 일류대학들은 교육과 운영지원에 예산 투입이 큽니다. 아시아권 대학과의 비교 결과도 유사합니다. 우리 대학은 연구 관련해 비용지출이 50퍼센트에 육박합니다. 절대적인 예산 규모도 차이가 크지만 비율 면에서도 사뭇 다름을 보게 됩니다. 물론 교내 회계시스템의 차이에서 이런 결과가 나올 수도 있습니다. 미국은 연구비에 인건비가 포함되어 있지만 국내의 경우에는 교원의 인건비를 포함시킬 수가 없는 구조입니다.

성대의 자원투입 비율이 연구비에 집중되는 현상은 우리나라 교육계의 공통적인 과제이기도 합니다. 등록금이 오랜 기간 동결된 상황에서 수입은 고정되어 있는 상황이므로 각 대학은 정부 지원사업이나 산학협력 연구비에 올인할 수밖에 없습니다. 예산 투입을 정부 지원비로 대응하거나 연구비로 연구기자재비, 학생지원비 또는 학술활동비를 충당해야 합니다. 대학발전기금에 대한 사회적 혁신 또는 지방자치단체의 대학지원 대한 새로운 전환점이 생기지 않는 한 변화를 기대할 수가 없습니다.

　지방자치단체 제도가 어느 정도 뿌리를 내리는 상황입니다. 정부가 중시하는 지역 균형발전이나 분권화를 가속화시키기 위해서 자치단체의 특성을 반영한 과감한 교육혁신이 동반되어야 합니다. 지금은 주로 졸업 후 지역 소재 기업의 취업기회에서 차별화 포인트를 찾는 수준이지만 대학 재학도 도내등록비(In_State)와 도외등록비(Out_of_State) 개념을 도입해 지역의 인재를 전략적으로 관리하는 방안을 모색해야 합니다. 자칫 가구가 이전하는 부작용이 생기지 않도록 유의하면서 지역 내 대학에 진학하는 것을 권장해야 합니다. 즉, 평균의 개념에서 탈피할 시점입니다. 우리 사회는 교육에 관한 한 상대적 차별을 받는 분위기를 인정하기 어려운 풍토가 형성되었습니다, 대부분의 부모들이 자녀 교육을 통해서 미래를 바꾸려는 가정의 비전을 가지고 있습니다. 교육에서 경쟁의 차별이 있는 순간, 미래에 대한 희망 또한 동일한 조건으로 경쟁하지 못하는 것으로 인식됩니다. 평균의 개념에서 벗어나지 못하다 보니 교육부로 지칭되는 정부의 주도권만 쳐다보게 됩니다. 오히려 벗어나지 못하도록 각종 통제의 수단이 강화되는 느낌입니다. 정부의 지원금이나 관리 감독 기능이 새로운 제도 설계를 움츠리게 만듭니다.

　《평균의 종말》이라는 책이 있습니다. 교육이 평균의 개념에서 맞춤의 개념으로 전환되어야만 새로운 희망이 있음을 주장하는 책입니다. ADHD 장애 자퇴생에서 하버드대 교수가 된 토드 로즈는 '맞춤이 기회를 만든다'고 강조합니다.[10] 환경이 개개인성에 잘 맞지 않으면 진정한 재능을 펼칠 기회를 얻지 못합니다. 학생들 각자가 잠재력을 펼칠 기회를 똑같이 누리는 사회를 원한다면 교육계도 개개인성에 관심을 가져야 합니다. 공평하고 평등한 사회를 만든다는 방향성이 우리 사회의 배려와 포용을 높이는 것에 기여하고 있습니다. 그러나 모든 사람이 똑같은 표준화된 시스템에 접하도록 해서 기회의 평균을 높이는 발상은 한계가 있습니다. 만일 자동차의 운전석이 평균에 맞추어 고정되어 있다면 개인적 차이로 수많은 사람이 불편을 겪을 수밖에 없을 것입니다.

정부는 오랜 기간 사교육과의 전쟁을 펼쳐왔지만 아직도 사교육에 의존하는 입시 준비생들이 많습니다. 요즘에는 유치원 시절부터 자신이 원하는 학원에 들어가기도 어려운 세상이 되고 있습니다. 학원에 들어가기 위해서 예비로 학원을 다니는 진풍경도 펼쳐지고 있습니다. 사교육 사업자들이 소셜네트워크를 이용한 홍보로 자녀 교육을 우선시하는 학부모들을 애타게 만듭니다. 아니 고객이 애타게 들어오고 싶어하는 것을 즐긴다고 보아야 할 것입니다. 그럼에도 불구, 맞춤형 교육이 필요한 시대라는 사실은 인정할 필요가 있습니다.

소설《파친코》로 뉴욕타임스 베스트셀러와 각종 도서 관련 상을 휩쓸었던 이민진 작가는 하버드 대학에서 '한국인의 특징과 교육'에 대해서 강의를 했습니다. 일찍 미국으로 이민을 갔지만 한국을 계속 관찰하며 소설화하는 데 집중했습니다. 그녀가 강조한 한국 교육의 큰 차별점이 바로 '학원'이었습니다. 한국인은 워낙 배우는 것을 좋아해서 모든 종류의 학원이 있다는 것입니다. 학교 과목은 물론, 운동, 말하기, 글쓰기, 창의력, 심지어 노래까지 온갖 학원이 있다는 설명으로 청중의 호기심을 자아냈습니다. 어쩌면 그것이 정말 한국 교육의 강점이라는 생각이 들었습니다. 맞춤형 교육을 가장 좋아하는 문화. 문제로 볼 일이 아니고 이제는 경쟁력으로 승화시킬 단계입니다.

교육계는 개개인성을 반영한 개인별 학습과 진도 설계가 가능하도록 혁신되어야 합니다. 개인의 능력뿐만이 아니라 환경 또한 포함됩니다. 개인의 재력 또한 환경의 일부입니다. 부자가 더 유리한 교육을 받아야 한다는 것이 아닙니다. 각자의 형편에 맞는 맞춤형에 대한 개념이 장기적으로 교육방식의 효과성을 높일 수 있음을 인정해야 합니다. 평균을 평등으로 오인하는 관점을 과감하게 개선시켜야 합니다.

판단력, 소통의 속도로 측정한다 🍃

개인이 아니라 조직 차원에서 미래가치를 준비하는 일은 소통이 절대적입니다. 무엇을 지향하고 어떤 수준을 목표로 하는지 빠르게 전달될수록 가치 공유와 공감대 형성에 그만큼 유리합니다. 리더십에 자신이 있는 지도자일수록 소통을 중시하는 이유이기도 합니다. 빠른 소통이 갖고 있는 유일한 취약점은 의사결정이 번복되는 경우에 발생합니다. 최종 결정되지도 않은 사안이 미리 공개되면 정보를 전달받은 사람이 헛고생을 하게 되는 것이지요. 따라서 방향설정에 강한 리더는 소통의 속도가 중요하고, 반면에 방향설정이 많지 않은 리더는 성과평가와 책임조정을 중시합니다. 자동차 운전을 생각하면 쉽습니다. 평지를 달리는 상황에서는 속력만 보입니다. 그러나 커브가 많으면 판단이 많고 선제적으로 인지하는 것이 중요합니다. 판단이 늦을수록 차량이 휘청휘청하며 위기에 봉착합니다.

현재의 대학교육 환경은 위기입니다. 4차 산업혁명으로 촉발된 환경 변화는 COVID-19로 인해서 상상을 초월할 정도로 가속화되었습니다. 엄청나게 험난한 커브길을 운전하는 것과 동일한 상황입니다. 앞만 보며 운전하기에도 급급한 상황인데 멀리 그리고 정확하게 내다보며 가야 합니다. 그 어느 때보다도 판단과 소통의 속도가 중요한 교육환경입니다.

우리 대학은 처장단 회의를 매주 화요일과 목요일 아침에 했습니다. 방학 기간에는 화요일만 했지만, 현안은 물론 대학의 중점과제에 이르기까지 주요 이슈를 사전에 점검하고 토론하며 의사결정의 질적 수준을 높이려고 노력했습니다. 아무리 열심히 처장단 회의가 진행된

〈그림 8〉 처장단회의 주요 이슈에 대한 회의내용 요약

〈그림 8〉 처장단회의 주요 이슈에 대한 회의내용 요약

– 처장단 회의 일시: 2019년 8월 20일 9:00 AM, 총장실 (회의실)
– 요약본 정리 방향: D+2 이내에 처리 (** 중요한 이슈로서 지속적인 관리가 필요한 사안만 요약정리)

구분	항목	현안 이슈 및 토의 내용	관련 부서	후속 점검 및 준비사항
소통	Project S 융합연구	– 서면평가 종료, 24개 과제를 대상으로 발표 평가 예정 – 15개 과제를 선정하는 것을 고려하고 있음 – 일원역 삼성생명 건물에 30평 정도의 공간 확보	미래융합 위원회 (기조처)	* 예산확보 점검
대학원	대학원한마당	– 단과대학 중심의 행사로 진행 (본부는 참가 및 지원) – 9/30~10/4 동안 단과대학별로 일정을 지정하여 개최 – 모든 단과대학이 계획을 수립하고 진행	대학원	* 행사준비
중간 생략				
혁신	AI 인증제	– 5개 과목 (통계, Calculus, Linear Algebra, AI 개론, Deep Learning) & Capstone Project 이수하도록 하여서 인증서 인정	교무처	* 상세 검토, 의견 수렴 및 실행 준비

다고 하더라도 실행의 주체는 각 부서입니다. 부서장이 전달하고 강조하는 부분만 추진될 가능성이 많습니다. 심지어 다른 부서는 어떤 고민을 하고 있는지를 이해하기 쉽지가 않습니다. 부서 간 협업과 지원 기능이 취약하게 되기 쉽습니다. 기존에 진행되던 익숙한 일들은 문제가 없을지 모르지만 새로운 판단과 결정에 대한 대응력은 현저하게 떨어질 것입니다.

기획조정처장으로서 저의 판단은 처장단 회의요약표를 빠르게 공유하는 것이 중요하다고 보고 직접 노트북으로 작성했습니다. 당초 회의 D+2일 내에 공유하는 것을 목표로 했지만, 2년 내내 회의 종료 5시간 이내에 거의 모든 회의의 결과를 공유했습니다. 위 그림에 나

타나있듯이, 주관부서, 이슈, 내용, 처리부서, 후속조치에 이르는 핵심 이슈를 실시간 개념에서 공유시키고자 노력했습니다. 소통은 목적이 아니라 수단입니다. 신체에 따뜻한 피가 돌듯이 긍정적인 정보가, 또는 실패 정보라도 긍정적인 마인드로 공유되는 것이 핵심입니다. 소통의 속도가 조직 전체의 판단력을 좌우합니다.

과거에 포스코 그룹과 STX 중공업의 회의체 운영에 대한 자문을 했고 현대자동차 연구소의 회의체 운영 효율화에 대해서 연구과제도 수행했습니다. 수많은 기업을 진단하면서 회의체 운영이 리더십의 가치를 결정한다는 사실을 직접 체험했습니다. 미래가치는 조직의 이해관계자가 정확하게 공유할 때 결실로 이어집니다. 반기별로 회의요약표에 수록된 주요 이슈나 부서별로 빈도수를 정기적으로 보면 좋습니다. 방사형 그래프로 표시하면 회의와 토론이 어느 분야에 쏠리는지에 대한 판단이 가능합니다. 어떤 이슈에 리더십이 투입되는지를 인지하는 것은 책임이 큰 사람일수록 관심을 가져야 합니다. 부분이 아니라 전체를 보는 관점은 적어도 분기나 반기 정도에서는 분석을 통해서 점검해야 할 리더의 과제입니다.

성대 행정체제의 최대 강점은 빠른 실행력입니다. 본부 보직을 하면서 가장 고마웠던 부분이 바로 신속한 내부 소통과 대응이었습니다. 한번 화두가 던져지면 저의 생각의 속도를 넘어설 수준으로 소통을 하고 대안이 만들어집니다. 그러나 지금부터는 행정 부문도 새롭게 재편되어야 한다는 것을 바르게 인지해야 합니다. 올해부터 본격 시행되는 주52시간 근무제는 업무 몰입 시간을 제한시킵니다. 시간은 물론 몰입력 자체에도 영향을 줄 것입니다. 밤새워서라도 해야 한다는 긴박감도 떨어집니다. 변화는 급증하는데 대응 역량은 오히려 감소하는 이중고를 견뎌내야 하는 기간입니다. 자칫, 소극적 대응으로 업무의 속도를 늦추어버리는 상황이 발생해서는 절대 안 됩니다. 전문인력도 빠르게 보강해야 하지만, 더욱 혁신적인 실행력을 뒷받침할 수 있는 생각의 속도, 즉 판단의 정확성을 높여야만 효율적인 시스템 구축이 가능할 것입니다. **행동은 범위가 좁습니다. 생각은 쉽게 범위가 넓어지고 산만해집니다. 대신 전체를 보는 힘과 다양한 관점을 녹일 수 있는 발상의 근원이 되어줍니다. 예외가 없습니다. 모든 미래는 생각과 행동의 균형에 의해서 결정됩니다.** 불확실한 상황에 대한 정확한 판단력이 대학 행정의 경쟁력입니다.

제9장

입시, 11퍼센트가 아니라 89퍼센트에 집중

이제 경험의 유무 또는 다소가
곧 유능함을 증명하는 지표가 되지 않는 시대가
다가오고 있습니다.

과거의 경험에 의존하려는 사람은
올드타입으로 머지 않아 그 가치를 잃을 것입니다.

반면에 경험에 의존하지 않고
새로운 상황 속에서 계속 학습하는 인재는
뉴타입으로 높게 평가받을 것입니다.

《뉴타입의 시대》 야마구치 슈[11]

It's time to change

때가 왔다, 새로운 판을 설계하라!

풍부한 감성으로 살아가야 할 대한민국 10대는 잔인한 선택의 문제
에 짓눌리며 성장합니다. 감성이고 이성이고 간에, 반드시 거쳐야 할
의사결정이 바로 진학에 대한 것입니다. 자신의 미래를 결정하는 대
학 (또는 고등학교) 선택은 인생에 결정적인 영향을 미칩니다. 물론 요
즘에는 복수전공도 있고 전공을 옮기는 것도 많이 유연해져서 다소
잘못되어도 돌아올 수 있는 퇴로는 열린 셈입니다. 그럼에도 대학 선
택은 어려운 결정입니다. 그만큼 시간을 다시 투자해서 새로운 선택
을 준비해야 하니까요.

우리나라 대학 풍경은 입학으로 결정됩니다. 순서를 매기는 것이 가능하다는 의미에서입니다. 수능점수라는 객관적인 비교 잣대가 있으므로 정시모집의 경우 정확하게만 정보를 공유하면 입학생의 성적에 대한 분포를 알 수 있습니다. 다소간의 차이가 있지만, 그러한 정황에 따라서 대학과 학과의 서열화가 아직도 가능합니다.

국내 대다수 대학들이 외부 시각에서 평가해서 발표하는 랭킹에 민감합니다. 비교우위를 지향하는 목표는 적지 않은 스트레스 요인으로 작용합니다. 숫자에 근거한 대학경영을 가능하다면 피하고 싶은 이유이기도 합니다. 그럼에도, 각 대학이 특정 분야에서 자신들의 경쟁력이 우수하다고 강조합니다. 좋은 재목들이 입학을 해야만 세계를 선도하는 인재를 배출할 수 있기 때문입니다. 꼭 경쟁을 위해서라기보다는 우수한 인재들이 인정하는 교육연구 프로그램을 운영하는 대학을 만들려는 노력입니다.

최근 연이어 국내 대학평가는 물론 국제평가에 좋은 성적을 거두며 언론에 비약적으로 발전하는 성대의 위상이 소개되곤 합니다. 그러한 뉴스나 보도에 인터넷 댓글이 주룩 달리곤 합니다.

"당신 자녀가 성대와 SKY를 동시에 붙으면 성대 보낼 수 있나? 랭킹은 무슨…."

상당히 시니컬한 코멘트입니다. 비단 이 질문은 외부 사람에게만 해당되는 것이 아닙니다. 성대 교직원도 마찬가지입니다. 동일학과의 경우, 경쟁대학을 제치고 성대를 택할 수 있는가에 대한 질문이 던져지면 표정들을 관리하며 가벼운 고백들을 합니다. 자신은 생각이 다르지만 아이의 선호도를 어떻게 할 수 없다는 얘기들입니다.

성대만 이런 상황은 아닐 것입니다. 줄줄이 랭킹으로 이어진 선택이라는 기로에서 더 위쪽으로 가지 못하고 멈추거나 하향 조정한 학생이나 부모들이 안타까운 마음을 갖게 됩니다. 어쩔 수 없이 적응은 하지만 평생 찜찜함이 따라다니는 환경입니다. 나란히 줄을 세웠기에 나타나는 현상입니다. 정부는 학력에서 오는 폐해를 줄이기 위해서 취업 과정에서 대학을 노출하는 것을 봉쇄하려는 조치를 취하고 있습니다. 동일한 능력이라면 차이가 크지 않을 수 있음에도 사람들의 심리는 참으로 오랜 기간 영향을 받고 있습니다.

배치표를 없애야 자존감이 유지된다 🌿

따지고 보면 대한민국 교육의 기형적 문화를 촉진시키는 원인 중의 하나가 유명학원의 입시 배치표입니다. 학원가의 배치표는 일종의 대학 학과별 커트라인으로 작용하고 있습니다. 마치 정확한 정보에 근거한 것처럼 보이지만, 검증되지 않았고 검증할 수도 없습니다. 전년도 발표 자료에 이런저런 정보와 추가 정황을 감안해 조정하는 것이 전부입니다. 정밀하게 따지면, 일종의 가짜 정보입니다. 정확성이 아니라 정보의 영향력으로 돈을 버는 학원가의 경영전략에 10대와 그 부모들이 미래를 맡기고 있습니다. 수많은 입시생이 자신의 적성에 맞는 전공이 아니라 합격이 가능한 점수대의 대학을 선택합니다. 1점이라도 손해 보지 않겠다는 듯이 눈앞의 손익에 몰두합니다.

"내 점수를 손해 보지 않고 골랐어요."

이 말이 그렇게도 중요한 것일까요.

전공은 해당 학교에서 무엇을 가르치는지, 교통은 어떤지, 시설과 선생님들은 어떤지, 어떤 연구를 하는지, 졸업생은 어디로 진출하며 얼마를 받는지 등을 통해서 결정되어야 합니다. 발품을 팔아야만 정확한 결정이 가능합니다. 자신의 적성에 맞는 선택지를 놓고 고르는 희망적인 과정이 되어야 합니다. 우리나라의 10대들은 이미 스마트 환경을 이용한 정보검색과 의사결정을 몸에 익힌 그룹입니다. 그들의 새로운 판단력을 믿어야 합니다. 교수에 대한 평가, 전공에 대한 평가, 인턴 기회에 대한 평가, 졸업생에 대한 평가, 글로벌 시장에서의 평가. 스스로 찾아 나아갈 수 있는 세대입니다. 미래의 행복을 설계하도록 사유로운 의사결정 환경을 세공해야 합니다. **무한 잠재력이 있는 한국의 인재를 배치표라는 숫자의 틀로 그들의 담대한 발상을 옥죄는 일은 참으로 안타까운 일입니다. 각 대학의 학문영역별 입학수준을 정밀하게 구분하는 배치표는 마땅히 사라져야 합니다.**

한국과학한림원 주체로 '지방대학 죽어간다'라는 주제로 토론을 하게 되었습니다. 지방대학 기조처장들이 발제를 했고 서울주재 대학의 기조처에는 저만 토론에 참여하게 되었습니다. 지역대학 발제자의 핵심은 아무리 잘 가르쳐 놓아도 다 서울로 학교를 가며 이는 학생 개인이 아니라 가족까지 옮기는 상황이라서 '지방은 희망이 없다'는 것이었습니다. 토론에서 저는 두 가지를 언급했습니다. 한 가지는 국제화를 볼 필요가 있다는 것이었고 다른 한 가지는 배치표 발표를 억제해 대학 서열화 철폐에 동참하라는 것입니다. 국제화에 대한 코멘트는 이제부터 내국인 중심의 교육에서 국내외를 아우르는 교육 관점으로 전환해야 해결책이 보인다는 것입니다. 해외 유학생과 내국인의 눈에 비쳐지는 대학의 위상과 여건은 전혀 다릅니다. 저는 유학을 가면서 미국 동부와 서부의 대도시 근처는 아예 쳐다보지도 않았습니다. 등록금과 생활비가 저의 상상을 초월했기 때문입니다. 그럼에도 저는 양질의 교육을 받고 미국에서도 성공적인 교수 생활을 할 수 있었습니다. 문제는 과도하게 조밀한 국내 대학의 서열화입니다. 우리 모두의 심리를 위축시키는 대학 서열화를 보다 장기적인 관점에서 쇄신해야 합니다.

물론 학문단위별 구체적인 대학 랭킹이 긍정 효과도 있습니다. 입시를 앞둔 학생들에게 마지막 안간힘을 쥐어짜내는 동인으로 작동합니다. 그러나 긴 시간 동안 모든 사람들에게 주는 스트레스를 생각하면 우리 사회에 주는 효과보다는 해악이 더 많다고 할 수 있습니다. 교육의 목적은 성장이지 경쟁이 아닙니다. 젊은 시절 경쟁의 결과가 평생 개인의 주변을 맴돌게 방치해서는 안 됩니다.

정시보다는 수시입학이 배치표의 영향에서 벗어나는 데 유리합니다. 일부 학부모들이 자신의 자녀에게 고교 시절부터 대학 인턴과 논문 작성 등을 권장하고 지원하는 과정에서 불법과 편법으로 유리한 대학에 진학한 사례가 있습니다. 수시입학 제도의 약점입니다. 앞으로 제도를 개선하여 유력한 부모 찬스가 아니라, 학업에 관심이 큰 학생들이면 누구에게나 기회가 주어지도록 노력하면 됩니다. 수시제도 자체를 후퇴시켜서는 안 됩니다. 미래는 항상 새로운 제도에 대한 신뢰를 높여가는 방향으로 발전되어야만 합니다.

수능, 3회로 늘려 정교함을 낮춰야 한다 🌿

수능 2등급은 전국 상위 11퍼센트 이내의 성적을 의미합니다. 2019년 초반 과기부 차관이 수원 자과캠을 방문했습니다. 교내 우수 연구 시설을 둘러보고 과학발전의 미래를 구상하는 일종의 벤치마킹 방문이었습니다. 차관의 말씀이 귀에 생생합니다. "11퍼센트를 위해서 89퍼센트가 희생하는 나라"라며 대부분의 교육서비스가 상위권 일류대

일부를 위해서 기능이 작동한다며 지적했습니다. 교육정책이 일부 우수 학생이나 대학에 너무 초점이 맞추어져 있음을 지적하는 것입니다. 물론 어느 나라든지 대학 간의 격차는 있기 마련이고 서로 명문대가 되려고 노력합니다. 우리나라의 문제는 동일 대학 내 학생 그룹의 역량 편차가 너무 좁다는 것입니다. 다양한 재능과 역량을 갖춘 인재를 키우는 데 관심을 가져야 하는 상황입니다. 즉, 산포(Variation)를 키워야 합니다. 배우는 학생의 편차가 적으면 가르치는 과정은 수월합니다. 우열반의 필요성을 주장하는 분들의 논리입니다. 그러나 학생들이 서로 보고 배우는 것이 없습니다. 다들 고만고만하니까요. **편차가 크면 가르치기는 힘들어서 서로 장단점을 보면서 자신의 변화를 위해 노력합니다. 숨겨진 잠재력을 찾아야 하는 시절에는 매우 중요한 교육환경입니다.**

우리나라는 대부분의 도시가 밀집되어 주거시설이 마련되어 있으며 교통편의 시설 또한 탁월한 국가입니다. 교육 인프라도 정부와 지자체가 적극 지원하고 있어서 지역 또는 규모에 따라서 크게 다르지 않습니다. 교육시설, 연구시설, 편의시설 등에서 상향평준화가 이루어져서 어느 곳에서 공부하든 자부심을 가질만한 수준입니다. 교수의 자질 또한 크게 다르지 않습니다. 교육 중심과 연구 중심으로 구분되기는 하지만 교육의 수준만 놓고 보면 쉽게 비교우위를 구분하기 힘듭니다. 전국 의과대학이 이러한 현상을 잘 보여줍니다. 지금은 의과

대학이 워낙 인기가 많은 시대입니다. 미래 의료인들이 전국에 흩어져서 전문교육을 받고 있지만 교육시설 차이로 인해서 역량의 차이가 있다는 분석은 들리지 않습니다. 수의대, 약학, 법학전문대, 사범대도 상황이 유사합니다. 자격제도가 제시하는 격차는 크지만 학습하는 대학의 여건은 상대적으로 그 의미가 미미합니다. 왜냐하면 교육제도가 등록금을 포함해 광범위한 영역에서 통제되고 있는 상황이므로 교육환경 관점에서의 격차가 세밀하게 관리되고 있기 때문입니다.

이렇게 학습 환경이 유사한 수준으로 준비되어 있음에도 불구하고, 입시제도는 너무 정교합니다. 일단 수능시험제도를 통해서 학습 역량을 층화시키는 과정이 전혀 혁신되지 못하고 있습니다. 앞에서 배치표를 없애는 혁신이 필요하다고 주장했습니다. 배치표의 영향력을 줄이려면 수학능력고사의 정교함을 낮추어야 합니다. 현재 수능제도는 매년 1회에 걸쳐서 동시에 시험을 치고 그 결과로 나타난 상대적 수준을 근거로 입시의 당락이 결정됩니다. 아무리 뛰어난 학생도 1년에 한 번 치르는 시험 당일의 컨디션과 시험지와의 궁합(시험문제가 자신의 강점이나 약점에 부합하는 정도)에 의해 거의 일생이 결정되는 상황입니다. 더욱 안타까운 점은 지난해에 좋은 성적으로 거두어 자신의 잠재력을 확인했음에도 대학을 새로 진학하는 경우에는 다시 시험을 치러야 합니다. 소위 재수를 통해서 대학이라는 학업 단계에 재진입을 시도해야 합니다. 이미 검증된 실력이 있음에도 다시 그 실력을 입증해야 합니다.

성적이 나아진 경우는 다행이지만, 오히려 퇴보한 학생은 이른 나이에 진한 쓰라림을 안고 살아가야 합니다. 너무나 오랜 기간 진행된 이러한 수능제도는 이제 새롭게 설계되어야 합니다.

수능혁신은 성적의 민감도를 낮추는 방향으로 추진되어야 마땅합니다. 동일 대학에 진학하는 학생의 산포를 높이려면 선발 방식도 다양해야 하지만 원천적으로 산포를 낮추려는 정밀화 노력을 줄여야 합니다. 문제은행식을 도입해 1년에 3회 정도는 칠 수 있도록 여건을 조성하는 것도 고려할 만한 유력한 방안입니다. 해당 시험에 함께 응시한 학생들의 상대분포에 근거해 성적을 산정한 다음 개인 역량점수로 산정합니다. 정교함과 공정성을 따지면 과거 대비 훨씬 엉성할 것입니다. 핵심은 수능의 정교함을 낮추는 것에 있습니다. 학생들의 역량을 지나치게 정교하게 차별화하는 것에 모든 것을 집중하지 말아야 합니다. 이러한 제도는 학생들로 하여금 한 번이 아니라 세 번이나 전쟁을 치르게 만들 것이라는 우려도 있습니다. 그러나 옵션 다변화가 선택에 대한 극한 몰입을 낮추는 유일한 방안임을 인지해야 합니다.

물론 수능시험 제도 개선은 그동안 수없이 검토되어온 주제입니다. 자칫하면 본고사 부활로 이어질 수 있다는 우려도 있습니다. 크게 멀리 보며 담대한 혁신을 기대합니다. 앞으로 대한민국 학령인구는 계속 줄어들 것이며 이미 수능의 스트레스를 받지 않는 외국인 유학생들이 함께 공부하고 있습니다. 우리 학생들만 정교한 잣대로 줄을 세위 기를 죽이며 대학 생활을 시작하게 할 필요가 없습니다. 입시 자체를 공정하게 하지 말라는 주장이 아닙니다. 입시의 정교함을 줄여서 어느 대학에서 공부하는가에 의해 일희일비하는 현재의 풍토를 개선해야 합니다. 입학이 아니라 졸업이 중요한 미래 준비가 되어야 합니다. 외국인 유학생은 졸업이 중요한데 내국인 학생은 입학에 모든 것을 거는 이상한 풍토를 바꾸어야 합니다. 학생성공의 핵심은 대학 시절 열심히 학습하고 연구하며 미래를 준비하는 것입니다. 입시 준비 과정에서 지치지 않도록 만드는 것이 대학입시 설계의 핵심입니다.

행복한 대학의 본질을 제공한다

자본주의 사회에서 추구하는 대학의 모습은 무엇일까요? 모든 대학들이 주어진 여건에서 보람되고 행복한 교육과정을 제공하려고 노력하고 있을 것입니다. 미국의 클레어몬트 매키나대학(Claremont McKenna College)은 최고 학부 중심의 대학으로 미국에서 가장 행복한 대학으로 꼽혔습니다. 과연 어떤 차이짐을 제공하려고 노력하고 있을까요? 이 대학은 옥스퍼드대학의 구조를 활용한 클레어몬트 대학에 속한 대학으로 LA 북부 30마일 정도 떨어진 곳에 나무로 둘러싸인 레지덴셜 캠퍼스를 가지고 있습니다. 입학에서부터 학생들의 리더십을 중시하는 편인데 교수 1인당 학생 비율이 9명이라고 하니 소규모의 고급 학과목 유지가 가능한 여건입니다. 가장 큰 특징은 4개의 유사 대학과 2개의 대학원이 연합 네트워크를 유지하고 있어서 학부는 물론 고(故) 피터 드러커 교수의 활동으로 더욱 유명해진 클레어몬트 대학원의 과목까지 들을 수 있는 기회가 주어집니다. 멋진 캠퍼스, 질 좋은 교육서비스, 풍부한 선택권. 학생의 입장에서는 배움에 관한 한 더 이상 바랄 것이 없을 것입니다.

매키나대학의 사례에서 학점 취득의 기회가 행복한 대학의 조건임을 눈여겨보아야 합니다. 미래 대학은 개방형으로 운영될 것이고 코로나 바이러스로 인해서 교과목의 공유는 그 어느 때보다도 유리한 상황이 되었습니다. 국내는 물론 해외의 교과목까지 서로 협약만 체결하면 가능한 환경이 조성되고 있습니다. 어느 대학에서든지 유명 대학의 교과목을 일부 들으면서 자신의 역량을 증진하고 상대적으로 다른 대학의 학생들과 교류할 수 있는 기회를 부여한다면 학생들은 자신의 소속에 대해서 훨씬 마음 편하게 생각할 수 있을 것입니다. 요즘 국내에서 지방 국립대학들이 거점대학을 형성해 주요 대학들을 일종의 클러스터 개념에서 연대하려는 정책에 도전하고 있습니다. **정책의 초점을 학생들의 교육서비스에 맞추는 것이 중요합니다. 어디에서 공부하든지 자신의 역량의 한계를 찾아서 도전하도록 만들면 됩니다.**

다이앤 태브너는 《최고의 교실》이라는 주제의 저서로 아마존 베스트셀러 교육 분야 1위를 기록했습니다. 1인 맞춤형 교육을 추구하는 서밋스쿨 고등학교 교장 선생님의 성공 스토리입니다. 그녀는 "서밋의 학생들은 성취하는 삶을 살 수 있고 자신에게 가장 잘 맞는 경험을 할 수 있는 곳에 들어가는 것을 목표로 한다"라며 대학교에 대한 목표 선정의 중요성을 강조합니다. 가족이 다녀본 대학, 유명한 대학, 랭킹이 좋은 대학, 캠퍼스가 마음에 드는 대학이 아니라 자신의 성향에 맞는 대학을 찾아야 한다는 것입니다. 본질은 이미 고등학교 시절에 그렇게 자신을 알고 미래를 준비하는 것이라고 판단합니다. 자신의 성향을 찾아서 역량을 개발하도록 도와주어야 합니다.[12]

학생들의 학습 방식을 전환시키기 위해서는 교육의 관점 또한 바뀌어야 합니다. 과거 지식전달 중심의 교육을 넘어서 실험실습은 물론 토론을 통해서 자신의 기량을 끌어올리는 단계로 끌어올려야 합니다. 그만큼 교육과정은 물론 교육방식 자체를 재설계해야 하는 상황입니다. 과목운영의 내적 방식의 변화는 플립드(Flipped)러닝 개념이 대표적입니다. 먼저 전달형 교육은 개별적으로 숙지하게 만들고 토론과 질의응답을 통해서 지식의 내재화에 도전하는 것입니다. 과목 운영의 외적 방식의 변화는 MOOC(Massive Open Online Course) 또는 KMOOC과 같은 것들이 얘기되고 있습니다. 강사가 준비한 내용 외에도 융합의 개념에서 다양한 지식을 패칭하는 방식이 선호되고 있습니다. 검색에 강한 사회 분위기가 교육에도 빠르게 반영되고 있는 것입니다. 전공 선택권도 보강되어야 합니다. 현재 복수전공, 부전공, 융합전공 등으로 다양한 전공을 체험할 수 있는 제도는 빠르게 보강되고 있습니다. 물론 의대나 약대 등과 같이 국가가 전문자격증을 관리하는 전공은 예외입니다. 일부 대학은 아예 교육 기간도 맞춤형으로 운영합니다. 2년제, 3년제, 4년제를 선택해서 전공과의 조합을 시도하기도 합니다. 학생 유치에 어려움을 겪는 대학일수록 학위취득의 유연성을 혁신하고 있습니다. 하지만 아직 주전공을 바꾸는 것이 어려운 대학들이 많습니다. 학생들이 소수의 인기 전공으로 쏠리는 현상을 줄이기 위해서입니다. 전문인력의 수요와 공급 관리를 위해서는 장기적인 정원 관리가 되어야 할 것입니다. 그러나 전공을 바꾸려면 학교 자체를 바꿔야 하는 일이 없도록 학생의 입장에서 선택권을 검토할 필요가 있습니다. 전공을 바꾸기 위해서 더 오랜 기간 학교를 다니면 됩니다. 여러 전공을 돌면서 경험을 해야만 적합한 전공을 찾는 학생도 있습니다.

오래전, 제가 유학한 대학에서 근무하신 한국인 교수님의 자녀가 공부를 매우 잘했습니다. 아들은 MIT에 합격했고 따님도 나중에 하버드 법대에 진학해서 유명한 판사가 되었습니다. 당시 그 학생은 이미 고교 시절부터 대통령상(President Award)를 수상하는 등 대단한 수재로 알려져 있었습니다. 시간이 많이 지나서, 여동생인 판사를 만나게 되어 오빠 얘기를 물어보았습니다.

"들어가긴 엔지니어링으로 갔는데 하도 많이 전공을 옮겨서 저도 잘 모르겠어요. 물론 졸업이야 잘 했지만요. 호호호."

우리의 대화는 성공과 실패가 아니었습니다. 한 유능한 청년의 진로였습니다. 우리 학생들도 그런 환경을 제공받을 권리가 있습니다. 대학은 체험과 배움의 공간이기 때문입니다.

글로벌 도전학기, 역량의 상대성을 확인시킨다 🏁

한창 젊은 나이에 역량의 상대성을 극복한다는 것은 경험과 체험이 동반되어야만 극복됩니다. 제가 학부를 다닐 당시에는 교류가 매우 제한적이었습니다. 다른 대학을 다니는 학생들이 어떤 교재로 무엇을 어떻게 다르게 배울지가 궁금했습니다. 가장 좋은 교육을 받는 환경이란 무엇인지가 궁금해서 다른 대학에 가서 도강(강의를 몰래 듣는 것)을 해볼까 하는 생각도 하긴 했지만 실천에 옮기지는 않았습니다. 우리 대학을 믿지 못한다는 부끄러움이 새로운 환경에 대한 절실함보다는 크게 작용했습니다. 그 대신, 졸업 스피드로 나의 역량을 테스트하고 싶었습니다. 공대 학장실을 방문해 어떻게 하면 20학점 이상을 들을 수 있는가를 질문했습니다.

"등록금은 더 내도 좋습니다. 가능한 많은 학점을 들어서 한 학기라도 빠르게 졸업하고 싶습니다."

모든 과목을 A+를 받을 자신은 없었지만, B학점 이상을 받는 것으로 목표를 정하면 30학점인들 못할 것이 없다는 생각이 들던 시기였습니다. 돌아보면 배움에 진중하지 못한 경솔한 모습입니다. 그러나 회갑을 훨씬 넘긴 홀어머니가 저의 졸업을 기다리시는 생각을 하면 하루라도 빨리 졸업하려는 의욕이 앞섰습니다. 결론은 '아무것도 다르게 할 수 없다'는 것으로 종료되었습니다. 학생 개인의 사정을 고려하는 교육시스템이 아니었습니다.

다양한 도전을 수용하는 유연한 교육시스템은 미국에 가서 확인했습니다. 대부분의 시스템이 질서 있게 적용되고 있었지만 일부 아웃라이어 형태의 도전 또한 수용되었습니다. 제가 다닌 학교는 미국 중부의 평범한 주립대학에 불과했지만 제도적 혁신성이 곳곳에 숨어있었습니다. 어느 날 지역 신문에 어떤 중국계 학부생이 2년 만에 졸업을 하게 된다는 뉴스가 작은 박스기사로 나왔습니다. 한 학기에 10과목 이상을 수강하는 초인적 일정을 소화해냈다는 것이 기사의 핵심이었습니다. 그러한 도전을 평범한 주립대학교가 수용하고 있었습니다. 이미 30년이 홀쩍 넘은 옛날에 말입니다.

개별적인 역량에 대한 자신감은 만만찮은 비교 대상을 만나야 확인이 가능합니다. 제가 다닌 학교는 등록금이 저렴한 탓인지 인도, 파키스탄, 대만의 대표 대학 출신 학생들이 대부분이었습니다. 그러한 학생들과 수업을 함께하면서 이런저런 토론을 하고 시험을 치면서 상대적인 경쟁력을 점검했습니다. 박사학위를 마치게 될 시점에 학과 복도에서 취업홍보 게시판을 둘러보다가 지도교수님과 마주쳤습니다. 교수님은 제가 취업을 생각할 시점임을 눈치 채시고 가볍게 향후 진로에 대해서 물었습니다. 깊은 고민을 하지 못했던 상황이라, 근처에 있는 2년제 대학이라도 가서 교수를 하면 좋겠다고 말씀을 드렸습니다.

"SHIN(신), 자네는 그렇게 생각하면 안 돼요. 내일 내 사무실로 오도록 해요."

다음 날, 지도교수님은 이 대학에 지원하라며 편지를 하나 주셨습니다. MIT 토목공학과에서 산업공학 관련 전공을 뽑으니 좋은 졸업생이 있으면 추천하라는 편지였습니다. 당시 학과장이셨던 지도교수께서 그 MIT 학과장을 잘 안다며 강력 추천하겠으니 지원하라고 권하셨습니다. 평생 잊지 못할 추천입니다. 비록 선발되지는 않았지만 저의 자신감에 큰 영향을 주는 순간이었습니다. 그 후, 저의 모든 목표는 수정되었습니다.

성대는 여름학기에 가능한 3개월 가까운 일정을 확보해 추가 학점도 이수하고 인턴은 물론 국제교류도 활성화시키는 글로벌 도전학기제를 도입하고 있습니다. 글로벌 리딩 대학에 걸맞는 학기제를 운영해 해외대학과 유사한 시스템을 발판으로 교류하겠다는 아이디어입니다. 특히, 미국 학제시스템과의 연계성을 높여서 모든 학생들이 인턴이나 국제교류를 통해서 다양한 학생들과 비교하면서 역량 향상은 물론 글로벌 인재에 대한 자신감을 갖도록 하려고 합니다. 총장님이 직접 제안하고 주도한 정책으로서 교무처장의 주도하에 집중적인 토론을 거쳐 이미 작년부터 제도가 도입되었습니다. 코로나로 인해서 국제교류와 인턴은 예상했던 바대로 진행되지 못했지만 분명 새로운 활력을 불어넣는 계기가 되고 있습니다. 글로벌 명사들을 초청해 공개강좌를 진행하기도 하고 인공지능, 빅데이터, 어학에 이르기까지 다양한 영역에서의 새로운 체험을 하도록 프로그램을 설계하고 운영하고 있습니다. **학생의 역량개발에 한계가 없음을 가르치는 것은 물론 글로벌 내지는 기업을 체험시키고 싶은 것입니다. 자신감을 갖고 미래로 나가도록 기회를 제공하려는 노력입니다.**

중앙일보가 글로벌 대학평가를 한다면? 🌿

안목의 크기가 미래의 범위를 결정합니다. 교육계 리더의 눈높이가 중요한 이유이기도 합니다. 목표하지 않은 곳에 우연히 도달한 것을 역량으로 착각하지 말아야 합니다. 존재에 가치를 부여하는 것은 자족의 수단입니다. 냉정하게 그런 상황을 인지하고 미래로 나아가야 할 것입니다.

우리나라 스포츠계의 큰 이정표는 올림픽과 월드컵을 개최하면서 형성되었습니다. 모든 국민이 관심을 갖고 다양한 종목에서 월드 스타들을 직접 목격할 수 있었습니다. 우리나라가 금메달을 따는 종목도 있었고 예선 탈락도 그나마 체면을 살리면 다행인 풍경도 있었습니다. 중요한 학습효과는 국민 모두 세계적 수준의 관점에서 우리를 바라보는 분위기가 되었다는 것에 있습니다. 앞서가거나 경쟁한 분야는 자신감이 부각되었고 많이 뒤처지는 곳에서는 정확한 현실을 알고 장기적인 관점에서 미래를 준비하는 계기가 되어주었습니다. 시야가 넓어지면서 세상을 보는 안목 자체가 발전하게 되었습니다. 그렇다면 교육계에서의 올림픽이나 월드컵은 무엇일까요?

올림픽이나 월드컵의 공통점은 각 국가의 베스트가 모여서 기량을 다툰다는 것입니다. 학문영역에 경쟁 개념을 도입할 이유는 없지만 보이지 않게 비교 관점이 반영되는 것이 사실입니다. 따라서 각 학문영역에서 진행되는 학술대회, 특히 세계적으로 유명한 국제학술대회가 전문가들의 소통의 무대가 될 것입니다. 따라서 우리나라 각 대학들은 국제학술대회의 유치를 주기적으로 추진해야 합니다. 세계적인 명사도 학술대회의 기조강연으로 초청하면 훨씬 더 유리한 입장에서 행사를 진행할 수 있습니다. 신문사나 기업이 수최하는 행사에 노벨상 수상자급을 모시려면 5,000만 원에서 1억 원을 넘어서는 비용을 지불해야 합니다. 그러나 학술대회는 다릅니다. 같은 분야의 파트너들을 만나는 일이므로 함께 참석해서 교류를 하려는 기본적인 자세를 유지하고 있습니다. 세계적으로 권위 있는 학회를 전략적으로 개최하고 국내 학생들이 발표와 토론에 참여하도록 만들어 글로벌 관점에서 교육과 연구의 교류를 활성화해야 합니다. 발표를 하는 대학원생이나 간혹 학부생들이 자신의 대견함을 발견하는 순간입니다.

성대는 영향력 있는 국제학술대회를 본부나 산학협력단 차원에서 적극 지원합니다. 과학 분야의 Nature Science 관련 학회는 물론 동아시아학술원 주최로 세계적인 한국학 연구자를 초빙하는 학술대회에도 관심을 갖고 관리합니다. 스탠퍼드대학 내 한국인 연구자를 연결하는 Stanford K-Bio X는 웨비나(Web Seminar) 방식으로 작년 상반기에만도 8회에 걸쳐서 진행했습니다. 버클리를 포함한 글로벌 리더 대학들과 신진연구인력, 연구교수, 대학원생들이 실시간으로 토론하며 미래를 개척하고 있습니다. 코로나 이후 글로벌 학술 무대가 한층 좁아졌음을 느낍니다. 학문연구의 중심을 한국으로 끌어오려는 노력은 교육계 리더의 새로운 책임이 되고 있습니다.

국내 대학평가를 주도한 언론사가 중앙일보입니다. 처음 도입할 때에는 신선했고 큰 파장을 만들어냈습니다. 지금도 평가는 유지되고 있지만 워낙 촘촘히 경쟁하는 우리나라 여건 때문에 관심이 많이 줄어들었습니다. 국내 순위가 늘 비슷하기 때문입니다. 이제는 글로벌 대학을 포함시켜야 합니다. 세계 모든 대학이 아니라 각 국가별 대표대학을 포함시켜 국제 관점에서 우리의 현실을 조명해주는 것이 필요합니다. 비용투입이 전제되는 사안이므로 엄두가 나지 않을 것입니다. 정부, 특히 교육부가 이 상황에 예산지원을 하는 것을 고려해야 합니다. 올림픽이나 월드컵 같은 국제행사에 정부가 직접 대한체육회나 축구협회를 지원하며 성공적인 대회를 위해 국력을 모읍니다. **격년 정도라도 정부가 지원해서 글로벌 랭킹을 조사하고 발표할 필요가 있습니다. 한국이 교육연구 분야에서 글로벌 리딩그룹을 선도하는 입장에서 바라보아야 합니다.** 대응적 관점이 아니라 전향적(Proactive) 관점에서 대학이 발전 방향을 모색하도록 유도해야 합니다.

국내 일부 대학의 경영진이나 보직자들이 글로벌 랭킹 관리를 위해서 영국에 소재하고 있는 평가기관을 방문했다는 얘기를 들었습니다. 어떤 분들은 평가기관이 한국을 방문할 때에 공항에서 누가 먼저 가방을 차지해서 도와주느냐가 중요하다는 얘기를 하시더군요. 씁쓸한 마음이 생기는 풍경입니다. 그러나 그게 세상의 비즈니스 현실입니다. 우리나라 또한 올림픽이나 월드컵을 유치하는 당시는 관련 조직위원을 국빈 예우하며 한국 지원을 도와줄 것을 요청합니다. 국제적으로 영향력 있는 기관의 관심을 공짜로 확보할 수는 없습니다. 중요한 것은 우리만의 경쟁을 가속화시킬 일은 전혀 아니다 싶습니다. 한국의 교육시스템을 인정받는 공동의 노력이 필요한 시점입니다. 세계가 한국의 교육을 바라보고 있습니다. 교육계 스스로 자신감을 보여주어야 합니다.

제10장

수출,
글로벌
교육 거점에
도전

"옆집 아들이 한국에서 유학한 후 여기서 좋은 직장을 얻었거든요.
그래서 제 아들에게도 한국어를 가르쳐 유학을 보내려고 합니다."

타슈켄트에 있는 한글 교육원에 공부하려는 아들을 데리고 온 아버지가
〈다큐 3일〉에 인터뷰한 내용입니다.
그곳에서만 한글을 배우려는 학생이
1,500명이 있다고 합니다.

교육수출은 문화의 전파를 포괄하는 개념입니다.

Think globally, act locally

정치 프레임에 갇힌 한국의 고등교육! 🌿

우리나라 교육은 정치 프레임에 갇혔습니다. 언젠가 반값 등록금 얘기가 나온 이후로 이제 등록금 인상은 요원한 일이 되고 말았습니다. 등록금심위 절차는 있지만 실상은 간단한 일에 불과합니다. 심의라고 할 사안도 아닙니다. 감히 인상을 얘기할 상황이 아니기 때문입니다. 대학은 등록금 수입이 중요하므로 국민들의 관심에 눈길이 갑니다. 학부모들을 상대로 설문조사를 한 발표를 보면 저절로 한숨이 나옵니다. 왜냐하면 아직도 '등록금이 비싸다'라는 항목이 현저하게 높게 나오기 때문입니다. 정부가 뒷짐만 지고 있는 것은 아닙니다. 각종 대학 또는 대학원 지원사업으로 대학의 어려운 여건을 지원하려는 정책들을 펴고 있습니다. 해당 대학에서 공부하는 학생들이 아니라 국민의 세금으로 비슷한 방식으로 지원하는 정부주도형 생태계를 조성하고 있는 모양새입니다. 엄밀히 말하면 어느덧 대한민국에는 사립대학이 없어진 느낌입니다. 거의 모든 대학이 정부의 지원에 일정 부문 재정적으로 의존하게 되었습니다.

정치는 명분입니다. 그 명분을 중심으로 의사결정과 판단의 프레임을 만들어 다수의 심리에 영향을 주고 사회를 리드합니다. 선거를 생각하면 눈앞에 다가오는 국민 또는 지역주민의 선택에 초점이 맞추어집니다. 교육에 관한 한, 국민들의 부담을 줄여주겠다는 명분처럼 근사한 것은 없습니다. 결코 깨기 쉽지 않은 명분입니다. 국내에는 구성원 자녀의 학자금을 일부 지원하는 기관이나 기업들이 있습니다. 과거에는 실제 비용을 지원하기도 했지만 요즘은 대출 지원으로 제한하기도 합니다. 자녀의 등록금이 큰 부담이어서 시작된 일이지만 지금은 자녀가 없는 사람의 입장에서 보면 차별적 대우로 비쳐질 수도 있는 사안입니다. 수혜의 조건을 갖춘 사람과 그렇지 못한 사람 간의 형평성에 차이가 생기는 것입니다. 교육비 지원을 하던 경우에도 국내대학과 국제대학이 달랐습니다. 대개의 경우 해외대학이 등록금이 더 비싼 경우가 많지만 오히려 지원 액수를 낮게 정했습니다. 해외 유학을 보내지 말라는 의도도 있겠지만 유학을 보내는 사람이 소수이다 보니 특혜로 비춰질 수 있었던 것입니다. 재정 상황이 좋아서 해외에 보내니 스스로 감당하라는 의미이기도 합니다. 개별 당사자의 사정을 감안하면 얼마든지 다르게 해석될 수 있는 상황이지만 다수의 심리에 의해서 의사결정은 그 프레임을 유지하기 마련입니다. 어느 것이 좋다 나쁘다 말하기 어려운 사안입니다. 좋지만 추진하지 못하는 사안도 있고 아닌지 알면서도 다수가 원해서 유지하는 일도 다반사입니다.

등록금에 대한 질문은 교육계 분들과 회식이라도 하는 자리에서 언급되기도 합니다. 그러나 아무도 긴 토론으로 이어갈 의지를 갖지 못합니다. 대강의 분위기는 필요하긴 하지만 아직 때가 아니다 정도입니다. 어찌 됐든 아직도 등록금이 낮아서 더 이상 운영이 불가능하다며 문 닫는 대학이 나오지는 않고 있는 상황이니까요. 다만 우리의 교육수준이 질적으로는 그만큼 기대에 부응하지 못하고 있다는 사실만큼은 분명히 인식할 필요가 있습니다. 어떤 의사결정의 총체적 비용은 예방비용, 평가비용, 실패비용으로 구분됩니다. 작금의 현실은 가시적인 예방비용을 줄이며 보이지 않는 실패비용이 축적되도록 방치하는 상황입니다. **한국의 공공부문은 통제의 효율 중심의 시대에서 자율과 책임 중심의 시대로 전환되고 있습니다. 교육부문도 어떻게 하면 자율과 책임을 촉진하는 경영환경이 조성될 수 있는지에 대해서 숙고해야 합니다.**

한국형 글로벌 대학을 세울 시점이다 🌿

작년에 만난 과거 교육부장관께서 미국에 한국 대학을 설립할 필요가 있다는 것을 권했습니다. 국내 대학이 개별적으로 추진하기에는 쉽지 않지만 주요 대학들이 연합해 미국 서부에 공동학위 대학을 신설해 미국인을 대상으로 운영하라는 것입니다. 미국에 교포들도 많고 한국에 대한 관심도 높아졌으므로 충분히 수요가 있을 것이라는 얘기입니다. 정원도 제한이 없을 것이므로 경쟁력 수준에 어울리는 성취에 도전할 수 있습니다. 그동안 이미 여러 대학이 다양한 프로그램을 시도했습니다. 국내에 진출을 시도한 미국 대학들을 생각하면 역발상 또한 가능한 일임에 틀림없습니다. 동남아시아 일대에 진출한 일부 공동학위 프로그램의 성공적인 운영을 보면 이제 본격적으로 글로벌 챌린지를 구상할 필요가 있습니다.

대한민국이 교육 강국이라는 것을 모르는 나라는 없습니다. 오래전 일이지만 미국 오바마 대통령은 재임 당시 여러 차례에 걸쳐서 한국 교육의 우수성을 평가했습니다. 한국의 어린이는 공부를 더 많이 하고 인터넷이나 게임도 못하도록 절세시킬 정도로 치열하게 교육에 투자하므로 미국도 배워야 한다고 언급하곤 했습니다. 아마 많은 국내 교육계에 종사하는 분들은 표정관리를 하기가 어려운 내용일 것입니다. 진정한 인성교육이나 창의교육이 아니라 오로지 입시를 위해서 통제당하고 절제당하는 분위기임을 잘 알기 때문입니다. 교육을 중시하는 우리들의 문화는 너무나 소중합니다. 다만 그 교육의 방향에 대해서 끊임없이 고민하고 개선시켜야 합니다.

2017년 3월, '할렘의 한국식 교육, 기적을 만들다'라는 테마로 KBS 다큐가 방송되어서 큰 화제가 되었습니다. 한때 대도시 빈민가의 상징이었던 뉴욕 할렘에 위치한 데모크라시프렙 공립 고등학교에서 한국어 교사로 시작한 이정진 선생님의 성공 스토리입니다. 혼자서 시작한 한국말 가르치기가 한국어 선생님만 16명이 되었다니 정말 대단한 여정입니다. 졸업생의 80퍼센트가 아이비리그를 포함한 명문대에 합격하고 심지어 하버드 합격생도 나온 것을 축하하는 다큐 내용에 가슴이 뭉클해집니다. 한국어 가르치기가 단순한 언어가 아니라 한국 역사와 문화를 가르쳤다는 것이 중요한 핵심입니다. 한국식 교육을 통해 교육 자체에 대한 마음가짐이 달라졌다고 합니다. 우리에게는 너무나 익숙한 유교문화와 교육중시 전통이 얼마나 소중한 자산인가를 깨닫게 만듭니다. 한 학생의 인터뷰가 강하게 다가옵니다.

"저는 한국 관련 수업들이 저를 할렘의 사람들과 다르게 만들어준 것 같아요."

한국 대학의 글로벌 챌린지는 진정한 우리나라 대학교육의 강점을 도출하고 확인하는 계기가 되어줄 것입니다. 국제무대에서 비교우위를 확인하지 않고서 교육의 질적 수월성을 주장할 수 없습니다. 경쟁을 위해서가 아니라 더 좋은 교육을 제공하기 위해서 글로벌 교육에 관심을 가져야 합니다. 국내 고등교육에 대한 정치 프레임에서 벗어나기 위해서는 교육의 무대를 글로벌 차원으로 넓혀야 합니다.

성대는 GSB가 있고 글로벌 경영, 경제, 리더, 융합학부도 있습니다. 다들 국내에 있지만 글로벌 교육환경을 제공하려는 의도를 가지고 있습니다. 특히 GSB는 장소만 한국이지 미국에 있는 대학과 전혀 다를 바 없습니다. 실제로 교육 프로그램 자체도 미국 인디애나대학의 켈리경영대와 교류하면 공동학위를 제공하고 있습니다. 교수 채용, 교원 관리, 교과과정, 학위, 취업 등에서 모두 글로벌 스탠더드 개념에서 운영하는 상징적인 칼리지입니다. 글로벌 과정의 애로는 국내 일반 대학과 비교되어 차별성을 인정받지 못하는 경우입니다. 여간 경영을 잘하지 않고서는 장기간 날카로운 비판을 피하기가 쉽지 않습니다. 장기적으로는 독립채산제 개념에서 운영 가능한 수준이 되어야 할 것입니다. 그럼에도, 정착되는 시점까지는 인내심을 갖고 지원해야 합니다. 한국에 뿌리를 둔 글로벌 기업을 생각해보시기 바랍니다. 삼성, LG, 현대자동차 모두가 비슷한 경로를 거쳤습니다. **손실을 감수하면서 글로벌 브랜드가치를 축적하던 도약기가 없었다면 오늘날과 같은 성숙기는 없었을 것입니다.**

글로벌 시각에서 한국 교육을 볼 때, 성대 GSB의 교육시스템은 매우 가치가 큰 프로그램입니다. 학생들 대부분이 고가의 등록금을 내며 한국에서 교육을 받고 있습니다. 임원과정은 거의 1억 원에 가까운 등록금을 내고 프로그램에 참여합니다. 가치가 있기에 동참하고 있는 것입니다. 그 대신 GSB는 파이낸셜 타임스가 발표하는 글로벌 랭킹에서 50위권 이내를 유지하기 위해서 치열하게 노력하고 있습니다. 한국에서는 유일하게 인정받고 있는 글로벌 프로그램입니다. 수많은 글로벌 명문대학이 경영전문대학원을 보유하고 있습니다. GSB가 성대 국제화의 상징이 되어주고 있습니다. 글로벌 일류대학은 차별적인 가치로 미래의 수요를 창출하고 대응할 수 있어야 합니다.

국제어 수업, 100퍼센트 통역 시대에 대비한다 🌿

요즘 대부분의 대학이 국제화에 관심이 많습니다. 학령인구 감소에 대한 유일한 현실적인 대응책이 외국인 유학생을 교육체계에 수용하는 방안입니다. 국가의 위상이 높아지고 한류에 힘입어 후진국은 물론 선진국에서도 한국에서 교육을 받는 것에 관심이 증폭되고 있습니다. 매우 고무적인 일이 아닐 수 없습니다. 일부 연구 중점 대학에서는 우수한 대학원생과 박사후 연구원을 모집하는 수단으로 활용하기도 합니다. 오래전 우수 한국 학생이 미국, 유럽, 일본 등에서 학위를 따고 연구원으로 활동했던 상황이 우리나라에서도 전개되고 있습니다. 바람직한 모습이며 좋은 기회인 것이 틀림없습니다.

언어적 격차만 없다면 모든 것이 계획대로 진행될 국제어 수업이 영어 수업이라는 장애요인으로 대학 운영에 큰 부담으로 작용합니다. 왜냐하면 함께 듣는 내국인 학생들에게 혼선을 주기 때문입니다. 영어와 전문지식을 동시에 배울 절호의 기회로 볼 수도 있지만 그것은 상상에 그쳐야 할 것 같습니다. 가르치는 교수의 어학 실력과 내국인의 듣기 실력까지 겹쳐서 각자 70퍼센트 정도의 우수한 어학력을 보유한 경우에도 실질 전달력은 50퍼센트를 밑돕니다. 게다가 집중력까지 잃는 경우가 발생하므로 30퍼센트 수준의 학습 환경에 만족해야 할 것입니다. 소수의 외국유학생들을 위해서 다수의 내국인이 희생해야 하는 경우가 다반사입니다. 이러한 피해를 줄이기 위해서 일부 교강사는 교재와 교안은 영어로 작성하고 설명 자체는 아예 한국어로 하기도 합니다. 외국인 유학생도 한국에서 학습하므로 어느 정도 한국어를 하는 게 필요하다는 것이 그분들의 주장입니다.

몇 년 전, 중국 북경을 다녀오는 길에 귀국 비행기 옆자리에 중국 유학생이 동석하게 되었습니다. 서울대에서 학부를 다니고 있었습니다. 서울대 유학생 상황을 부분적으로나마 관찰할 상황이어서 몇 가지 질문을 던졌습니다. 학생은 서울 생활에 만족하며 좋은 학업 경험을 하고 있다며 밝은 얼굴로 대답했습니다. 그러나 저는 내심 정말 당황했습니다. 대화를 해보니 한국말은 물론 영어도 소통이 어려울 수준이었습니다. 그 정도 어학 실력으로 공부를 성공적으로 해낸다는 것이 신기할 정도였습니다. 물론, 과거 저의 유학 시절 또한 별반 차이는 없었을지도 모릅니다. 어학은 많이 부족했지만 두세 배 열심히 교재와 과제에 시간을 투입하며 버텼습니다. 언어적 불리함을 딛고, 동양계 유학생들은 용케도 비교적 여유 있게 졸업을 합니다. 시험만 치면 동양 학생들이 대부분 상위권을 차지하는 것을 보고 미국 교수들이 고개를 설레설레 흔들며 신기해하던 모습이 눈에 선합니다.

아마 일부 유학생은 그럴 것입니다. 인도네시아 등 영어권에서 유학 온 학생들은 오히려 언어적으로 유리한 상황이라서 내국인이 걱정입니다. 내국인 역시 외국에 나가서 유학을 하듯이 열심히 하면 도움이 될 것이긴 합니다. 하지만 평소에도 영어를 구사하는 상황이면 다르겠지만 한국어 속에서 수업에만 영어를 하는 혼재된 상황에서는 학생들의 애로는 쉽게 극복이 되지 않습니다. 게다가 본부에서는 국제어 수업에서 한국말로 강의하는 것을 막기 위해서 국제어 평가를 곁들입니다. 100퍼센트 영어를 사용하면 4점이고 대부분 영어를 하고 일부 한국어로 요약하면 3점입니다. 내국인에게는 절대적으로 3점 근처의 강의가 더욱 도움이 될 것입니다. 교강사의 선택입니다. 저는 한동안 거의 모든 강의를 국제어로 했습니다. 4점에 가까운 강의를 할수록 강의평가가 떨어집니다. 쉽지 않은 딜레마가 국제어 수업과 국제화에 내재되어 진행되고 있습니다.

성대에서는 당연히 국제어 담당 교원을 보강하고 국제어 수업에 대한 인센티브를 부여해서 교육의 질을 높이려고 합니다. 조교 지원을 더 적극적으로 투입하고 아예 교직원 평가에 국제화 부분을 포함하려는 시도도 하고 있습니다. 과목도 글로벌 트랙을 만들어서 모든 교수님의 국제화가 아니라 국제어에 특화된 교수님을 구분해 교육의 질적 수준을 유지하는 학습 로드맵을 실현하려고 합니다.

국제어 수업에 대한 애로점이 어느 날 갑자기 해결될지도 모르겠습니다. AI 통역이 발달되어 모든 사람들이 자신이 원하는 언어로 대화하며 소통하는 시간을 기대합니다. **기술혁신 덕분에 좀 더 일찍 그 시점이 온다면 한국의 고등교육은 차원을 달리하며 국제적으로 퍼져나갈 것입니다. 지금도 빠르지 않습니다.** 교육시설에 자막을 넣는 시도를 해야 합니다. 우리 대학은 모든 교강사의 강의를 녹화해서 제공하는 서비스 시스템을 구축하고 있습니다. 영어 자막서비스를 넣어서 보여주는 혁신에 도전해야 합니다. 번역 퀄리티는 지금 시점에서는 큰 의미가 없습니다. 시간이 지나면 수준 높은 통역기기를 이용하며 수강하는 환경을 만나게 될 것입니다. 언어가 교육 국제화의 걸림돌이 될 수는 없습니다. 언어에 문제가 없다고 가정하고 국제화를 설계하면 좋을 시점입니다.

성균한글백일장, 세계를 발로 뛰다 🌱

성균한글백일장은 2007년도에 시작된 한글 전파를 통해서 한국에 친밀감을 갖는 인재를 세계 각국에서 육성하고 한국어 학습의 기회를 제공하는 데 초점을 맞추고 있습니다. 해외 한국어 교육기관을 연계시키는 매개의 역할도 염두에 둔 연례 프로그램입니다. 초창기부터 관여한 이명학 명예 교수는 신동아와의 인터뷰에서 "2007년 중국의 한 교수로부터 한류(韓流) 열풍에 중국 내 60여 대학이 한국어과를 개설했지만 한국 정부나 대학의 지원이 없다는 말을 들었다"며 출범 배경을 소개했습니다. 한글 공부를 지속적으로 할 수 있는 여건을 만들어야겠다는 판단에서 백일장을 생각해냈다고 합니다. 대학 본부와 상의해서 입상자는 석사과정 전액 장학금을 받도록 만들어 제도적 뒷받침도 준비했습니다. 그러나 적지 않은 비용이 수반되는 국제 프로그램이라서 주관 교수님들이 기업의 협찬을 통해서 예산을 확보하느라 고생이 많으셨습니다. 뭔가 앞서서 미래를 도모한다는 것은 누군가의 희생을 전제로 합니다.

성균한글백일장 관련 예산 신청이 기조처에 왔을 때, 저로서는 한두 가지 우려가 있었습니다. 우선 왜 나라가 할 일을 우리가 하는가 하는 생각이었습니다. 한글을 알리는 일이라면 국제교류재단이나, 교육부, 문광부 또는 한국학연구원 등과 같이 직간접적으로 관련된 조직이 주관 내지는 참여해야 하는 것 아닌가 하는 의구심이 들었습니다. 뭔가 설계가 잘못되었다는 생각했습니다. 또한 혜택을 받는 국가가 제한적이라는 점도 눈에 들어왔습니다. 10년을 넘어서고 있는데 아직도 특정 지역에서 행사가 추진되고 있었습니다. 온라인을 통해서 하더라도 좀 다양한 나라에서 참여하도록 하는 것이 좋겠다는 아이디어를 냈던 기억이 납니다. 이 사안은 제가 생각이 좁았습니다. 예산지원을 하긴 했지만 훨씬 더 적극적으로 후원했어야 할 일이었습니다.

한국의 교육을 알리는 일을 누가 주도하느냐가 무엇이 중요합니까. 모든 대학이 각자 할 수 있는 영역에서 추진할 일이고 유사한 일이 있다면 서로 힘을 합하면 될 것입니다. 동시다발적으로 해야 한다는 것 역시 정말 한심한 코멘트입니다. 그런 정도를 몰라서 하지 않았을까요. 100미터 달리기도 어려운 여건에서 마라톤에 도전하지 않는다고 비판하는 냉소적 마인드를 반성합니다. 한국 교육과 한글을 세계에 알리려는 선도적 사업을 도와주려는 의지가 약했을 뿐입니다.

언젠가 지인이 한국을 수출하는 쉬운 방법을 소개하고 자신은 그렇게 한다고 하더군요. 해외가 가면 호텔에서 팁을 놓곤 하는데 그 돈을 한화로 지불하는 아이디어입니다. 1달러에 1천 원 정도 되므로 얼마든지 가능한 아이디어입니다. 저도 몇 차례 시도를 했는데 동남아시아권에는 자연스러운데 유럽이나 미주에 가면 적잖이 어색합니다. '팁 주고 욕 먹기 십상이다'는 생각도 들었습니다. 자신감의 문제일 것입니다. 교육을 수출하는 것 역시 좀 더 진취적으로 나아갈 필요가 있겠습니다.

2019년, KBS1 TV 〈다큐 3일〉에서 성균한글백일장을 방영했습니다. 우즈베키스탄 타슈켄트에서 진행된 백일장의 준비와 진행 과정을 조명해 대회를 알리는 한편 성대의 기여도 역시 잘 부각시켜 주었습니다. 정확한 판단력으로 국제교류를 주도하던 박현순 처장과 국제처의 헌신 덕분에 열정이 배어나는 장면이 이어졌습니다. 대회의 글제는 '만약(If)'이었는데 우즈베키스탄 근처 8개 국가에서 24개 대학의 학생들이 참여했습니다. 한글의 표현력은 물론 상상력과 독창성을 겨루는 현재 시점의 백일장입니다.

"옆집 아들이 한국에서 유학한 후 여기서 좋은 직장을 얻었거든요. 그래서 제 아들에게도 한국어를 가르쳐 유학을 보내려고 합니다."

타슈켄트에 있는 한글 교육원에 공부하려는 아들을 데리고 온 아버지가 〈다큐 3일〉에 인터뷰한 내용입니다. 그곳에서만 한글을 배우려는 학생이 1,500명이 있다고 합니다. **이쯤 되면 '한글'은 단순한 언어가 아닐 것입니다. 기회인 동시에 꿈입니다. 우리에게는 평범한 일상이 세계 무대에서의 누군가에게는 삶을 바꾸려는 도전이 될 수 있습니다.**

글로벌 교육 시장이 좁아지고 있다 🐾

진정한 국제교류는 결국 공동학위 프로그램이 가능한 시점에 본격화될 것입니다. 파트너십 개념에서 상호 호혜적 관점으로 프로그램을 운영하는 것이 되어야 합니다. 총장님은 취임하자마자 단과대학을 돌면서 발전 계획을 들으면서 본부가 도와주어야 할 요소들을 도출하려고 했습니다. 전기전자학과가 주를 이루는 정보통신대학은 반도체공학과도 포함되어 있어서 삼성전자와 발전 맥락을 함께하는 첨단 학문영역입니다. 다양한 발전 계획을 듣고 나서 제가 질문을 곁들여 제안을 한 가지 했습니다.

"이제 성대 전기전자나 반도체공학과는 교육을 수출하는 전략을 구상할 시기입니다. 우리가 그동안 해외 일류대학의 교육을 배우려고 애를 썼듯이 우리도 해외와 교류하는 학문영역이 나와야 합니다."

삼성전자의 일류기업 도약은 국내에서 출발했지만 국제시장에서 1등을 점유하면서 가능해졌습니다. 사실 국내에서는 삼성과 LG의 랭킹은 우열을 가늠하기가 어려웠습니다. 오히려 기술력으로 보면 가전제품으로 선점효과를 누렸던 금성이 더 대중의 인기가 높았습니다. 국내 경쟁에 별로 의미가 없었던 이유는 '코끼리 밥솥 사건'에서 잘 알 수 있습니다. 어렵사리 일본 여행을 갔던 17명의 한국인 여성이 하나같이 밥통을 사 들고 김포공항으로 귀국했습니다. 이 기사가 신문에 나오게 되었고 일제라면 손톱깎기도 사족을 못 쓰는 풍경을 보고 대통령이 직접 나섰습니다. 밥솥이라도 제대로 해결하라며 제품개발과 품질혁신을 독려했습니다. 그 난리 덕분에 탄생한 것이 쿠쿠밥솥입니다. 1983년도에 발생한 일입니다. 올림픽을 1988년에 개최했으니 우리나라 가전제품의 글로벌 위상은 가히 기적적으로 급상승했습니다. 이런 형편이니 국내에서 내가 낫다 네가 낫다 따지는 것이 의미가 없었습니다. 해외 시장에만 나가면 턱없는 할인 가격을 제공하며 글로벌 시장에서 살아남으려고 안간힘을 쓰고 있었기 때문입니다.

국내 가전제품이 글로벌 시장에서 제대로 대접을 받기 시작한 것은 애니콜 신화가 큰 역할을 했다고 생각합니다. 그 전에도 세계 1위 제품들은 있었을 것입니다. 그러나 시장의 유행을 선도하는 퍼스트무버들이 먼저 손에 잡는 핸드폰과 스마트폰에서 대한민국이 연이어 1위에 오르면서 모든 것이 바뀌었습니다. 1994년도에 애니콜 브랜드를 사용했고 해외에서는 삼성모바일 브랜드가 자연스럽게 모토로라나 노키아와 경쟁하게 되었습니다. 산악지역이 70퍼센트인 국토에 살면서도 무조건 빠른 서비스를 선호하는 내국인의 소비 성향이 제품의 기능은 물론 품질 향상에 결정적으로 기여했습니다. 1년에 2회 정도는 신제품을 출시해야 하는 경쟁 상황도 기술혁신에 엄청난 기여를 했습니다. 저는 그 시점부터 자주 수원, 기흥, 구미를 드나들며 품질혁신에 대해서 삼성전자의 교육과 진단에 참여했습니다. 정말 정신없이 혁신에 매진하며 문제해결을 하다 보니 어느덧 글로벌 1위 제품을 확보하게 되었습니다. 2000년대 후반부터 세계 최고의 반열에서 경쟁했지만, 실질적으로 1위로 등극한 것은 스마트폰 갤럭시S를 출시한 2011년부터입니다. 불과 10년 전의 일입니다. 생활용 가전제품에서 세계를 석권한 삼성과 LG 덕분에 대한민국 모든 기업의 안목이 글로벌 차원으로 바뀌었습니다.

저는 스스로 이런 질문을 던지곤 했습니다.

"삼성이 수출을 통해 글로벌 1위로 발전하는 동안에 나는 무엇을 했는가?"

물론 대학에서의 교육은 물론 기업교육에도 나름 노력을 했습니다. 그러나 내 분야에서 글로벌 비교그룹을 모아 놓으면 과연 나도 글로벌 수준이라고 말할 수 있을지에 대한 자성을 했습니다. 아직도 해외 품질전문가를 초청하는 우리는 과연 다른 나라에게서 초청받는 전문가를 확보하고 있는가에 대한 문제의식을 가졌습니다. 그래서 2014년도에 품질경영학회장을 하면서 〈한국처럼 품질하라〉 국문판과 〈Great Quality Korea〉 영문판을 출간하며 삼성전자, 현대차, LG화학, KT, 포스코의 품질혁신을 소개했습니다. 책 덕분에 중국, 사우디, 카사흐스탄, 싱가포르 등에서 초청받으며 한국의 품질을 강의하게 되었습니다. 저를 초대한 것이 아닙니다. 그들은 한국의 대표 기업의 혁신 얘기를 듣고 싶기에 한국인 전문가를 초빙하고 있는 것입니다. 글로벌 경쟁력을 기업의 역할에만 기대서는 부족합니다. 대학 구성원도 각자 글로벌 포지셔닝에 관심을 가져야 합니다. 글로벌 광장으로 발길을 돌리는 순간 새로운 기회가 생깁니다.

정보통신대학 전기전자공학과 역시 교육프로그램 수출에 도전하게 되었습니다. 중국 서북공업대학이 상해 근처 태창캠퍼스에서 파격적인 조건으로 성대의 교육프로그램을 공동학위 개념에서 수입해서 추진하고 싶다고 공식으로 제안했습니다. 정보통신대학이 주도하는 반도체공학 교육과정에도 관심이 있었을 것입니다. 때마침 우리 정부도 국제공동학위에 문호를 개방하는 상황이라서 다소 리스크가 있지만 해볼 만한 상황이었습니다. 시니어 교수님 몇 분이 적극 추진해 퇴임 후에 일정 기간 선도적인 역할을 할 가능성도 있고 서북공업대의 젊은 교수들의 연구력이 탁월해서 우리는 교육을 전수하고 공동연구도 추진할 수 있는 조건이 되었습니다. 더구나 서북공업대는 상하이 근처인 태창에 새로운 캠퍼스를 건설하고 있어서 교육 교류 여건은 매우 좋아 보였습니다.

장기간 준비하고 검토했지만 일단 추진은 코로나 사태 이후에 다시 검토하는 것으로 마무리 되었습니다. 최종 성사가 되지 않은 가장 큰 이유는 왜 우리보다 글로벌 순위가 높지 않은 대학과 리스크를 감수하면서까지 공동학위를 추진하는가 하는 부분이었습니다. 학문 단위에서 추구하는 사안임에도, 의사결정의 범위를 너무 크게 잡아서 협상 체결을 지원하던 저로서는 안타까웠습니다. 국제화는 하루아침에 완성되지 않습니다. 많은 학문영역에서 국제화 전략을 갖고 다양한 가치를 추구하는 과정이 필요합니다.

최근 연고대가 삼성과 SK의 지원으로 맞춤형 반도체학과를 출범하게 되었다는 뉴스가 나왔습니다. 중국이 여러 대학에 수백억 원을 투입하며 인력을 양성하려는 전략에 대응하기 위해서입니다. 이미 성대는 10년 전부터 반도체공학 인재육성에 박차를 가해왔습니다. 좋은 교육프로그램으로 글로벌 교육 수요 선점에 관심을 가져야 합니다. 우리가 적극적으로 홍보하고 개방하면 한국에 오거나 국제교류를 통해서 성대의 교육 프레임이 파워를 갖게 됩니다. 우리 대학을 거쳐야만 최고의 반도체 인재가 될 수 있다는 명성에 도전해야 합니다. 세계가 한국의 반도체를 바라보는 시기입니다. 물이 들어올 때 노를 저어야 대해로 나갈 수 있습니다. 지적자산의 유출을 걱정하는 분도 계십니다. 보호해야 할 지적자산은 신규과정 개발 노하우이지 교육과정 자체가 아닙니다. 개방의 시대임을 직시해야 합니다.

성대는 비전 2030에 글로벌 일류대학과의 공동학위과정 운영을 목표를 세웠습니다. 우리나라의 교육 문호 개방은 다양한 모습으로 역동적으로 미래를 향해 발전시켜야 할 것입니다. 교육수출은 고등교육계의 모든 이해관계자의 관심이 되길 기대합니다. 세계의 교육 시장은 파격적으로 좁아질 것입니다. 의사결정을 하지 않는 그룹은 의사결정을 당할 수밖에 없습니다. 국제 경쟁은 그런 판도에서 움직입니다.

제11장

리더,
1,000년
인문학과
빅디시전

서번트 리더: 학생이 원하는 길을 갈 수 있도록 후원합니다.

브랜드 리더: 학생의 강점을 브랜드로 만들어줍니다.

사이드 리더: 학생과 함께 미래의 길을 찾습니다.

파워 리더: 학생에게 강력한 실행력을 심어줍니다.

수퍼 리더: 학생이 스스로 리더로 성장하도록 이끕니다.

비전 리더: 학생이 미래의 비전을 보게 만듭니다.

변혁적 리더: 학생을 새로운 가치관으로 변화시킵니다.

학생의 강점을 찾아주어야 합니다.

Less is more for people management

경영리더십 관점에서 대학을 본다!

COVID-19 이후, 대학이 새로운 환경에 대응하고 미래의 가치를 제시하기 위해서는 경영의 개념이 정확하게 접목되어야 합니다. 다시 말해서, 경영리더십이 매우 중요합니다. 우리나라 대학의 환경에서는 총장의 리더십을 검증하기가 쉽지가 않습니다. 인품이 훌륭한 교수님은 내부적으로 인기가 있을 수 있습니다. 그러나 대학혁신에 필요한 신사업 구상과 그에 필요한 재원 마련에는 약점을 보일 수 있습니다. 대외적으로 허리를 굽히며 발품을 파는 상황에 익숙하지 않기 때문입니다. 대외 활동이 강한 분들은 대신 윤리성과 대학에 대한 헌신을 의심받기도 합니다. 교육계에는 아직 리더십의 본질과 치명성(Criticality)에 대한 인식 부문에서 개선의 여지가 많은 것이 현실입니다.

대학 운영을 행정의 개념에서 사회가 요구하는 가치를 창출하는 과정으로 발전하는 데 필요한 경영리더십을 정확하게 이해할 필요가 있습니다. **모든 사람이 리더십 전문가가 될 필요는 없지만 조직 전체의 리더십을 끌어올릴 수 있도록 리더십에 대한 시스템적 요소를 구축해야 합니다.**

경영품질의 글로벌스탠더드인 볼드리지 모델이 중시하는 리더십은 크게 두 가지로 구분됩니다. 정렬성(Alignment)과 적응성(Adaptability)으로서 방향을 정하고 따라오도록 만드는 것입니다. 그러니까 리더십은 한 단어로 영향력(Impact)이고, 두 단어로 압축하면 방향설정 안목과 통솔력이 됩니다. 조금 더 경영 차원에서 세분화시키면 여섯 가지로 나눌 수 있습니다. 방향설정, 변화관리, 혁신환경, 성과관리, 지배구조, 그리고 사회적 책임이 키워드입니다. 이들 요소 간의 관계성을 아래 그림에 제시했습니다.[13] 리더십에 대한 이해도를 구체적으로 높이면 좋겠습니다. 아마 모든 리더들이 무의식 속에서도 이들 요소를 실행하고 있을 것입니다. 그만큼 리더십은 이론이기보다는 앞서가는 사람들의 행동특성의 공통요인을 찾아 이론적으로 뒷받침하는 이슈입니다.

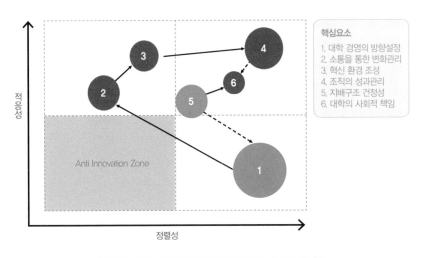

〈그림 9〉 대학 경영 리더십의 6대 핵심요소와 상호 연관성

• **대학 경영의 방향설정** – 비전, 전략목표, 연간계획 등을 통한 대학의 방향을 제시하는 것입니다. 교육환경은 분명한 목표를 가지고 있습니다. 양질의 교육과 연구로 학문후속세대를 양성하는 것입니다. 이러한 업의 특성으로 인해서 사람들은 대학 경영의 방향설정에 큰 의미를 부여하지 않기도 합니다. 어차피 똑같은 목적을 추구한다며 차별화 관점을 도입하지 않기 때문입니다.

• **소통을 통한 변화관리** – 대학의 발전 방향을 소통을 통해서 구성원에게 전파하고 실행 과정에서 필요한 자원을 제공하고 각종 변화요인을 사전에 공유해 대응하는 것입니다. 각종 회의체 운영의 효과성

이 바로 이 영역에서 확인됩니다. 병목 현상은 흐르는 물이 좁은 지역을 지나면서 생깁니다. 빠른 흐름이 병목으로 인해서 속도가 느려집니다. 병목(Bottleneck)은 병의 윗부분에 있다는 얘기가 있습니다. 경영진이 병목 현상의 원인이라는 우회적 비유입니다. 소통은 리더십의 기본입니다.

• 혁신 환경 조성 – 리더십의 본질은 모든 구성원이 주인의식을 갖고 스스로 가치 창출에 동참하는 것입니다. 경영진은 소통을 하고 동인을 제시하면서 혁신 분위기를 조성해야 합니다. 각 하부조직 단위에서도 혁신에 도전하는 문화를 중시해서 인적자원의 역량에 근거한 경쟁력을 유지해야 합니다. 혁신에 대한 열정은 최고 가치의 경쟁우위 요소입니다.

• 조직의 성과관리 – 경영진이 제시한 방향대로 실행이 이루어지고 있는가를 주기적으로 점검하고 피드백하는 기능이 성과관리입니다. 우수 부문과 부진 영역을 도출해서 방향과 실행 속도를 조절합니다. 성과관리를 통해서 자원의 분배도 점검하며 실석에 근거해 구성원에게 추진 현황을 공유합니다.

• 지배구조의 건전성 – 아무리 경영 능력이 뛰어나다 하더라도 조직

이 처해있는 경영환경을 무시할 수 없습니다. 지배구조는 리더십 환경을 제공하고 주요 의사결정을 점검합니다. 한국 대학은 교육부의 정책과 대학 이사회의 의사결정에 근거해 경영됩니다. 따라서 이들 지배구조가 제공하는 리더십 여건의 강건성(Robustness)과 합리성을 직시해야 합니다.

• **대학의 사회적 책임** – 사회 공헌과 시민의식은 대학의 사회적 책임의 대표적인 항목입니다. 정보공개 등에 근거한 투명경영이나 윤리경영 역시 사회적 책임에 포함되는 요소들입니다. 지속가능한 대학경영에 필수불가결한 요소가 바로 이 이슈로서 요즘처럼 변화가 많은 시점에 더욱 강력하게 부각되고 있습니다. 지속가능성을 보장하기 위한 방어적인 요소이긴 하지만 가치 공유가 중시되는 요즘의 경우에는 차별화된 경쟁력으로 인정받기 시작했습니다.

경영리더십의 기본 요소를 다시 한 번 확인하는 이유는 정확하게 리더의 역할을 정리하기 위해서입니다. **경영을 잘한다는 것은 이들 분야에서 어떤 결정을 하는가에 달려있습니다. 주어진 환경에 수동적 (Reactive)으로 대응하는가 아니면 목표를 정하고 전향적(Proactive)으로 준비하는가 여부는 바로 경영에 대한 기본기에 근거할 것입니다.** 어떤 분야든 모든 역량은 기본기의 반복에서 비롯됩니다. 기본에 충실한 자세가 경영의 신뢰성을 높이는 유일한 방법입니다.

빅디시전의 타이밍을 찾는다 🍃

의사결정에는 빅디시전(Big Decision)과 스몰디시전(Small Decision)이 있습니다. 환경 자체를 변경하려고 시도하는 결정이 빅디시전이고 실행 이슈를 결정하는 것이 스몰디시전입니다. 많은 구성원이 동일한 노력을 하고도 큰 효과를 얻으려면 경영진이 빅디시전에서 정확한 의사결정을 해야 합니다. 즉, 누구나 할 수 있는 결정이 스몰디시전이라면 남들이 감히 엄두도 내지 못한 일을 결단하는 것은 빅디시전에서 비롯됩니다. 그만큼 리스크도 큰 방향설정입니다.

　모든 국가의 통치자는 빅디시전을 단행하며 살아갑니다. 그분들의 결정이 국가의 미래를 결정하는 것은 물론이고 국민에게는 환경을 조성하게 됩니다. 아무리 국민 개개인이 열심히 살아도 부패하거나 잘못된 결정을 하는 위정자를 만나면 나라의 운명 자체가 위태로워집니다. 모든 조직에서의 리더십이 그러합니다. 의사결정의 영향이 클수록 리더의 책임이 큰 이유이기도 합니다. 정치인이 아니면서도 빅디시전에 성공한 사람들도 많습니다. 혁신적인 방향을 제시하는 것은 물론 탁월한 실행력으로 기대 이상의 성취를 달성합니다. 우리가 쉽게 떠올릴 수 있는 비즈니스 리더로 스티브 잡스나 일론 머스크 같은 분들을 꼽을 수 있습니다. 주어진 환경 자체를 바꾸지 않고서도 새로운 발상으로 세계를 놀라게 하고 새로운 가치를 창출하는 데 성공했습니다.

고등교육계에서의 빅디시전은 대학 설립을 꼽을 수 있습니다. 어떤 대학의 설립인가를 허용하는가는 국가는 물론 해당 지역주민에게도 큰 결정입니다. 정부는 물론 지자체에서 주도하는 결정이기도 합니다. 대학 내부의 운영을 책임지게 된 경우에는 그리 큰 결정이 많지가 않습니다. 이러한 이유에서 주로 평판에 큰 문제가 없는 무난한 분들이 대학 경영을 주도합니다. 경영의 실력 차이가 나지 않는다고 보는 관점입니다. 그러나 진정 글로벌 리더를 꿈꾸는 대학은 남들과 똑같이 생각해서는 안 됩니다. **현재와 같은 구도에서도 의사결정의 크기를 인지하는 것은 상당한 안목이 있어야 합니다. 그러한 문제의식, 또는 문제의 크기를 인지하는 수준이 리더의 자질을 판단하는 기준이 될 수 있습니다.** 물론 문제의식 자체가 리더십의 본질은 아닙니다. 빛나는 해결책으로 구성원의 공감대를 이끌어내고 동참시켜야 합니다. 모든 혁신적인 리더는 다르게 보면서 남들이 보지 못했던 가치를 창출한 분들입니다. 같은 상황에서도 다르게 볼 수 있는 리더가 교육계에도 존중받아 왔습니다.

우선 어떤 의사결정 구조에서 혁신적인 구상이 나오는지를 살펴볼 필요가 있습니다. 아무리 통찰력이 강한 사람도 혼자서 통 큰 결정을 하기가 어렵습니다. 그 결정에 대한 신뢰가 담보되지 않기 때문입니다. 계열사가 한 개도 없는 기업의 오너에게 첫 계열사 설립은 정말로 큰 결정입니다. 여간 조사를 많이 하지 않고서는 결단하기가 어렵습니다. 자칫 본사도 위험해질 수 있다는 우려가 끊임없이 생기곤 합니다. '괜히 일 만들면 안 되지' 하는 저항감도 생깁니다. 주변의 의견을 들으면 들을수록 의견이 팽팽합니다. 아니 오히려 신중을 기하라는 답이 많습니다. 새로운 결정으로 직접적인 이득이 생기는 일이 아니면 괜히 나중에 불편할 일을 만들 이유가 없습니다. 그래서 현재 상황(Status Quo)에 높은 가치를 둡니다. 그러나 계열사가 20개 정도 되면 상황이 바뀝니다. 계열사 1~2개 영입하거나 정리하는 일에 차분하게 계산서를 들이댑니다. 여유가 있습니다.

우리나라 교육계에서 빅디시전에 여유를 느낄만한 리더는 별로 없습니다. 오랜 기간 오너의 입장에서 대학을 경영해온 소수만이 누리는 역량입니다. 나머지 대부분의 전문 경영인은 경영 호흡이 짧습니다. 임기 자체가 2년 또는 4년이니 섣부른 결정을 추진하기가 어렵습니다. 그래서 대학의 지배구조, 특히 의사결정 구조에 대해서 정확하고 객관적인 판단이 중요합니다. 한 번의 결정으로 큰 결론으로 이어지도록 만들기가 어려운 환경이므로 빅디시전 타이밍에 치밀하게 대응해야 합니다. 당장은 스몰디시전이지만 점차 빅디시전에 이를 수 있는 빅픽처를 제시하는 과정이 더욱 중요해집니다.

2017년 한국을 방문한 톰 피터스는 혁신을 원하는 조직에게 필요한 이사회의 구조에 대해서 흥미로운 의견을 개진했습니다. 혁신 대가가 오랜 경험과 탄탄한 이론에 근거해서 던진 화두입니다. 그는 10명으로 이사회를 구성한다고 가정했습니다.

"30세 이하의 젊은이가 두 명은 있어야 한다. 빅데이터와 IT에 엄청나게 뛰어난 능력과 지식을 가진 사람도 1~2명 필요하다. 또 미친 사람처럼 살아온 배경을 가진 괴짜도 1~2명 필요하다. 그리고 진짜 디자인 그루 한 명이 있어야 한다. 한두 명은 벤처투자자와 기업가 출신으로 채워져야 한다. 60세 이상이 두 명 넘게 있으면 절대 안 되고, MBA 출신이 세 명 넘어도 절대 안 된다. 이 중에서 여성의 비율은 최소한 3~4명은 되어야 한다."

그는 미국의 연구에 의하면 여성 임원이 많을수록 수익률이 높았다고 주장합니다. 56퍼센트나 높을 수익률을 거두었다고 하니 무심코 지나칠 일이 아닙니다.

다양한 구성원으로 지배구조를 구성하라는 메시지는 소수의 안목으로 미래를 결정하면 안 된다는 의미입니다. 미래지향적이고 진취적인 결정이 어려우니까요. 우리나라 대부분의 사학법인 이사회는 피터스의 제안과는 무관한 형태로 구성되어 있습니다. 주로 60대 언저리나 고령자가 많고 남성이 주를 이룹니다. 혁신적인 미래 발전 방향보다는 혹시 만나게 될 애로점을 해결해줄 영향력 있는 실력자를 선호합니다. 도전적인 사업이 별로 없는 환경이므로 리스크를 최소화하는 것을 중시하는 의사결정 구조입니다. 그만큼 외부의 의사결정에 수동적이고 관계지향적인 접근방식을 유지하고 있습니다. 정말 수십 년 넘게 이런 관행이 반복되는 우리나라의 현실이 참으로 아이러니합니다. 그만큼 교육계가 바뀌지 않는 이유로 해석될 수 있습니다.

성대의 이사회 구조는 여타 대학과 크게 다르지 않을 것입니다. 대신 다양한 목소리를 들을 수 있는 의견수렴 장치가 요소에 작동되고 있습니다. 대학평의회에 학생 대표가 참여하고 동문회에서도 주요 리더가 참여합니다. 비록 나이가 공식적으로 반영되지는 않지만 나이와 성별 또한 적절한 수준을 반영하려고 노력합니다. 또한 각종 소위를 통해서 교내외 다양한 이해관계자의 전문성에 근거한 도움을 공식적으로 청합니다. 향후 톰 피터스가 주장하는 바대로 혁신이 급한 조직일수록 차원이 다른 결정을 체험했을 구성원을 이사회나 대학 대표 조직에 포함시킬 필요가 있습니다.

이사회의 역할은 교직원이 학생들을 주어진 규정대로 가르치고 있는가를 모니터링하는 것이 아닙니다. 교육의 방식이나 학습의 방식을 결정하는 것은 더욱 아닙니다. 교육환경이라는 울타리를 설계하고 학생들이 공부하러 올 때 환영하고 무사히 과정을 마치고 졸업하는 시점에 새로운 출발을 위해서 축하하는 것입니다. 학생이라는 고객이 어떤 방향으로 미래를 설계하게 되는가에 초점을 맞추어 환경이라는 바운더리를 최대한 넓고 자유로운 자율공간으로 만들어주어야 합니다. 현재 상황에서는 경영진과 이사회가 빅디시전의 주인공들입니다. 우리 모두의 미래는 그분들의 안목에 갇힌 상황입니다. **대한민국 교육의 미래가 빅디시전의 타이밍을 놓치지 않고 발전할 수 있도록 경영진과 이사회의 의사결정 구조의 유효성을 끊임없이 점검하기를 기대합니다.**

성대만의 삼성일 수는 없다 🍃

삼성그룹의 브랜드파워가 워낙 독보적이기 때문에 성대의 리더십 이미지는 삼성을 연상시킵니다. 글로벌 베스트로 진입할 수 있는 전략적 판단과 실행력이 떠올려집니다. 그러한 기대는 자연스러운 모습이지만 리더십 시스템으로 설명하면 제한적입니다. 지배구조와 사회적 책임의 관점에서 볼 때, 재단법인과 대학 경영의 역할은 보다 폭넓고 장기적인 관점에서 해석되어야 합니다.

성대의 일부 구성원은 '왜 삼성이 더 강력하게 지원하지 않는가?'

하는 질문을 갖고 있습니다. 글로벌 초일류기업이 조금만 제대로 도와주면 분명 그 파급효과는 엄청날 것입니다. 그러나 삼성은 성대만을 위한 대한민국의 대표 기업이 아닙니다. 삼성이 성대만의 삼성이 아니듯이 성대 또한 삼성만의 성대도 아닙니다. 우리 사회가 허용하는 범위에서, 우리 모두 함께 공동체의 발전에 자연스럽게 기여해야 합니다. 그래야만 지배구조와 사회적 책임 부문에서 초장기적인 관점으로 나아갈 수 있습니다. 한국 대학의 사회적 책임은 교육계의 미래 가치를 함께 키우는 것입니다.

현대 교육계는 사회적 책임에 대한 역할과 책임에서 혼란을 겪고 있습니다. 기술과 산업이 사회의 중심으로 자리 잡기 전까지는 교육은 모두가 중시하는 가치였고 사회를 바르게 이끌 전문그룹으로 인정받았습니다. 그러나 지금은 많이 달라졌습니다. 교육은 모든 곳에 있고 전문그룹은 학교가 아니라 현장에서 가치를 주도하고 있습니다. 따라서 공공부문이나 기업에 대한 사회적 책임이 더욱 강하게 요구받고 있습니다. 역으로 생각하면, 교육계가 사회적 책임을 바르게 정립하고 공감대를 형성하지 못한 탓도 있을 것입니다.

사회적 책임의 효과는 느리게 나타납니다. 시각차를 두고 따라옵니다. 우리 사회에서 보이지 않게 학력이라는 권력이 춤을 추고 있습니다. 과거에는 자신이 다니는 대학을 표시하기 위해서 가슴에 배지를 달고 다녔습니다. 가깝게는 캠퍼스나 도서실 출입의 용이성을 위한 조치였지만 마치 신분을 과시하는 용도로도 일부 사용되곤 했습니다. 그러나 학벌이 갖는 실질적 파워는 크지가 않았습니다. 그 권력이 충분히 축적되지 않았기 때문입니다. 어느 시점부터 학연에 대한 거부감이 생기면서 배지 문화도 사라지고 심지어 취업 과정에서 출신교를 표시하지 못하는 시대가 되었습니다. 아이러니하게도, 감추려고 하면 할수록 학력 또한 권력화되고 있습니다. 학력을 잠재적인 역량으로 보지 않고 보이지 않는 힘으로 느끼는 것은 안타까운 일입니다. 그만큼 역량 덕분에 쌓아 올린 영향력을 사회에 환원하지 못했음을 의미합니다.

대학의 사회적 책임은 배움이 갖는 가치를 나누는 일입니다. 자신이 습득한 지식이 힘을 가질수록 그것을 사회에 환원하는 노력 또한 정비례해야 합니다. 그래야만 배움의 가치가 오랜 기간 유지되고 세상을 더 행복하게 만들게 됩니다. 대학 경영을 리더의 관점에서 볼 때, 가장 중요한 빅디시전이 장기적인 관점에서 우리 대학이 미래 사회에 어떤 영향을 줄 것인가를 예측하고 사전에 준비하는 것입니다. 대학은 역사와 전통을 지향합니다. 교육 투자 자체가 갖는 특성에 기인합니다. 모든 대학이 동일한 모습으로 나아가서는 안 됩니다. 어떤 국가든 자국의 교육기관을 다양성, 혁신성, 미래성을 보면서 설립할 것입니다. 따라서 각 대학은 어떤 관점에서 사회에 기여하게 될 것인가에 주목해야 합니다. 성대도 마찬가지입니다. 최고 일류기업인 삼성과 함께하는 성대의 리더십 최고 과제는 세계 발전에 기여할 수 있는 부문을 개척하고 선도하는 것입니다. 성균관대학이기 때문에 가능한 역할을 찾아서 발전 및 공유시켜야 합니다.

성대 600년 전통은 어디에 있는가? 🌿

성대가 무심코 잊고 있었던 빅디시전이 인문학으로 글로벌 리더에 도전하는 것입니다. 우리 대학은 현재 글로벌 리더가 되는 목표를 향해서 뛰고 있습니다. 지난 20년간의 목표였고 앞으로도 목표 달성이 충분한 공감대를 형성하는 시점까지는 구성원의 뇌리에 맴돌 것입니다. 리더는 영향력을 주는 사람이나 그룹입니다. 리더십의 본질적 해석에 따르면 성대는 세계에서 최고의 영향력을 가진 대학으로 발전하려는 목표를 가지고 있습니다. 다시 말해서, 미래의 사회에 가장 큰 영향력을 미치는 리더십에 도전한다는 것을 의미합니다.

'무엇으로 1등 할까?'가 아니라, '왜 그리고 어떻게 미래 사회에 가장 큰 영향을 미칠 것인가'에 초점을 맞추어야 합니다. **성대의 최대 강점인 인문학적 감성으로 세상을 바라볼 필요가 있습니다. 인성은 개인을 넉넉하게 만들고 인문학은 국가를 풍요롭게 합니다. 기술이 발달할수록 리더십은 인간존중을 정조준해야 합니다. 그래야만 빅디시전 타이밍이 눈에 들어옵니다.** 영향력이 지속적으로 축적되는 사회

적 책임 영역에서 실마리를 찾아야 합니다.

공대가 있는 율전동 자연과학캠퍼스에서 대부분의 시간을 보냈기 때문에 명륜동 인문사회과학 캠퍼스를 자주 가진 못했습니다. 기조처를 맡게 되면서 운동 겸 출퇴근을 대부분 대중교통으로 했습니다. 왕복으로 거의 8,000보를 걷는 거리여서 일부러 시간을 내어 운동을 할 필요가 없겠다 싶은 마음에서 2년간을 그렇게 보냈습니다. 한 가지 매우 유익했던 것은 학생이나 방문자의 시각에서 캠퍼스 진입로를 매일 걷게 되었다는 점입니다. 대로변으로 가기도 하고, 골목길을 거쳐 비천당이나 명륜당을 통해서 올라가기도 했습니다. 비천당을 걷노라면 과거에 얼마나 많은 사람들이 이곳에서 허리를 숙여 과거시험을 치렀을까. 과연 어떤 사람들은 급제해 나라에 도움을 주고 반대로 낙제한 수많은 인재들은 어떻게 인생을 마무리했을까 하는 하릴없는 상상을 하곤 했습니다. 비천당 바로 앞에 올라서 평가자 입장으로 마당을 둘러보기도 했으니, 지난 2년간은 교육에 대해 참으로 여러 가지를 생각하는 계기가 되어주었습니다.

출퇴근을 하면서 초반에 마음에 다가온 감정은 안타까움이었습니다. 사실 화가 나기도 했습니다. '왜 진입로를 이렇게 방치를 했을까?' 하는 생각에서였습니다. 학창시절에 방문했던 명륜동 일대와 지금의 모습이 별반 다르지 않았습니다. 일부 건물이 개보수 및 증축은 되었지만 눈에 띌 정도로 변한 것은 없었습니다. 적어도 내 눈에는 30년 또는 40년 세월에 서울이나 전국에서 진행된 하드웨어의 혁신을 생각하면 속상한 일이었습니다. 우선 우리 신입생들 또는 유학생들이 큰길에서조차 성균관대를 보지 못하고 골목길로 들어서는 뒷모습에 미안했습니다. 지하철 혜화역에서 셔틀버스가 있긴 하지만 입구 풍경만 훨씬 더 역동적이었다면 도보로 올라가는 즐거움이 더했을 것입니다. 눈앞의 모습은 세월의 변화를 거부하는 듯 전통도 아니고 현대도 아닌 무심한 삶의 흔적이 이어집니다.

한 가지 더 눈에 걸렸던 부분은 한국 인문학의 전통성에 대한 내용입니다. 정문에 미치기 전 외편 골목길에 퇴계연구원이 볼품없이 상가건물에 자리 잡고 있습니다. 정작 건물주는 연구원이지만 운영비 확보 차원에서 임대를 하고 있는 모양입니다. 건물에 어지럽게 붙어있는 간판이 마치 한국 인문학의 현실을 말해주는 듯합니다. 한국인문학의 전통성과 성대의 600년 전통을 이야기하기에는 성균관대학과 명륜당의 정문 밖 풍경은 초라합니다.

성균관은 과거에 왕의 거둥길에 포함되어 있었습니다. 청와대, 경복궁, 비원, 창경궁을 따라가다 보면 학문의 상징인 명소가 바로 성균관입니다. 국가의 전통은 물론 학문과 교육 정신의 산실이었다고 할 만합니다. 외국 관광객이 한국의 정통성과 역사성을 평가할 이 지역을 이렇게 방치해서는 세계 10위권을 넘나드는 대한민국의 국격에 어울리지 않는 일입니다. 뿐만 아닙니다. 성대를 방문해 대학의 면모에 관심을 보이는 전문가들이 한결같이 '성대의 600년 역사를 어떻게 느낄 수 있는가?' 하고 질문합니다. 문화재청이 관리하는 입구에 펼쳐진 구(舊) 성균관 모습 말고 성대 캠퍼스와 학문체계의 역사성과 전통성을 확인하고 싶다는 것입니다. 의당 그러한 전통성이 성대의 글로벌 가치를 드높일 것이라는 도움 말씀의 일환입니다. 유학대학이나 문과대학, 그리고 동아시아 학술원 등에서 훌륭한 교수님들이 교육연구로 헌신하고 계실 것입니다. 그럼에도, 우리 사회의 기대에 비해서는 더 혁신적인 도전이 필요해 보입니다.

600년 성대를 상징으로 만들기 위한 구상은 다양할 수 있습니다. 제가 제시한 아이디어는 디지털 박물관을 건축하는 것입니다. 성대 정문으로 들어오면 오른쪽에는 명륜당 건물들이 있습니다. 유림회관, 대성전(안쪽 뒤편에 명륜당), 비천당으로 이어지며 캠퍼스를 올라갑니다. 저는 문화재청, 서울시(종로구)와 협력해서 왼편 담벼락 앞으로 디지털 전시화면을 설치해서 무빙워크로 편히 올라가면서 고전은 물론 현대와 미래를 감상하게 만드는 방안에 관심을 가졌습니다. 청와대, 경복궁, 비원 일대를 방문하는 관광객에게 꼭 성균관대학을 구경할 이유를 만들어야겠다고 생각했습니다. 충분히 그러한 풍경을 제공할 수 있는 소중한 문화유산과 함께하는 상징성 높은 캠퍼스이기 때문입니다. 디지털 전환 시대에 초점을 맞추어 다양한 이해관계자(Stakeholder)들이 파트너십 개념으로 참여하도록 노력하면 됩니다.

담 밖의 주민도 대학 덕분에 생활을 영위하는 것이 아닙니다. 서로 도와주며 상생의 가치를 만들어내고 있습니다. 학생 등록금을 함부로 쓸 수는 없습니다. 그러나 각종 기금이나 오버헤드를 활용해서 지속 가능한 가치에 꾸준히 투자해야 합니다. 성대의 평판은 담장 내에서 결정되지 않습니다. 교육생태계 전체를 통해서 평판을 가꾸어나가야 합니다.

1,000년 인문학 국제본부에 대한 구상 🦢

재작년 여름, 학생회가 제주도에서 국토대장정 행사를 주관했습니다. 학생 대표들과 해외에서 참석한 외국인 학생들이 함께 섬을 일주하면서 미래의 꿈을 나누는 자기 극복 프로그램입니다. 행사를 지원하기 위해서 대학 경영진, 처장단, 일부 학장들이 대거 참석하고 둘째 날 대학발전을 위해서 세미나를 가졌습니다. 다들 돌아가면서 대학의 발전에 핵심이 무엇인가를 얘기할 수 있는 자리였습니다. 보직을 대부분 7개월 정도 경험한 상황이므로 초기에 비해서 훨씬 더 깊이 있는 토론이 가능했습니다.

"1,000년 인문학 국제본부를 학교 앞에 지었으면 좋겠습니다. 1,000억 원 모금 캠페인을 추진하면 될 것입니다."

한국 인문학의 전통성은 소소한 변화나 조정으로 가능한 일이 아닐 것입니다. 그동안 지속적으로 연구해온 유학과 철학, 그리고 동아시아 학술원의 실적을 집대성해 글로벌 차원에서 교류시키는 주체를 확보하는 것에 초점을 맞출 필요가 있다고 생각했습니다. 참석자들 대부분이 가벼운 웃음이나 조크로 받아들였습니다. 실현 가능성에 의문을 갖는 표정들이었습니다. 저의 제안은 우연히 던져본 것이 아닙니다. 1학기 내내 출퇴근길에 명륜당 일대를 걸어 다니며 생각해낸 구상입니다. 방향은 물론 실현 방법까지도 알아보며 마인드 시뮬레이션을 했습니다. 혁신은 누군가의 확신에 의해서 시작됩니다. 이제 남는 것은 소통과 리더십입니다.

혁신의 공감대만 만들어낼 수 있다면 실현성은 언제나 한계를 넘어섭니다. 공감대를 만드는 일이 그토록 어렵다는 것을 반증합니다. 1,000년 인문학 국제본부를 추진하기 위해서 코로나로 정신이 없던 작년 3월에 사업추진계획서를 만들었습니다. 처음에는 성균관 유네스코 등재로 발상을 시작했습니다. 서울시, 종로구, 문화재청과 함께하기 위해서는 모두가 공감할 이슈가 있어야 하기 때문입니다. 1단계 전선지중화사업, 2단계 인문학거리 조성사업, 3단계 1,000년 인문학 국제본부 건립, 4단계 성균관 유네스코 등재로 이어지는 전통문화와 교육벨트를 구축하는 형태로 기획했습니다. 총장을 모시고 한전사장, 서울시장, 종로구청장을 차례로 면담하며 사업을 설명하기 시작했습니다.

"성곽길을 등재시키는 것에 이어서 성균관 유네스코 등재는 매우 중요한 서울시의 문화재 복원사업입니다. 한 30층 정도의 건물을 지어서 이주하면 가능할지 모르겠습니다. TF를 구성해서 검토해보고 혹시 발생할 수도 있는 문제점도 잘 점검하기 바랍니다."

쉽지 않은 일이지만 박원순 당시 시장은 상당히 긍정적인 코멘트를 했습니다. 그 날 회의에 주요 관련 주무국장과 과장들이 대거 참석했습니다. 서울시 리더십에 갑작스러운 변화가 생겼지만, 글로벌 시티로 도약하고 있는 수도 서울에 한국의 인문학을 세계에 알리는 배움의 전당을 세우는 일은 매우 중요합니다.

종로구청장은 더욱 적극적이었습니다. 왜 이것을 이리도 늦게 추진하게 되셨느냐며 이왕 하는데 제대로 한 번 해보시는 게 좋겠다고 동의를 표했습니다. 김영종 구청장의 성대 일대와 인문학에 대한 식견은 거의 전문가 수준이었습니다. 명륜동 일대의 고적과 고가에 대한 이력을 줄줄이 꿸 정도로 지대한 관심을 가지고 있었습니다.

본 사업의 핵심은 과연 지금과 같은 시점에서 거액을 투입해 인문학 국제본부를 지을 필요가 있는가 하는 것입니다. 설사 필요하다손 치더라도 그 역할과 지속가능성을 어떻게 담보할 수 있을까가 궁금할 것입니다. 저는 명륜동 일대에 오랜 기간 살아오신 관정 이종환 회장이 이 사업에 관심 갖도록 만들기 위해서 노력했습니다. 조 단위 장학기금을 만들어 노벨상 수상을 위해 수많은 후학들에게 장학금을 지급해오셨습니다. 노벨상 수상만큼이나 중요한 것이 한국의 인성과 인문학을 세계에 널리 알리는 것입니다. 관정 재단의 고문도 뵙고 성대-고대-연대가 연합하는 인문학 국제본부를 구상하고 있음을 소개하면서 인문학 발전에 특별한 관심을 청했습니다.

한국학이나 한국 인문학에 대한 교육연구는 주연과 조연이 따로 있을 수 없습니다. **서로 수평적으로 연계해 한국발 인성의 중요성을 글로벌 차원에서 전파시켜야 합니다. 성대의 전통적인 강점인 유학과 인문학에 삼성의 기술력과 초일류 기업가 정신을 통합해서 인문학을 글로벌 차원에서 빛나게 만들어야 합니다.** 우리 대학만이 아니라 의식 있는 많은 기업들이 참여하도록 만드는 전략적 기획을 구상해야 합니다. 대한민국 인성을 빛낸 기업과 빛낼 기업이 마음을 모으는 계기를 제공해야 합니다.

인문예술벤처거리 조성으로 시작한다

1000년 인문학 국제본부가 제대로 역할을 하려면 생태계가 조성되어야 합니다. 수많은 학생들과 기업인들이 인문예술부문의 지식을 첨단기술과 조합해 가치를 만드는 일에 동참하는 플랫폼 구축에 도전해야 합니다. 전통, 건축물, 지식이 함께하고 있는 명륜동 일대가 그러한 상징적인 사업을 하기에 가장 적소입니다. 거대한 청사진을 만들고 추진해야 할 시급한 결정입니다. 누군가 30년 전에 이러한 구상을 했었더라면 하는 아쉬움이 있습니다. 그러나 지금도 전혀 늦지 않았습니다. 오히려 제대로 빠르게 추진할 수 있는 환경이 되었다고 생각합니다.

인사캠 부총장님을 위원장으로 인문학거리 조성사업 추진위원회를 한시적으로 출범시켰습니다. 본격적으로 추진해야 할 사안이 아닌가 싶습니다. 인문학은 ACE 사업이 종료되면서 정부의 지원도 제한적입니다. 그러나 기술 중심의 사회로 빠르게 전화되는 과정을 살펴보면 인문학의 보강을 통해서 인성교육에서 균형을 찾는 것이 중요하다고 볼 수 있습니다. 인성 없는 과학은 그 가치를 다하기가 어려울 것이기 때문입니다.

원래는 인문학거리로 구상된 일이지만 시대적 요구를 반영하지 않을 수 없었습니다. 일자리 창출과 연계하기 위해서 인문벤처거리로 변경되었고 다시 송승환 원장을 만나면서 인문예술벤처거리로 범위를 넓혔습니다. 인문과 예술이 함께 시너지를 창출해야만 보다 속도를 낼 수 있으며 상차 혜화동 일대의 내형사업과도 연계성을 높일 수 있다고 생각했습니다.

총장과 경영진의 강력한 리더십 덕분에 첫 단추를 꿸 수 있었습니다. 성균관 담벼락인 성균5길을 심산 김창숙 선생의 명예도로로 지정하는 기념식을 이미 마쳤습니다. 한국전력, 서울시, 종로구의 협조 덕분에 심산로 일대의 전선을 지중화로 전환하기로 결정되어 올해 협의절차와 공사가 추진됩니다. 종로구는 명륜길 일대의 도로 개선도 추진하기로 했습니다. 캠퍼스타운 사업의 일환으로 명륜동 일대에 인문예술벤처사업을 위해 임대와 사업추진이 지속적으로 진행됩니다. 기존 시설을 유지하면서도 미래의 가치를 새롭게 창출하는 전통공간에 도전합니다, 서울시와 종로구의 협력을 확보해서 인문예술벤처거리의 외양을 리모델링하는 후속 과제도 성공적으로 추진될 것입니다. 혁신의 규모는 추진하는 당사자들의 열정의 규모에 정비례합니다. 장담컨대, 비전 2030이 완성되는 시점이면 명륜동 성대입구 일대는 역사와 전통을 목격할 수 있는 새로운 명소로 자리매김할 것입니다.

미래를 꿈꾸게 만드는 대학

어느덧 622년 전통을 갖게 된 성대는 미래를 꿈꾸는 대학이 되어야 합니다. 서울 명륜동 인문사회과학 캠퍼스는 한국 교육의 상징입니다. 고궁을 들러 성균관을 거치면서 캠퍼스에 진입하면 학문의 역사성과 정통성을 간접적으로 느끼게 됩니다. 성대는 그런 면에서 우리나라 교육의 상징이며 정통성을 이어가고 있다는 자부심을 갖게 만듭니다. 장차 인문예술벤처거리가 조성되고 혜화동 일대를 예술밸리로 발전시킬 가능성에 대해 가슴 설레는 꿈을 갖게 만듭니다. 미래의 학부모들이 어린 자녀들과 함께 명륜동 캠퍼스를 방문하면 교육의 전통을 이어가는 꿈을 꾸게 될 것입니다.

수원 율전동에 위치한 자연과학캠퍼스는 미래 기술개발의 상징을 위해 도전하고 있습니다. 노벨상에 도전하는 N센터는 최신 연구시설을 갖고 있으며 삼성학술정보관 역시 변화하는 상아탑을 설명하는 데 기여합니다. 에너지, 양자물리, 바이오, 신약 개발은 모든 전공에서 혁신적으로 앞서가고 있습니다. 그럼에도, 그동안 계속해서 초대형 사업을 통해서 글로벌 차원의 선도적인 입지를 확보하는 데 관심을 가져왔습니다. 성대에 부임 초기인 90년대 중반, 산학협력단장님을 도와서 캠퍼스 근처 식물원 부지에 사이언스파크(Science Park) 추진계획서를 작성한 경험이 저로 하여금 캠퍼스 개발에 관심을 갖도록 만들었습니다.

2000년대 중반, 저는 자과캠에 미래의 꿈을 만들 필요가 있다고 생각했었습니다. 당시는 학교 정문 앞에 있던 일월저수지가 공원으로 바뀌기 진입니다. 알아보니 그 저수지는 농어촌공사의 소유였습니다. 이미 근처가 농업을 짓는 전답이 없는 상황이어서 저수지로서의 목적을 다한 것으로 생각되어 확인결과 수원시와 협의되면 매매가 가능하다고 알려주었습니다. 저는 일월저수지를 학교가 매입하고 저수지 양 끝에 트윈 빌딩을 짓고 테크노마트를 만들면 좋겠다는 구상을 했습니다. 1층과 2층은 생활공간으로서 극장도 있고 상점도 있는 휴식과 만남의 공간입니다. 3~6층은 실험과 창업 공간을 멋지게 만들어 복도에서도 창문을 통해서 교육연구를 볼 수 있는 투명 공간입니다. 나머지는 고층부는 주상복합의 의미로 벤처기업의 사무실이나 기업 연구소로 분양을 하는 것입니다. 청소년들이 대학을 진학하기 전에 한 번쯤 놀러오는 즐거운 장소를 만들고 싶었습니다. 청소년들이 장차 연구자로서 또는 창업가의 꿈을 생각해보는 체험의 공간이 되는 것을 상상했습니다.

물론 사업의 범위가 평교수인 제가 감당할 사안이 아닙니다. 정황을 파악하고 법인을 찾아가서 사업 추진이 가능하다는 것을 말씀드렸습니다. 저로서는 유일하게 일반 교수 시절에 법인을 찾아갔던 일입니다. 당시로서는 평택에 제3캠퍼스 얘기도 있었던 시절이라 그런지 모르지만 긍정적인 반응을 이끌어내지 못했습니다. 현재 일월저수지는 아담한 산책과 휴식의 공간으로 정리되었습니다. 모든 개발 사업이 그러하듯이, 개발되지 않아도 충분히 좋은 공간입니다. 그래도 저수지를 지나치노라면 가끔 멋진 풍경에 대한 아쉬움이 떠오르곤 합니다.

기조처장 임기를 마치면서 마지막으로 생각해낸 아이디어가 아이디어가 어린이 전문병원입니다. 자과캠은 캠퍼스 옆에 10만 평에 가까운 식물원 부지가 있어서 글로벌 이노베이션파크로 개발하려고 꾸준히 검토를 해오고 있습니다. 머지않아 실현되어 바이오 연구개발 관련 혁신 파크가 될 것입니다. 2019년 총장님과 수원시 염태영 시장님을 뵈었을 때는 시장님은 수원시도 참여해 20~30만 평 규모의 서수원벨트를 만들자는 구상을 언급하기도 하셨습니다. 많은 분들이 미래의 가치를 예견하는 중요한 입지임에는 틀림없습니다.

저는 여기에 글로벌 키즈센터 건립을 함께 추진했으면 좋겠다는 생각을 했습니다. 삼성은 에버랜드를 통해서 많은 어린이에게 신나는 미래의 꿈을 꾸게 만들었습니다. 1976년도에 개장한 일이니 벌써 반세기가 넘은 일입니다. 당시로서는 정말 획기적인 일이었고 모든 사람이 덩달아 신명 났을 일대 사건이었을 것입니다. 새로운 50년을 준비하면서 삼성병원과 성대의 바이오기술을 동력 삼아 세계적인 어린이 전문병원과 영재교육시설이 함께하는 미래의 공간을 기획할 필요가 있습니다. 미래의 꿈나무 모두에게 희망을 주는 치유와 드림랜드를 짓는 것입니다. 그러한 키즈센터를 지원하며 연구개발과 교육에 전념하는 소망 가득한 캠퍼스를 그려봅니다. 추진 가능성을 점검하기 위해서 간단히 기획해서 경영진께 상의를 드렸습니다. 공감할 만한 방향이지만 이 또한 시간이 걸릴 일입니다. 신정한 글로벌 리너가 되기 위해서는 단순히 하드웨어로 세상을 보는 개념에서 한 발 더 나아가야 합니다. 테크웨어(Techware), 인포웨어(Infoware), 휴먼웨어(Humanware), 조직웨어(Orgaware) 개념에서 미래의 꿈을 설계해야 합니다. 많은 국민들이 대학의 리더십을 희망을 갖고 지켜보고 있습니다. 글로벌 리더의 위상에 걸맞는 구상으로 나아가야 합니다.

장황한 설명이 되었지만, 성대가 어떻게 리더의 입장에서 바라보아야 하는가를 제시해보았습니다. 물론 저의 개인적인 소망이 강하게 배어있는 구상입니다. **과도할 정도로 리더의 비전을 강조한 이유는 경영은 가치를 창출하는 최고의 수단이기 때문입니다. 우리나라 모든 대학이 리더의 입장에서 각자 베스트 가치를 향한 전략이 있을 것입니다. 우리 사회가 그러한 대학의 비전을 존중하고 동참해야 합니다.** 빅디시전과 목표 제시를 통해서 글로벌 베스트에 도전하는 한국 교육계의 결단을 기대합니다.

제12장

혁신,
일론 머스크
방식의 구상

내용이 형식을 이기면 촌스럽습니다.
형식이 내용을 이기면 겉치레입니다.
내용과 형식이 어울려야 군자입니다.

《내 마음속 논어》(논어 옹야)[14]

Use signal…

포워드가 아니라 백워드로 구상한다!

신동렬 총장은 항상 경청을 강조하십니다. 매우 갖추기 힘든 리더십 자질로서 삼성그룹의 창업주이신 고 이병철 회장께서 중요시하셨던 부분입니다. 격주로 진행되는 교무회의에 연속성을 부여하고 좀 더 집중적인 관심을 유도하기 위해서 비전포럼을 지시했습니다. 교무회의가 없는 화요일에 연사를 초빙해 대학발전에 대한 강의를 듣고 질의응답 시간을 가졌습니다. 취지는 집중 토론에 초점이 맞추어져 있습니다. 2019년은 주로 외부 명사를 초청해서 발전 방향의 합리성을 점검했다면 2년 차인 작년에는 교내 연사를 초빙해서 실행력을 높이는 데 주력했습니다. 교무위원은 물론 모든 학과장과 각 부처의 팀장들도 온라인으로 수강할 수 있는 여건이어서 더욱 의미 있는 시간이었습니다.

90분 강의는 생각보다 어렵습니다. 중간에 쉬기에는 짧은 시간이어서 쉬지 않고 연속 강의로 진행해야 하며 중간에 질의응답으로 이끌기도 애매합니다. 너무 많은 주제를 끌고 가면 산만해져서 모든 사람의 공감대를 이루기가 힘들고 반면에 작은 주제를 깊숙하게 설명하면 난이도가 높아서 따라오지 못한 사람이 있습니다. 육상에서 400미터나 800미터 달리기가 어렵듯이 80분 또는 90분 특강은 상당한 경험자들이어야만 감당이 되는 시간대입니다. 고맙게도 비전포럼 첫해의 강사들은 모든 분들이 매우 공감대가 큰 말씀을 주셨습니다. 다양한 이해관계자 관점에서 성대가 나아갈 방향을 지적해주셨습니다. 본질적으로 보면 성대에게만 해당되는 얘기는 아닙니다. 한국 대학 모두에게 던지는 화두였습니다.

지금은 타계하셨지만 동아비즈니스 포럼에 '파괴적 혁신(Disruptive Innovation)' 이론을 제시한 크리스텐슨 교수가 오셔서 강의를 하셨습니다. 하버드 비즈니스스쿨에서도 오랜 기간 강의를 하고 컨설턴트로 활약하다가 얼마 전에 타계했습니다. 이론(Theory)의 가치를 기반으로 '미래는 신(God)도 가르쳐 주지 않지만 이론을 통해서는 일부를 볼 수 있다'고 생각하는 분이십니다. 신라호텔에서 진행된 행사에는 볼륨이 꽉 찰 정도로 관심 속에서 진행되었습니다.

"변혁기에 살아남은 자는 규제를 뛰어넘는 사고방식으로 일을 한 사람이다."

지금과 같은 변혁기에는 귀감이 될 만한 화두입니다. 과거와 같은 방식으로는 새로운 패러다임에 적응하기 힘들다는 뜻입니다. 비전포럼에서 강연한 분들 모두 공통점이 있었습니다. 연단에 서는 순간까지 자신의 경험과 축적된 지식을 근거로 남다른 접근방식을 소개하려는 시도를 하셨습니다. 과거부터 축적된 경험으로 미래를 보는 것이 아니라, 대학 교육이 도달해야 할 미래를 먼저 공감시키고 현재의 과제를 설명합니다. 포워드 방식이 아니라 백워드 방식으로 혁신을 구상하고 있는 것입니다. 미래는 새롭게 설계되어야 한다는 것을 강조하는 명사들의 리더십 목소리입니다. 얼마나 열린 마음으로 듣고 받아들일 수 있는가. 그것은 듣는 사람의 생각의 방식과 깊이에 달려 있었습니다.

누가 미래의 리더로 성장하는가?

"여러분 행복하세요?"

비전포럼 첫 강사로 모신 민경찬 연세대 명예 교수님은 행복한가를 질문하시며 강의를 시작했습니다. 교육학자답게 철학을 강조하셨습니다. 학생을 왜 가르치며 교육은 궁극적으로 무엇을 추구해야 하는가가 핵심이었습니다.

"연세대는 기독교 신앙과 글로벌 선교정신이 기본입니다. 보이지 않게 그러한 기저에 깔린 마인드가 정체성에 큰 영향력을 주고 있습니다. 성대의 기본 정신은 무엇인가요? 그런 부분에서 점검을 하고 공감대를 형성하는 노력이 필요합니다." 우리에게 던져진 소중한 제안입니다. 한국 고등교육에도 같은 질문이 던져질 수 있습니다. 무엇이 한국 교육의 가장 중요한 가치인가 하는 부분입니다. 모든 대학이 각자 달성하는 방식은 다를 수 있습니다. 그러나 왜 교육하고 학습하는가에 대한 지향점은 알아야 할 것입니다.

서남수 전 교육부 장관께서는 "경쟁력이 약한 분야를 선정해서 육성하겠다는 소극적 관점보다는 성대가 가지고 있는 강점을 최대한 활용해 대학 전체 역량을 강화하겠다라는 미래지향적인 관점으로 접근하라"고 말씀하셨습니다. 다양한 분야를 골고루 육성하기보다는 성대의 차별화, 특히 인문학을 살려야 한다고 강조하셨습니다. 모든 대학이 비슷한 모습을 만들 이유가 없습니다. 표준화된 역량을 목적으로 해서는 안 됩니다. 서로 다른 강점을 살리는 모습이 고등교육계의 가능성을 극대화시킬 것입니다.

입학 정책과 관련해서 앞으로 성대가 어떤 학생을 선발해 인재로 육성할 것인지를 놓고 전략을 수립할 필요가 있음을 지적하셨습니다. 국내외 재능 있는 학생들이 생활여건 때문에 교육을 받지 못하는 일이 없도록 성대가 앞장서라는 주문도 하셨습니다. 재능과 도전 의지는 있는데 환경이 어려운 학생들은 성대로 오시기 바랍니다. 우리 대학은 그들을 어려운 환경을 돌파시키는 리더로 육성할 것입니다.

일류대학의 학과는 교수조직이고, 전공은 학생조직이라는 인식이 보편적입니다. 우리나라는 아직도 학과가 곧 교수조직이자 학생조직이라는 생각이 강합니다. 진정한 학생 중심의 대학을 만들기 위해서는 학생의 조직의 중심에서 서는 유연성을 극대화시킬 수 있는 융합형 학사구조 혁신이 필요합니다. 학생이 자신의 재능을 찾아 배움의 과정을 디자인하는 융합의 장을 제공해야 합니다. 신 총장님의 융합경영은 그러한 거대 담론에 기초합니다. 지도자는 새로운 길을 만드는 선봉장입니다. 배움의 길도 스스로 설계하지 못하는 사람은 불확실한 미래 또한 따라가는 데 급급할 것입니다. 미래의 리더들인 우리 학생들이 여유 있는 선택의 공간을 제공받아야 합니다.

성균관대학의 영혼은 무엇인가? 🍃

삼성경제연구소와 삼성의료원을 이끌었던 윤순봉 고문은 장기적인 시대 변천에 초점을 맞추어 강의하셨습니다. 그분이 예측한 미래는 네오-사피언스(Neo-Sapience)와 인공지혜(Artificial Wisdom)가 주도하는 세상입니다. 지식의 축적 방식이 완전히 변하고 있으며 인간의 지혜는 더 이상 쓸모가 없어진다고 합니다. 사람들이 과거에는 TV→라디오→신문→책→강의→논문의 순서로 지식의 가치를 판단했습니다. 지혜를 추구하는 사람은 배우고 논문으로 이론을 축적했고 TV를 보는 사람은 그저 타인의 일상이나 오락을 구경하는 것에 시간을 소비했습니다. 누가 더 지혜롭게 살고 있는가는 쉽게 구분이 되었습니다. 그러나 현대는 정반대로 상황이 바뀌고 있습니다. 전문가들도 각자 자신의 전문성을 유튜브나 TV를 통해서 전파시키는 시대가 되어서 논문→강의→책→신문→라디오→TV→인터넷(유튜브)이 지식의 공유채널로 변하고 있습니다. 세상 모든 사람이 지혜를 구하는 경로가 비슷해진 것입니다. 윤 박사님이 강조하신 메시지를 충격적으로 받아들여야 합니다. 어느덧 대학이 지혜의 변방으로 밀려나고 있습니다.

인공지능 시대는 다시 인공감성(Artificial Emotion) 시대로 전환된다고 하니 가히 미래는 정말 불투명해지고 있습니다.

"극단이 살아남습니다. 나머지는 AI가 대체할 것입니다."

중요한 것은 이러한 디지털 전환 시대에 한국은 어떤 전략으로 대응해야 하는가입니다. 그 분의 제언은 디지털 실험장을 만들어 글로벌 시장을 선도하는 것입니다. **그런 면에서 대학도 글로벌 테스트베드를 제공하는 플랫폼을 추구할 것을 주문했습니다. 다양한 제도, 역량, 방법 등을 시험하고 시뮬레이션하는 공유의 장을 만들어야 합니다.** 정말 공감 가는 제안입니다. 이러한 화두는 구체적인 기획이 필요한 사안입니다. 성대처럼 산학연 플랫폼이 선행적으로 작동되고 있는 환경에다가 최신 비대면활동의 활성화를 감안하면 충분히 실현이 가능할 것으로 판단됩니다. 2030 대학비전을 구상하면서 글로벌 테스트베드를 산학협력의 지향점으로 포함시켰습니다. 우리 대학은 물론 한국 교육계가 동참할 정확한 미래 전략이 될 것입니다.

성대 발전 방향에 대해서 윤 박사님은 "성대의 영혼(Spirit)이 무엇인가?"라는 도전적인 질문을 던지셨습니다. 우리는 무엇이 되기를 바라고 어떤 영혼이 있는지를 점검하는 수준에 의해서 미래가 결정된다는 것입니다. 또한, "성균을 명사가 아닌 동사로 전환시켜라"고 제안하셨습니다. 명사는 결과의 방향을 주는 반면에 동사는 과정의 다양한 변화를 촉구합니다. 제록스(Xerox)나 구글(Google)은 분명 회사명으로 시작했는데 글로벌 차원에서 동사로 사용되며 발상의 전환을 이끌고 있습니다. 성균을 명사로 보면 '도덕적으로 완벽한 인재'로 그칩니다. 멈춤이 느껴집니다. 그러나 동사로 표현하면 '도덕적으로 완벽한 인재가 되려고 노력하다'로 되면서 추구 방식에 대한 자유도를 허용합니다. 무한대의 방법을 시도할 수 있는 동력, 즉 지속적인 힘이 느껴지는 것입니다. 그분은 성대가 혁신의 새로운 동력을 탄생시킬 것을 주문하셨던 것입니다.

이 책에서 소개한 '성균하세요'는 바로 윤순봉 박사님의 제안 덕분에 시작되었습니다. 적어도 저에게는 그러합니다. 원래부터 내재되어 있었던 표현이지만, 바로 그 순간부터 내 마음에 깨달음이 된 용어일 것입니다. '성균하세요!'는 참으로 멋진 말입니다. 지금과 같이 도덕적 또는 윤리적 행위에 대한 판단이 모호한 세대에게는 더욱 그러합니다. 최근에 우리 국민의 심리를 가장 크게 흔든 관점은 정의에 대한 부문입니다. 무엇이 옳고 그른지, 어느 정도가 도덕적인지, 내 편과 남의 편은 어느 정도 편견이 허용되는지. 사회적 약자는 어느 정도 권리를 주장할 수 있는지 등에 대한 모든 것이 첨예한 대립이 이어지면서 대혼란을 불러일으켰습니다. 그런 면에서 '성균하라'는 완전성을 추구하는 인재로 성장하라는 본질적인 화두를 던집니다. '성균하세요'가 모든 사람에게 편안한 덕담인 동시에 우리 사회가 나아갈 방향으로 공감되는 시점이 오길 기대합니다.

강의를 들으면서 떠올린 구상이 스쿠(SKKU)를 동사로 만드는 것도 가능하다는 생각을 했습니다. 고전과 현대의 지식을 통합해서 새로운 지혜와 정확한 의사결정에 대응하는 개념입니다. 아예 작은 학습박스를 교내 여러 곳에 설치해 그 이름 자체를 스쿠존으로 하는 것을 구상했었습니다. 코로나가 오기 전에 구상했던 형태로서 그 안에만 들어가면 캠퍼스 모든 강의장에 접속이 가능하도록 만들 수도 있다는 생각을 했습니다. 구상 정도가 아니라 가까운 분들에게 이야기도 하고 CCTV 업체에 전화를 해서 그러한 공간의 가능성과 예산 규모도 조사해보았습니다. 우리 대학이 이원화되어 있는 불편함을 오히려 강점으로 만들려는 구상이었습니다. 모두가 서울을 원하던 시대를 벗어나야 합니다. 가까운 곳에서 공부하는 새로운 시대를 대비해야 합니다. 인간은 스쿠하면서 살아갈 것입니다. 스쿠에 대한 본격적인 정의를 탄생시킬 시점입니다. 아이러니하게도, COVID-19로 인해서 모두가 일제히 비대면에 익숙해졌습니다. 비대면 방식으로는 충분하지 않습니다. 스쿠할 수 있는 여건을 제공해서 과거의 좋은 정신세계가 현재의 환경과 데이터에 근거해서 이해하고 판단하도록 도와주어야 합니다.

대한민국의 행정은 40년 전과 같다

이근면 전 인사혁신처장은 삼성전자 출신으로 장관급 고위직을 지낸 분이십니다. 정부에서 공공부문의 혁신에 민간부문 부문의 발상을 적용하고 싶다는 의지에서 추진된 발탁일 것입니다. 삼성 출신으로서 GE 코리아를 성공적으로 이끌었던 이채욱 사장은 인천국제공항공사의 사장으로도 활동했습니다. 그는 공공부문과 민간부문의 차이를 다음과 같이 비유하시곤 했습니다.

"할까 말까 망설일 때, 민간부문은 하면 되고 공공부문은 하지 말아야 합니다." 적극성과 소극성을 비교하는 동시에 공공부문에 그만큼 규제와 통제가 많다는 것을 시사하고 있습니다. 주어진 한계를 벗어나지 않도록 주의해야 한다는 뜻일 것입니다. 그런 탓인지 이근면 처장님은 와이셔츠 얘기를 꺼냈습니다. 청와대 풍경이 모두 깨끗한 흰색 와이셔츠를 항상 입었다는 것입니다. 고위공직자는 청렴의 상징인 데다가 제대로 준비하고 일을 한다는 점을 강조하기 위한 공식 분위기일 것입니다. 그래서 자신은 일부러 푸른색 와이셔츠를 입었다고 합니다. 변하자. 변해보자는 무언의 메시지를 전달하려고 말이죠. 혁신은 그렇게 작은 생각의 차이에서 시작된다는 사실을 우리에게 전달하고 싶으셨을 것입니다.

교육부문도 통상 공공부문에 해당됩니다. 다양한 이해관계자의 삶과 의사결정에 영향을 줍니다. 우리나라처럼 사립대도 교육법에 따라서 운영되는 상황에서는 더욱 그러합니다. 교원, 정원, 공간, 입학 및 졸업 조건, 등록금, 장학금, 기금운영 등 많은 분야에서 정부의 가이드라인을 지켜야 합니다. 초기에 허가받은 프레임 속에서 움직여야 합니다. 의사결정의 바운더리가 철저히 지켜져야 하는 만큼 변화의 여지가 적다는 것을 의미합니다. 통제된 상황에서 혁신을 추진해야 하는 점을 강조하신 이 처장님은 "대한민국의 행정이 40년 전의 모습과 같다"고 비판하셨습니다. 한국은 외신이 없다고 합니다. 우리끼리의 리그에서 소식을 주고받는 우물 안 개구리를 면하지 못하고 있는 것입니다. 순환보직을 통해서 다양한 업무를 경험하면 평범한 인재로 전락한다는 점을 중점적으로 지적하고 있습니다.

　이 처장님은 제2차 세계대전 이후에 크게 성장한 국가를 꼽았습니다. 이스라엘, 대만, 싱가포르, 그리고 대한민국입니다. 공통점이 있는데 이들 모든 국가가 병역의무가 있다고 합니다. 병역으로 일정 시간을 손해를 보지만 그만큼 정신력으로 무장된 인재들이 가치 있는 사업을 해결해 내는 것입니다. 성대는 600년이 넘는 유교문화를 중심으로 발전해온 대학입니다. 생각을 깊게 하는 동시에 창의적 인성을 갖도록 유도하는 것이 중요합니다. 성대만의 학풍을 고수해야 합니다. 그러한 역량 중심의 인재를 키워야 하는 것은 명확한 지상과제입니다. 글로벌 시대의 학생들에게 무엇을 제공할 수 있는가를 직시해야 할 것입니다.

캠퍼스에서 만나는 학생이 기쁨 🍂

비전 2030을 수립하면서 유력한 분들을 외부 자문위원으로 모셔서 귀한 제언을 담으려는 시도를 했습니다. 엘스비어(Elsvier)의 지영석 회장은 언젠가 우리나라의 교육부의 수장으로 모셔도 좋을 정도로 교육에 대한 식견이 탁월하고 통찰력이 있습니다. 미국 프린스턴 대학에서 오랜 기간 이사로 활동하시면서 대학의 발전에 기여하고 있습니다. 이사로 활동하면서 전혀 보상을 받지 않고 있으며 심지어 항공료도 모두 자비로 처리한다고 합니다. 자신이 이사로 활동하는 대학에서 재정 혜택을 기대하는 자세로는 대학의 진정한 서포터스가 될 수 없다는 철학입니다.

"대학에서 이사를 하는 저의 가장 큰 기쁨은 캠퍼스를 방문해 학생들을 만나는 것입니다. 그들을 만나서 함께 대화를 하면 우리들의 미래가 어디로 가고 있는지를 배우게 됩니다." 교육계의 리더의 모습이 어떠한가를 깨닫게 됩니다. 개인의 생활이 아니라 배움의 장을 통해서 미래를 서로 바라보며 자아실현을 꿈꾸는 만남입니다. 공존이 희망인 장소가 내학이어야만 합니다.

회장님은 성대의 비전 2030에 대한 조언으로 대학의 비전으로 담대한 도전을 하기에 2030년은 너무 짧고 2050년까지의 장기적인 안목으로 비전 수립을 할 필요가 있다고 하셨습니다. 배움에 대해서 긴 호흡으로 바라보라는 관점입니다. 인문학에 대한 중요성에 공감하며, 성대가 다른 대학과의 차별화를 통해 진정한 글로벌 리딩 대학으로 도약하기 위해서 과학기술과 인문학의 융합이 반드시 필요하다는 말씀도 주셨습니다. 무엇보다도 중요한 지적은 재정 확보에 대한 것입니다. 비전 실현의 실질적 핵심은 재정전략에 근거를 두어야 한다고 강조하셨습니다.

한국과학기술연합회의 이우일 회장님은 현재의 학부와 대학원이 수직구조인데, 학부와 대학원은 비전과 목표 등 추구하는 바가 다르기 때문에 앞으로는 이 부분에 대한 개혁이 필요해 보인다고 하셨습니다. 학부 교육에서 혁신적인 모범이 되고 있는 대학을 추가로 조사할 필요가 있습니다. 미네르바대학, 에꼴42, 애리조나대학 등을 추천하셨습니다. 평등(Equality)과 공평(equity) 중 지금까지의 교육은 대부분 평등을 추구해왔으나, 이제는 학생별 특성을 파악해서 맞춤형 교육이 가능한 시대가 왔으므로 성대가 앞장서서 공평(equity) 중심의 교육을 과감히 시도하라고 강조하셨습니다.

송승환 원장은 성대의 2030 비전 초안은 잘 차려진 한정식집이지만 손이 가는 반찬이 없는 느낌이라고 코멘트를 하셨습니다. 성대의 특성이 드러나는 뚜렷한 무엇인가가 보이지 않는다는 지적이십니다. 대학의 비전은 창의적인 메시지를 담아야 한다고 방향을 제시하셨습니다. 예를 들어 KBS가 세계적인 방송국으로 도약하자는 메시지를 위해

'Beyond TV, Beyond World'라는 카피를 만들었고, 평창 동계올림픽에서는 평화라는 주제를 'Peace in Motion'으로 표현하셨습니다. 한반도에서 진행되는 올림픽이라 평화를 꼭 넣고 싶으셨다고 합니다. 거기에 스포츠에 어울리는 모션을 곁들여 멋진 문구를 탄생시키셨습니다. 전문적인 그룹을 활용해서 전체 보고서 흐름과 맥락에 맞는 용어를 활용해서 비전을 갖추고 미래로 나아가기를 제안했습니다.

일론 머스크처럼 구상한다면? 🖐

현재 지구상에서 가장 혁신적인 리더는 일론 머스크입니다. 테슬라, 화성우주선 등 모든 상당히 많은 영역에서 일반인의 상상을 초월하는 목표에 도전했습니다. 아마 민간부문에서 그분을 모셔서 강의를 듣는다면 혁신의 상한선을 확인할 수 있을 것입니다. 현실적으로 비전포럼에 모실 수는 없지만 〈포천(Fortune)〉이 소개한 머스크의 혁신 특징을 소개합니다. 일런 머스크의 성공에 대해서 주변 전문가나 과거 동료들을 인터뷰한 결과로서 크게 4가지로 정리되어 있습니다.[15]

- 현재로부터 혁신하지 말라(Never Innovate from the status Quo).
- 우수 인재를 영입하고 빛나는 성취에 도전하게 하라.

- 고객의 문제점을 이해하라.
- 탁월한 경영 역량을 갖추라(Managers matter).

교육 영역에도 시사하는 바가 큰 혁신 관점입니다. 우선 우리나라 교육계는 항상 기존 제도를 개선하는 일에 초점을 맞추고 있습니다. 불편한 것을 줄이려는 노력입니다. 큰 문제점을 만들지 않겠다는 보수적인 입장입니다. 일론의 관점으로 보면 답답할 것으로 예상됩니다. 혁신은 우리가 원하는 결과에서부터 출발해서 역으로 설계해야 합니다. 예컨대, 학생성공이 목적이면 바로 그 점에서 모든 생각을 시작해야 합니다. 그래야만 새롭고 담대한 과제가 보일 것입니다. 우수한 재원을 영입하는 것은 우리도 잘하고 있는 분야입니다. 한 가지 주의할 점은 동료가 빛나는 것에 대한 경계심입니다. 탁월한 인재가 역량을 발휘하고 박수받는 문화를 만들어나가야 할 것입니다.

고객, 즉 학생이나 학부모의 고민을 깊숙하게 이해하는 것은 다들 공감할 것입니다. 종단 또는 횡단 분석을 통해서 멀리 보며 문제의 본질을 보려고 노력하고 있습니다. 과거에 비해서는 혁신적으로 발전하고 있는 분야입니다. 마지막 혁신 메시지는 경영 역량에 눈뜨라는 것입니다. 일론은 업무에 임하면 지나칠 정도로 정교하고 정중하다고 합니다. 협상 과정에서는 상상을 초월하는 슈퍼파워를 보여준답니다.

아직도 우리나라 대학의 경우에는 경영역량이 아마추어 수준을 벗어나지 못하고 있습니다. 장기간 근무한 직원은 역량 향상이 눈에 띄게 향상되고 있습니다. 그러나 자주 교체되는 주요 보직자의 경우는 좀 더 경영 역량을 점검할 필요가 있습니다. 저는 기조처장이 되고 나서 경영워크숍을 할 필요가 있다고 주장했습니다. 처장 또는 학장과 같은 주요 보직자들이 무엇을 어떻게 경영하고 관리해야 하는가를 정확하게 공유해야 한다고 생각했습니다. 비공식적인 접근방식 공유가 아니라 공식적이고 전문성을 담보로 한 단기 교육훈련이 필요합니다.

모든 일류기업은 임원이나 간부의 워크숍을 통해서 리더십 방식을 공유합니다. 바로 그렇게 약속된 경영 수준이 혁신의 목표와 방식의 수월성을 결정합니다. 직원들은 반복적으로 유사한 일을 하므로 상당 부문 잘 이해하고 있을 것입니다. 그러나 그들 역시 변화하는 경영환경에 대응하기 위해서는 교육을 받아야 합니다.

1990년대에 하버드대에서 오랜 기간 학장을 하신 로소브스키 교수께서 대학운영매뉴얼 개념의 서적을 출간했습니다. 삼성경제연구소에서 《대학, 갈등과 선택》이라는 제목으로 번역한 덕분에 많이 읽혔습니다.[16] 로소브스키 학장이 소개한 학장 업무에 필요한 8가지 소언을 아래에 소개합니다.

– 어떤 일에도 놀라지 말아야 한다.

- 모호한 것의 가치를 알아야 한다.

- '반응하다'와 '응답하다'를 구분해야 한다.

- 언론에 이야기해야 할 의무는 없다.

- 모금하는 수완을 연마해야 한다.

- 사람을 함부로 판단해서는 안 된다.

- 잘못된 신념은 고칠 수 없음을 알아야 한다.

- 넓게 생각하라. 특히 돈 문제는 더욱 그렇다.

30년 전의 조언이지만, 지금도 고개가 끄덕여지는 부분이 많습니다. 예상과 예측은 다르고 교육과 훈련은 다릅니다. **경영의 하이라이트는 인터랙션과 인터페이스 관리입니다. 경영에서 앞서 나갈 수 있어야만 글로벌 비교 우위를 지향하는 혁신이 가능합니다.**

일부 대학은 아예 기업인 출신을 경영진에 포함시키기도 합니다. 산학중점 교수를 보직자로 모시기도 하고 보다 더 파격적인 의미로 기업 경영인을 부총장급으로 영입하는 경우도 있습니다. 산학협력이나 대외협력 부총장으로 모시는 것이 보편적인 사례입니다. 아직은 그런 경우도 경영의 수준을 높이기보다는 주로 직접적인 목표를 추구합니다. 산학과제를 더 확보하거나 모금에 유리한 배경을 지닌 분을 선호합니다. 외부에서 오신 분이라고 해서 더 혁신적이고 참신한 경영을 추진하지는 않을 것입니다. 중요한 것은 경영의 가치를 정확하게 보고 판단해야 한다는 점입니다. 모든 스포츠단은 성적이 좋지 않으면 감독의 교체를 검토합니다. 리더십 역량이 결과를 좌우한다고 판단하기 때문입니다. 대학도 마찬가지입니다. 경영의 가치를 혁신할 수 있는 관리자의 역량에 주목해야 합니다. 세계 최고 대학이 되기 위한 필수 조건입니다.

제13장

미래,
낙오와 좌절이
없는 캠퍼스

대학제도의 본질적 혁신 방향은
배우려고 애쓰는 학생을 낙오시키지 않는 것입니다.

평생교육이 강조되는
개방형 대학(Open University)의 시대로 진입하고 있습니다.
시간이 배움의 굴레가 될 수 없다는 뜻입니다.

낙오와 좌절이 아니라
희망을 갖고 끊임없이 도전할 수 있는
러닝 공간을 만들어야 합니다.

Platforms for the University of Happiness

행복한 대학의 플랫폼을 설계한다!

저는 이 책에서 '행복'이라는 단어를 많이 사용했습니다. 행복한 캠퍼스를 만드는 것이 간절한 마음으로 자녀를 대학에 보내는 부모들의 기대에 부응하는 일이기 때문입니다. 제가 생각하는 행복이 무엇인가를 말씀드릴 필요가 있다고 생각합니다. 어떤 분들은 행복을 얘기하는 순간 이미 행복은 멀리 있다고 얘기하기도 합니다. 행복에 대한 부담 자체가 걸림돌이라는 뜻이겠지요. 그러나 행복을 목표로 의사결정을 하는 행위를 생각하면 무엇이 행복에 이르게 하는가를 알아두는 것은 지혜로운 대비일 것입니다.

성공, 가치, 행복이라는 표현은 긍정적이지만 그만큼 주관적입니다. 개개인에 따라서 얼마든지 다르게 해석될 수 있습니다. 옥스퍼드 사전이 정의한 행복은 '즐거움이나 만족감을 느끼거나 보여주는 것'으로 되어있습니다. **즐거움과 만족감은 개인의 기대(Expectation)에 의해 결정됩니다. 결국 개개인이 습관처럼 형성하는 기대 수준이 행복을 좌우하는 것입니다.** 제가 삶의 여정에서 체험한 행복한 일상은 크게 3가지 조건이 충족되어야만 유지된다고 생각합니다.

❶ 과락이 없어야 한다.
❷ 존중받는 위치를 찾아야 한다.
❸ 자신과의 약속을 지켜야 한다.

첫째, '과락이 없어야 한다'는 시스템에 대한 이야기입니다. 본인은 물론 직계 가족처럼 자신이 평생 함께할 동반 그룹에서 낙오자가 없으면 좋습니다. 여기서 말하는 과락은 장기간 희망을 잃고 살아가는 사람이나 영역을 상징합니다. 균형을 유지하는 사고가 중요합니다. 개인의 성패와 상관없이 가장 가까운 사람의 좌절은 평생 짐이 됩니다. 직장 동료를 1촌으로 보면 이 또한 마찬가지입니다. 동료의 파탄이 마음의 부담으로 작용합니다. 얼마나 많은 사람을 1촌, 즉 직계로 볼 것인가는 개인의 리더십 크기에 달려있습니다. 1촌의 의미는 인위적으로 떨쳐내기 어려운 인간관계를 의미합니다. 가장 가까운 인간관계 시스템이 바로 이 분들로 구성됩니다. 누군가 낙오하면 시스템에서 사라지는 것이 아니라 시스템 전체의 부담으로 작용합니다. 우리지체의 모든 구성요소가 바로 1촌과 같은 것입니다. 불편해도 버릴수가 없습니다. 손끝에 박힌 작은 가시도 건강하고 행복한 인체를 유지하는 데 적지 않은 방해가 됩니다. 모든 인체 요소가 건강하도록 세심하게 관리하는 이유이기도 합니다. 마찬가지입니다. 평소 1촌의 구성원들이 엉뚱한 일로 과락하지 않도록 주의하고 미리 도와주는 의사결정에 관심을 가져야 합니다. 1촌의 행복이 나의 행복을 좌우합니다. 부모님의 행복이 나의 행복입니다. 나의 행복이 부모님의 행복입니다. 행복을 공유하는 사람이 바로 1촌보다 가까운 사람입니다.

둘째, '존중받는 위치를 찾아야 한다'는 사회의 구성원으로서 적절한 위치를 정하는 노력입니다. 인간존중에 초점을 맞춘 행복의 조건입니다. 사람의 희망은 기본적인 의식주 해결 영역을 넘어섭니다. 많은 심리학자들이 연구 결과로 발표했듯이, 사람은 편안한 삶을 영위하는 것은 물론 사회에 도움이 된다는 평판을 얻고자 합니다. 힘들여학습하며 미래를 준비하며 원하는 성취에 도전하는 이유이기도 합니다. 사람은 태어나면서 가족이라는 단위 사회에 속하게 되고 성장하고 사회활동을 하면서 자신의 의욕에 맞추어 다양한 사람과 어울립니다. 성취감에 근거한 행복의 수준은 그 그룹에서의 자신의 위치로 결정됩니다. 절대적 관점에서 행복을 느끼려고 하지만 현실에서는 계속 비교를 합니다. 비교를 당한다고 봐도 마찬가지입니다. 따라서 자신이 어떤 인간관계를 형성하며 살아가는가에 의해서 행복도 좌우됩니다.

사회적 관점에서 볼 때, 관계성에 대해서 단순하게 '앞서가는 사람', '함께하는 사람', '따라오는 사람'으로 구분해보겠습니다. 개인의 가치관에 따라서 구분을 결정짓는 판단 기준은 다양하게 바뀝니다. 경제 중시, 권력 중시, 지식 중시, 관계 중시, 심리 중시 등 다양한 관점이 가능하며 이 또한 개인의 판단입니다. 당연히 한 가지만이 아니라 복합적으로 결정되는 이슈이기도 합니다.

앞서가는 그룹은 어떤 형태든 배우거나 도움받기 위해 인연을 이어가는 사람들입니다. 리더그룹(Leader Group, LG)으로 부를 수 있습니다. 나 자신을 리드하는 사람들입니다. 부모, 스승, 선배, 상사 등이 대표적입니다. 학습을 통해서 나 자신을 발전시키는 데 초점을 맞추는 관계입니다. 함께하는 사람은 더불어 나아가는 동반 그룹(Partner Group, PG)입니다. 서로 힘을 합하면 좋은 관계이긴 하지만 때때로 경쟁의 환경이 조성되는 것도 어쩔 수 없습니다. 동료, 친구, 비즈니스 파트너 등이 여기에 포함됩니다. 그들 중에서 자신의 인적 네트워크로 생각하는 사람들만 생각하면 됩니다. 세 번째 따라오는 사람은 후원그룹(Supporter Group, SG)으로서 나를 쫓아오며 배우려는 사람들에

의해 관계가 성립됩니다. 내 자신이 상대방에게 리더그룹으로 분류되는 경우입니다.

행복한 삶을 위해서 존중받는 위치를 찾는다는 의미는 바로 이러한 인적관계 속에서 어느 정도 존중받고 있는가를 결정하는 과정을 의미합니다. 자신이 존중받고 있다고 느낄수록 삶의 만족도는 높아질 것입니다. 3가지 그룹의 크기가 아니라 존중받는 수준이 본질입니다. 예를 들어서, 현재 내가 만나는 사람이 20명이라고 가정하겠습니다. 내 인적 네트워크에 20명이 포함되어 있는 것입니다. **그중에서 LG, PG, SG가 몇 명인가는 행복을 결정하지 않습니다. 대신, 각 그룹에서 어느 정도 존중받고 있는가는 마음이 쓰입니다.** 자신의 삶을 돌아보는 시점에 올바른 삶을 살았는가 여부는 인적네트워크 구조와 그 안에서의 존중감에 의해 결정됩니다.

〈그림 10〉에 나이별 인간관계의 흐름을 도식적으로 제시해보았습니다. 어린 시절에는 당연히 배울 사람(LG)들이 많고 40대와 50대에는 왕성한 활동을 하면서 파트너그룹(PG)이 늘어납니다. 크게 보면 한 사람의 삶은 파트너십 그룹에 의해서 결정된다는 측면도 있습니다. 태어나서 죽는 시점까지 자신만의 '파트너십 사다리꼴'을 형성하며 살아갑니다. 어떤 사람은 큰 사다리꼴을 유지하는 사람도 있는 반면에 퇴직과 더불어 모든 것이 단절되는 삶도 있습니다. 자신의 선택입니다. 그러나 각 그룹을 어떻게 형성해 나가야 하는가에 대해서 자

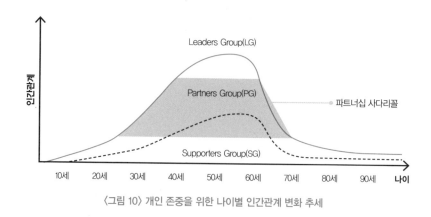

〈그림 10〉 개인 존중을 위한 나이별 인간관계 변화 추세

신만의 방식을 고민할 필요가 있습니다.

　LG는 감사의 마음에서 열심히 배우고 실천하면 존중받습니다. 그분들을 경쟁자로 보거나 가르치려고 하면 존중받지 못합니다. PG는 어렵고 힘든 과정을 함께하면 존중받습니다. 반칙을 하거나 본인의 이익에 집착하면 존중받지 못합니다. SG는 본을 보이고 베풀면 존중받습니다. 나의 이익을 위해 아랫사람을 이용하거나 심리적 압박을 주는 요구를 하면 존중받지 못합니다. 살다 보면 모든 것에 완벽할 수는 없습니다. 그만큼 일상의 변동 요인이 곳곳에 숨어있습니다. 그럼에도, 존경받는 삶은 어렵지만 얼마든지 존중받는 삶은 가능합니다. 물론 정직하게 열심히 사는 평범한 일상이 전제되어야 합니다. 주위의 모든 사람들을 둘러보세요. 제가 길게 얘기하기 않아도 모든 사람들은 자신이 존중받을 만한 위치를 찾아 나섭니다. 인간의 본능적 대응입니다. 매슬로우의 인간욕구 5단계로 볼 때, 존중욕구는 3단계에 해당하는 애정(사회적) 욕구와 4단계 존경 욕구를 혼합한 해석에 불과합니다. 제 생각이 그렇습니다. 단순해야 행복이 쉬워집니다. 경륜이 쌓일수록 LG-PG-SG의 구성비는 달라집니다. 사회생활을 하는 과정에서 만들어지는 자신의 성적표입니다. 인적관계의 크기가 아니라, 존중의 질적 수준이 행복을 결정합니다.

셋째, '자신과의 약속을 지켜야 한다'는 믿음, 즉 신뢰(Trust)에 대한 부분입니다. 결국 자신이 가장 소중합니다. 자신의 뜻과 행동을 일치시키지 못하는 사람은 자신도 신뢰하기 힘듭니다. 바르게 성장한다는 의미는 세상에 대한 바른 마음을 갖고 그대로 실행하는 수준을 높이는 것입니다. 영원히 완성시키기 어려운 화두일 것입니다. 성균(P&B)의 의미를 끊임없이 되새기며 그 방향으로 정진해야 할 이유이기도 합니다.

약속을 잘 지키려면 자신의 상황에 맞는 약속을 해야 합니다. 나 자신에게 어울리는 기대(Expectation)를 하고 약속을 하는 자체가 매우 중요합니다. 약속하는 순간에 모든 기대가 결정됩니다. 자신과의 작은 약속을 지키는 반복적인 훈련이 행복을 키우는 노력입니다. 행복 수준에 대해서 환경요인의 영향은 10퍼센트에 불과하고 나머지 90퍼센트는 자신의 심리가 그 환경을 어떻게 인지하는지에 의해서 결정된다는 주장도 있습니다. 행복은 상황이 아니라 바른 실행의 결과입니다. **교육은**

주어진 상황에 대해서 올바른 이해를 바탕으로 실행을 배우고 연구하고 실습하는 과정입니다. 교육훈련이 행복을 결정합니다.

가장 존중받는 대학 🦋

미래를 예측한다는 것은 언제나 어려운 주제입니다. 모든 사람들이 미래를 예측하며 살아갑니다. 미래학자의 예측을 학습해 반영하기도 하고 개인의 과거 경험에 근거해서 미래에 대한 판단을 하기도 합니다. 대학은 지식을 가르치는 곳이므로 다양한 전공에서 미래가치 창출에 필요한 방법론을 가르치고 있습니다. 최근, 카이스트는 비전 2031을 수립하면서 〈카이스트 미래보고서〉를 출간했습니다.[17] 그들이 정리한 미래는 국제정세와 기술, 한국 사회와 정치경제, 기초과학과 공학, 신산업에 초점을 맞추고 있습니다. 카이스트가 판단하는 미래의 모습을 담고자 노력했을 것입니다. 미래 세계에서의 교육 수요에 대응하는 한편 올바른 교육으로 미래를 선도하기 위한 카이스트의 역할을 정립하려는 좋은 시도입니다.

　매우 불확실한 상황에 대응하는 방안은 세상의 변화를 압축하는 것입니다. 저는 종종 경영혁신의 대가인 데밍 박사의 심오한 지식(Profound Knowledge)의 관점으로 세상을 좁히곤 합니다. 미래를 향한 도전을 삶의 질(Quality)을 고도화시키는 것으로 보는 견해입니다. 인류의 삶의 질을 결정하기 위해서는 크게 4가지 요인의 변화에 주목해야 합니다. 심리의 변화, 시스템의 변화, 기술(이론)의 변화, 그리고 실행의 변화입니다. 국가든 조직이든 별반 다르지 않습니다. 4가지 요인의 범위만 다를 뿐 적용 메커니즘은 동일합니다.

심리의 변화는 경쟁상황에 근거해서 해석됩니다. 대부분의 전문가들이 경쟁이 심화될 것으로 예측하고 있습니다. 심화된 경쟁 상황에서 대학의 생존을 걱정하는 동시에 교육계가 어떤 역할을 해야 경쟁 심화를 둔화시킬 수 있는가에 관심을 갖습니다. 교육계의 숙명입니다. 시대의 변화 흐름을 타면서도 올바른 방향으로 가도록 이끄는 선구자로서의 책임이 있습니다. 생존의 문제라면 비교우위에 초점을 맞춘 전략이 필요하고 공생의 문제라면 사회적 가치 중심의 경영을 해야 합니다. 사회적 요구는 후자에 눈길이 쏠아지는 반면에 대학 자체의 내부 관심은 안정적 운영 환경입니다. 따라서 사회적 가치를 중시하면서도 지속성을 담보하는 대학을 만드는 전략이 미래 방향이 됩니다. 대학의 문을 활짝 열어 오픈 유니버시티 개념에서 모든 계층의 학습 수요에 대응하고 여러 대학과 교류하는 방향은 더욱 박수를 받게 될 것입니다.

시스템의 변화는 모든 이해관계자가 공감하는 목표로 방향을 맞추고 있습니다. 시대의 흐름을 반영하는 대학경영시스템을 지향합니다.

인공지능을 포함해 머신이나 시스템이 의사결정을 지원하며 학생 수요에 대한 맞춤형 서비스가 활성화될 것입니다. 교육, 연구, 산학협력, 사회 공헌 등 모든 부문에서 시스템경영이 기본 인프라 또는 플랫폼을 제공하게 될 것입니다. 어느 곳에서 학습하든지 방식의 차이가 그만큼 줄어들 가능성이 큽니다. 마치 우리가 어디에 살든지 기본적인 생활여건이 비슷한 수준으로 유지되듯이 교육여건 자체도 차이가 줄어들 것입니다. 국가별 서비스 방식의 표준화가 빠르게 이루어질 것이기 때문입니다. 머신 의사결정과 번역 시스템 또한 혁신적으로 발달되어 국가별 언어 격차가 주는 소통문제도 크게 해결될 것입니다. 학습에 관한 한 모든 국가, 특히 선진국일수록 교육방식의 격차는 빠르게 사라질 가능성이 큽니다.

기술(이론) 변화는 교육계로서는 치명적인 요인입니다. 과연 그런 변화를 어떤 대학이 주도하느냐와 급변하는 지식을 얼마나 빠르게 제공하느냐가 고등교육의 질적인 차이를 결정합니다. 즉, 교육과 연구의 질적 수준이 핵심적인 가치로 떠오르며 그 실적에 근거해서 평판이 결정됩니다. 어디서 공부하는가는 중요하지 않게 됩니다. 누구와 함께 배우는가가 러닝의 질적 수준을 좌우합니다. 각 대학에 대한 평판(Brand) 또는 명성(Prestige)이 수요자의 선택에 큰 영향을 미치게 됩니다. 제품과 서비스 영역에 명품 개념이 부각되듯이 교육계 역시 명품 교육서비스가 새로운 각축을 벌이는 시대로 진입할 것입니다.

마지막 실행의 변화는 교육연구 생태계를 구성하고 있는 이해관계자의 개별적 불완전성에서 비롯됩니다. 각종 크고 작은 사고와 오류, 갈등, 심지어 잘못된 윤리의식 등은 영원히 제로화될 수 없는 변동 요인입니다. 모든 조직이 최소화하려고 노력하지만 통제가 쉽지 않습니다. 유럽에서는 교육계에 아예 품질보증(Quality Assurance) 담당자를 채용하는 정책을 도입하고 있기도 합니다. 다행스럽게도, 시스템운영이 고도화되면서 각종 모니터링과 사전분석 기능 또한 발달되어 예방 차원의 경고시스템을 구축할 수 있습니다. 그만큼 안정화된 상황에서의 교육·연구 서비스가 가능해질 수 있음을 의미합니다.

이렇듯 4대 변화요인의 관점에서 볼 때, 캠퍼스의 차별화는 미래 수요의 심리에 대응할 수 있는 교육과 연구의 기능으로 압축됩니다. 각 대학이 제공할 수 있는 고유한 교육, 연구, 산학협력 및 대학혁신을 통해서 명성을 쌓아나가는 것이 본질적인 목표가 됩니다. '무엇을 어떻게 배우느냐'가 아니라 '왜 여기서 배워야 하는가'에 초점을 맞추게 됩니다.

학생들이 '왜 성대에서 공부를 해야 하는가'에 대해 어떻게 생각할까가 궁금했습니다. 비전포럼의 강의를 준비하면서, 우리 사회에 비쳐지고 있는 성균관대학의 대표적인 이미지를 찾아보았습니다. 특히 글로벌 사회에서 성대의 평판에 초점을 맞추기 구글에서 영어로 검색을 시도했습니다.

The BEST university in Korea. (최고 대학)

The most FAMOUS university in Korea. (가장 유명한 대학)

The most TRADITIONAL university in Korea. (가장 전통적인 대학)

The most INNOVATIVE university in Korea. (가장 혁신적인 대학)

영어로 검색을 시도한 이유는 글로벌 시각에서 우리 대학이 어떻게 비쳐지고 있는가를 보고 싶었기 때문입니다. 이러한 키워드로 잇따라 검색을 했지만, 검색결과 이미지 창에 성대 관련 사진이나 그림이 바로 나타나지 않았습니다. 첫 화면에는 성대 스토리가 전혀 없는 것이 대부분이었습니다. 아마 성균인들은 내심 가장 전통 있는 대학으로 자부심을 갖고 있을 것입니다. 그러나 그 또한 글로벌 시각과는 차이가 있습니다. 우리는 600년 전통을 이야기하지만 그 또한 성대만의 외침에 불과합니다. 꼭 성대가 가장 먼저 이미지가 떠오르는 키워드를 찾고 싶었습니다. 혹시 하는 마음으로 다소 엉뚱한 키워드 검색을 입력했습니다.

The most DIFFICULT university in Korea. (가장 어려운 대학)

바로 이 검색에서 심산 김창숙 선생님의 동상이 나오더군요. 이렇게라도 찾을 수 있어서 다행이었고, 어렵다는 이미지는 배움의 터에서는 나름 의미가 있다는 생각도 들었습니다. 그러나 충분하지 않습니다. 장차 가장 존중하는 대학으로 명성을 날리길 기대합니다. 학생성공, 미래가치, 글로벌 리더 모두 행복한 삶을 위한 과정입니다. **우리는 그 과정 또한 행복한 여정이기를 바랍니다. 눈물 나게 어렵고, 까다로운 경쟁 환경이지만 미래의 꿈을 갖고 서로 존중하는 행복한 캠퍼스가 되었으면 좋겠습니다.**

미국에서 교수를 하는 기간에는 매주 퀴즈를 치고 그 결과를 차주에 돌려주며 학생의 이름과 얼굴을 확실히 외웠습니다. 가르치는 학생의 이름과 얼굴을 정확하게 기억하지 못하면 부끄럽게 생각했습니다. 외국인 이름이 의외로 기억하기 쉬웠습니다. 그러던 제가 한국에 오자마자 급격히 변했습니다. 수강생이 너무 많은 탓에 출석만 부르기도 버거웠습니다. 어느덧 출석 여부만 확인하고 이름 외우기를 포기한 저를 발견합니다. 출석 확인을 통해서 수강을 강요하는 저는 준비되지 못한 모습으로 제자들을 만나고 있는 것과 진배없습니다. 이런 모습으로는 절대 행복한 대학을 만들지 못합니다. 반성해야 될 모습입니다. 매주 만나는 소중한 사람의 이름과 얼굴조차 기억하지 못하는 무성의한 교육서비스 제공자였습니다.

저는 평생 월요일 첫 수업을 맡아 가르치는 것을 선호했습니다. 여건만 되면 항상 그러한 선택을 했습니다. 매주 가장 먼저 만날 수 있는 교수가 되기를 선택했습니다. 그리고 저 또한 매주 가장 먼저 학교에 오는 학생들을 가르치고 싶었습니다. 미래에 대한 포부가 있는 사람은 저절로 내일에 대한 기대가 생깁니다. 성공한 CEO는 새벽 4시가 되면 저절로 회사 일이 궁금해진다고 합니다. 그런 애정과 열정이 있는 사람이 미래를 개척하는 리더인 것입니다. 성대는 1시간 먼저 8시에 수업을 시작할 수 있으면 좋겠습니다. 행복은 자신에게서 시작됩니다. 남들보다 먼저 그 행복을 찾아 나서는 진중한 지성인이 되었으면 좋겠습니다. 교육은 학생성공을 위해서 존재합니다. 물론 취업과 같은 생활 현안을 해결하는 수단이기도 합니다. 그러나 새로운 지식을 습득하는 과정에서 세상을 이해하고 즐기는 역량을 체험하게 됩니다. 학습 결과가 아니라 학습 과정의 가치가 더 중요할 수 있습니다. 천체에 대한 지식을 갖춘 사람은 무수히 많은 별을 보면서도 오늘의 차이점을 보면서 즐길 수 있습니다. 모르는 사람에게는 보이지 않는 차이점이지만 아는 사람에게는 뚜렷이 보이고 오늘과 내일을 이해하게 됩니다. 매일 새로움을 배우는 즐거움입니다. 세상을 더 행복하게 사는 방법 또한 러닝에 뿌리를 두고 있습니다.

낙오와 좌절이 없는 캠퍼스 🌱

한국은 '교육'이 너무 많습니다. 교육의 직접적인 목표인 학위가 너무

강조되고 있음을 지적하고자 드리는 얘기입니다. **교육의 본질적 목표인 성균이 중심이 되어야 합니다.** 마침 성균관대학은 교육의 본질을 대학명칭으로 갖고 있습니다. 조선시대부터 교육의 본이 되어야 하는 숙명을 가지고 창립된 교육기관입니다. 교육 자체가 아니라 성균에 초점을 맞추어야 합니다. 인성의 관점에서 준비된 인재를 육성해야 합니다.

우리나라는 예의지국을 표방할 정도로 인성을 중시하는 국가였습니다. 기술이 발전할수록 인성은 더욱 가치를 보여주게 될 것입니다. 바로 그러한 인성은 성인 교육의 상징인 대학교육에서 최종 점검되어야 합니다. 대학이 인성을 중시하는가 여부는 낙오와 좌절로 판단될 수 있습니다. 얼마나 크게 성공한 리더가 많은가보다는 얼마나 좌절하는 학생이 없는가를 조명해야 합니다. 그들이 교육시스템에서 탈락할 위험에 처한 사람들입니다. 원하는 목표 도달에 실패는 할 수 있습니다. 그럴 수밖에 없는 경쟁구조입니다. 그러나 그것은 실패가 아니라 자신의 역량 수준을 상대적으로 점검하고 다음 단계 진입을 위한 조정의 과정에 불과합니다. 원하는 시간 내에 목표 달성을 하는 것도 중요하지 않습니다. 그 수준에 도달하는지 여부가 더욱 중요한 관건입니다. 대학의 성적표에 성적을 UD(Undecided)로 표기해 최종 등급을 유예시키는 제도를 검토해야 합니다. 수강 취소기간을 넘긴 학생[즉, 수강취소로 W(Withdraw)로 받을 수 없는 학생]이 갑자기 아프

거나 사고가 생겨서 학업이 어려운 학생에게 과제 제출이나 기말고
사를 제대로 준비한 이후에 칠 수 있도록 도와주는 제도입니다. 일단
UD로 결정하고 나중에 마무리하면 합당한 성적으로 수정하면 됩니
다. 해당 과목에서 배워야 하는 내용을 충분히 학습하느냐를 중시하
며 당연히 절대평가 과목에서만 가능합니다. 상대평가를 적용하는 과
목에는 제도 준수와 형평성의 문제로 개인별 여건을 감안한 성적처
리가 불가능합니다. 성적의 공정성이 학생의 학습 기회 제공보다도
우선시되는 풍토이기 때문입니다. 과목을 듣는 것조차도 상대적으로
할 필요가 없습니다.

상대평가 제도에서는 교원이 아무리 열심히 가르쳐도 모두 A학점을
받을 수가 없습니다. 모두 A등급 수준의 이해력을 가진 학생 그룹도 상
대평가에 의해서 B와 C가 나와야 합니다. C를 낙오로 생각하는 학생은
상대평가 과목을 듣는 경우에는 반드시 다른 사람과 경쟁을 해야 합니
다. 상대평가는 교수와 자신과의 가르침과 배움의 충분성이 아니라 비
교우위의 수준을 매기는 것에 불과합니다. 과거에는 국내 대부분의 대
학이 절대평가를 운영했습니다. 절대평가임에도 A+를 잘 주지 않는 교
수님도 계셨습니다. 자신이 기대하는 눈높이에 도달하지 못했다는 뜻
입니다. 그러던 평가제도가 취업이 어려워지면서 점차 상향 조정되기
시작합니다. 교수가 취업에 유리하도록 학생들의 입장을 생각하게 되
었고 학생들의 강의평가도 영향을 미쳤습니다. 학생들이 성적을 잘 주

는 과목을 선호하는 경향을 보이니까요. 따지고 보면 좁아진 취업 문호가 캠퍼스의 넉넉한 낭만을 앗아갔다고 볼 수도 있습니다. 하버드대마저도 주변 경쟁 대학에게서 학점이 너무 후하다는 지적을 듣는다고 하니 어느 곳 하나 마음 편한 캠퍼스가 없는 시대입니다.

과목별 상대평가는 정말 쉽게 없어질 수 있습니다. 해당 학과의 학생 성적의 평균과 표준편차만 성적표에 표기하면 됩니다. 평균적인 수준과 학생 간의 편차에 대한 정보를 제공하는 것입니다. 이 역시 크게 보면 상대적인 판단 기준을 제공하는 것이긴 합니다. 다만 좁은 범위에서 직접 피부로 느끼는 상대평가의 스트레스를 최소화시킬 수 있습니다. 대학제도의 본질적 혁신 방향은 학생이 배우려고 애쓰는 경우에는 낙오를 시키지 말아야 합니다. 미래에 펼쳐질 개방형 대학(Open University)의 시대에는 역량 확보가 핵심입니다. 오랜 시간을 투입해서 자신이 필요한 역량을 갖추는 학생들이 있을 수 있습니다. 그 또한 그 학생의 학습 스타일입니다. 낙오가 아니라 오랜 준비로 나아가는 학생도 포용할 수 있어야 합니다. 낙오와 좌절이 아니라 희망을 갖고 끊임없이 도전하는 캠퍼스를 만들어야 합니다.

곱셈의 법칙으로 지역사회를 본다 🐾

좋은 대학은 내외적인 모습에서 균형을 중시합니다. 선물 내용이 아무리 훌륭해도 포장이 제대로 되지 않으면 올바른 가치를 인정받기 힘듭니다.《논어》도 '내용과 형식이 어울려야 된다'고 강조하고 있습니다. 학생 개개인이 성균(Performance & Balance)의 조화를 중요시하듯이 대학도 교육·연구의 내실을 추구하는 한편 산학협력과 지역사회 발전에 공헌해야 합니다. 학생을 가르친다는 이유로 주변의 도움을 받으려는 수동적 태도가 아니라, 그분들이 지속적인 관심을 가지도록 지도력을 발휘해야 합니다. 이러한 역할이 대학의 사회적 책임(USR: University Social Responsibility)으로 정의되고 있습니다.

오래전에 명륜동 성대 근처에 인심 좋은 삼겹살집이 있었다고 합니다. 학교에서 밤새워 공부하던 고시생들이 늦은 심야에 많이 이용했습니다. 다들 한참 먹성이 좋을 나이에 주머니 사정이 넉넉지 않았던 시절. 혼자 1인분을 시키고 몇 점 먹으면 고기가 금방 없어집니다. 부족하다 싶으면 여사장님이 슬그머니 오셔서 고기를 추가해주시곤 했습니다. 먹고 기운 내어 공부 잘 하라는 격려와 다를 바 없습니다. 이 이야기를 알려주신 분께서 행정고시에 합격한 후에 훗날 다시 캠퍼스를 찾았는데 그 식당이 보이지 않아 매우 아쉬웠다고 합니다.

"정말 고마웠던 분이죠. 늘 응원받는 느낌…. 찾아서라도 감사함을 전달하고 싶었어요."

우리나라 캠퍼스 주변에는 이런 미담이 정말 많습니다. 자녀들처럼 돌보며 학업을 지원했던 하숙집 어르신들은 물론 크고 작은 음식점들이 대부분 훈훈한 마음을 나누셨습니다. 한국 특유의 온정은 배움의 터에서 언제나 빛났고, 지금도 빛나고 있습니다. 오늘은 삼겹살 1인분에 불과하지만, 그 학생의 마음에 새겨지는 인성과 가치관은 훗날 수백 배나 수천 배의 가치로 나라에 돌아옵니다. 단순한 산술적 덧셈 뺄셈의 개념이 아니라 곱셈의 방식으로 가치가 누적됩니다. 학교 주변에서 평생 모은 전 재산을 대학에 기부하는 훌륭한 분들도 많으십니다. 대학의 인재들에게서 미래의 희망을 보시는 분들입니다.

대학도 마찬가지입니다. 그렇게 마음을 모으는 지역사회와 주민들의 행복을 위해서 나서야 합니다. 이 더불어 행복한 미래를 만들도록 노력해야 합니다. 단순히 주민 개개인에 감사하는 방식을 넘어서 커뮤니티 전체의 역할과 풍경에 관심 가지고 전략적으로 접근해야 합니다. 무엇을 위해서가 아닙니다. 마땅히 해야 할 사회적 책임입니다.

1824년에 설립된 영국의 명문 맨체스터 대학은 THE(Times Higher Education) 대학평가에서 사회적 책임 영역에서 세계 최고의 대학으로 꼽히곤 합니다. 사회적 책임(SR)이 대학 경영 3대 전략 중의 하나이며 아예 SR 처장을 임명하여 차별화를 시도하고 있습니다. 맨체스터 대학의 SR 특징은 지역사회의 본보기는 물론 지역 주민을 위한 대학이 되려고 노력한다는 점입니다. 이산화탄소 배출과 청정지역을 수치로 제시하는 것을 비롯하여 지역 주민을 대상으로 인력 채용 숫자, 캠퍼스 방문 횟수, 도서실 및 박물관 이용 횟수, 캠퍼스 학습 참여, 캠퍼스 행사 개최, 연구개발 참여 건수를 포함하여 지난 3년간 150건이 넘는 실행과제를 시도했다고 합니다. 이들 모두 무엇을 받을 것인가가 아니라 무엇을 어떻게 사회에 돌려줄 것인가를 고민하고 있습니다. 사회적 책임은 리더로서 해야 할 과제를 찾아서 실행에 옮기는 것입니다.

글로벌 대학평가의 기준을 제공하는 QS Stars 사회적 책임 평가도 지역 투자를 강조하고 있습니다. 100점 만점으로 볼 때, 지역사회 투자 및 개발 40점, 자선과 위기 극복 동참 20점, 지역 인적자본 개발 20점, 그리고 환경보호 노력이 20점입니다. 지역 투자와 개발이 상대적으로 가장 중요합니다. 인적자본 개발까지 합하면 무려 60퍼센트가 대학이 주변 지역에 리더의 역할을 해야 한다는 것을 시사합니다. 공동체 의식을 갖고 미래의 비전에 대한 구체적인 노력을 기울일 것을 요구하고 있습니다.

최근 서울시의 구청들이 캠퍼스타운 사업을 통해서 일자리 창출과 창업을 지원하고 있습니다. 캠퍼스 주변을 투자와 관리의 대상으로 보기 시작한 것입니다. 덕분에 많은 대학이 차별화 포인트를 찾기 나섰습니다. 성균관대(종로구) "역사문화예술×기술혁신×창업으로 사람이 모이는 서울", 경희대(동대문구) "WE+project", 서울대(관악구) "OSCAR 캠퍼스타운", 연세대(서대문구) "시작(Startup)이 시작(Start)되는 신촌(Sinchon)" 등이 추진되고 있습니다. 지방에 있는 대학도 마찬가지입니다. 국회 국토교통위원회에서 아예 캠퍼스 내에 산업생태계를 조성하는 법안을 의결하였습니다. 캠퍼스의 적극적인 사업추진을 지원하기 시작했습니다. 이러한 캠퍼스와 지역개발 사업이 다이버시티를 아우르며 성공하면 전국의 대학들이 각자 차별적인 명소를 제공할 수가 있을 것입니다. 그러한 시점이 되면, 랭킹 중심의 대학문화가 지역의 특색과 고유가치에 자부심을 느끼는 가치 중심의 문화로 전환될 수 있습니다. 사회적 책임의 본질은 상생입니다. 가깝게는 캠퍼스 주변에서 시작하지만 멀게는 국가와 인류 전체의 공영에 관심을 가지는 일입니다. 대학이 추구해야 할 가장 궁극적인 역할입니다.

비온티, 대학 간 융합교육에 도전한다 🦃

한국 대학의 문제는 수도권 집중 현상에서 비롯됩니다. 과거에는 지방대학도 명문이었지만 어느덧 수도권의 대학이 훨씬 더 선호의 대상으로 바뀌고 있습니다. 수도권의 인프라, 즉 병원, 문화시설, 고급호텔 등이 즐비한 지역에서 산다는 것이 일종의 유행처럼 작용하고 있습니다. 가족 중에 누군가는 서울에 살아야 할 것 같은 심리적 경쟁 감이 국민의 마음을 흔듭니다. 주거비가 급등해 불리한 여건임에도 오히려 그럴수록 진입해야만 된다는 한국형 쏠림 현상이 심화되고 있습니다. 그러한 추세가 사그라지는 시점까지는 수도권 소재 대학에 대한 선호도 역시 유지될 것으로 예측되곤 합니다.

혁신은 과거의 생각을 강화시키는 것이 아닙니다. 과거부터 존재해 온 자산을 살리고 활용하려는 시도에서 이미 발상은 고착화될 수밖에 없습니다. 그러한 발상에서 생긴 발전은 개선으로 보아야 합니다. 진정한 혁신을 위해서는 새로운 관점이 필요합니다. 지역대학을 명문대로 만들어야만 된다고 인식되어야만 지방의 가치가 공유될 것입니다. 대학을 분권화 정책의 중심에 놓고 판단해야 합니다. 미국이나 유럽의 명문대학은 대부분 흩어져 있습니다. 각 자치단체별로 반드시 명문대를 보유해야 되겠다는 의지가 강하기 때문입니다. 그만큼 투자하고 정부의 전략적 사업 유치에도 총력을 기울입니다. 우리나라는 자치단체의 차별적 교육 리더십이 부족해보입니다. 지방 재정이 약한 측면도 있겠지만 선거를 염두에 둔 단기적인 사업을 집중 관리하기 때문입니다. 교육은 긴 호흡으로 투자하고 관리해야 합니다. 각 지역이 명문대학을 보유하는 전략이 분권화의 본질이 될 수 있음을 우리 모두가 공감하고 협력해야 합니다.

대학이 분권화의 중심이 되는 방안을 새롭게 구상할 필요가 있습니다. 이러한 관점에 대해서는 이미 많은 전문가들이 관심을 갖고 수도권 대학의 지방 이전도 종종 토론이 되곤 합니다. 성균관대학은 서울과 수원에 복수의 캠퍼스가 있습니다. 잘 모르시는 분은 수원 캠퍼스를 분교라고 생각하기도 합니다. 학생 선호도에서 손해를 보기도 했습니다. 그러나 수원 자연과학캠퍼스의 이공계와 의대가 좋은 성과를 거두면서 분교라는 시각에서 자유로워졌습니다. COVID-19가 오기 전에도 저는 분리된 캠퍼스를 유리한 강점으로 만들어야 한다며 공간 기획을 시도했습니다. 거주하는 곳에서 가까운 캠퍼스에 가서 공부를 하도록 만드는 것입니다. 특히, 요즘처럼 비온티(비대면 온라인 티칭)가 대세인 교육의 흐름을 생각하면 복수 캠퍼스는 미래의 교육환경이 될 것입니다. 이러한 관점에서 볼 때, 대학을 통한 분권화 정책의 가능성이 넓어집니다. 수도권대학과 지방대학이 복수 캠퍼스 개념에서 운영되도록 협력방안을 설계하는 것입니다.

현재 교육부는 디지털 혁신인재 양성사업을 추진하고 있습니다. 디지털 비대면 교육을 통해서 수도권 대학과 지역대학이 학점과 교과과정을 교류하는 사업입니다. 대학 간 학업 방식에 대한 격차를 해소하려는 발상에 기초합니다. 대학 간 융합교육 설계가 새롭게 시도되고 있는 것입니다. 좋은 방향입니다. 깊숙한 학습이 가능하도록 학습 고도화(Learning Through)에 대한 전략을 강구해야 합니다. 대학 평판이 아니라 역량의 수준에 몰입하는 미래의 대학을 만들어야 합니다.

세상의 식자층을 연결하는 구도가 변했습니다. 페이스북(Facebook), 유튜브(Youtube), 그리고 클럽하우스(Clubhouse) 개념으로 라디오 세그멘테이션(Segmentation)을 추구하고 있습니다. 일상 속에서 고객들이 생활을 공유하는 방식이 변하고 있음을 의미합니다. 그럼에도, 교육은 크게 변하지 않고 있습니다. 왜냐하면 교육에 디자인, 즉 설계 개념이 접목되고 있지 않기 때문입니다. 저와 같은 이공계 교수들이 교육시스템을 분석하면 자꾸 설계를 하려고 합니다. 목표만 정확하게 알면 얼마든지 과정은 차별적으로 설계될 수 있다고 믿는 것입니다. 엔지니어(Engineer)의 어원은 디자인입니다. 인문사회 관점에 교육의 목적을 구상하고 교육공학의 활성화를 통해서 교과과정의 설계는 물론 대학운영 자체를 혁신하는데 관심을 가져야 합니다. 스몰디시전(Small Decision)이 아니라 빅디시전(Big Decision) 관점에서 생각하면 됩니다. 내일은 바꾸기 힘들지만 3년 후를 바꾸기는 쉽습니다.

'교육이 바뀌어야 한다'고 말하고 있습니다.

모두가 아는 이야기입니다만,

왜, 그리고 무엇이 바뀌어야 할까요?

"반년이 넘는 시간 동안 연구실 인턴 생활을 하면서 스스로 많이 성숙해진 것을 느꼈습니다. 너희는 뛰어나다. 똑똑하다 격려해주신 교수님, 많은 것을 알려준 연구실 언니 오빠들 덕분이었습니다. 저는 스스로에 대한 자신감이 굉장히 낮았는데 교수님께서 '잘했다. 아이디어 좋다. 할 수 있다'고 말씀하실 때마다 조금씩 자신이 붙었습니다. 인턴 생활을 처음부터 끝까지 함께 해주신 교수님께 진심으로 감사의 말씀을 드리고 싶습니다. 저의 개인적인 일을 상의하는 과정에서도 '네가 알아서 하라'고 하지 않으시고, 이것저것 물어보시고 걱정을 해주신 다음에 저의 결정을 존중한다고 해주셔서 제가 마냥 스쳐가는 인연이 아닌, '정말 제자였구나' 하는 감동을 느꼈습니다. 저에게 인턴 경험은 제 평생에 도움이 되고, 기억에 남을 것 같습니다."

연구실에서 인턴을 한 학부생 제자가 보내온 편지입니다.
저를 다시 돌아보게 만듭니다.
서운함을 안고 떠난 학생들도 많았을 테니까요.

캠퍼스는 가르치는 곳입니다.
지식, 연구… 그리고 삶을 가르치는 희망의 공간입니다.

1. 사이먼 사이넥,《나는 왜 이 일을 하는가?》, 이영민 옮김, 타임비즈, 2013.

2. 홍하상, "이건희가 평생 친구로서 마음을 준 대상," 〈프리미엄 조선〉, 2015. 11. 2.

3. 최우영·이현수, "대한민국 대표 선배가 '88만원 세대'에게 〈7〉 김범수 카카오 이사회 의장," 〈머니투데이〉, 2011. 10. 19.

4. 김안나, 〈한국 고등교육의 양적 확대이론에 대한 비판적 연구〉 석사학위논문, 이화여자대학교, 1988.

5. Flinn, Liz, The 20 Worst Colleges in America in 2019, (Web), Money Inc., 2019.

6. Seldon, Anthony & Oladimeji Abidoye, The Fourth Education Revolution, Legend Press Ltd, 2018.

7. 상동.

8. 유방란 외 6인, 〈인구절벽 시대 교육정책의 방향 탐색: 지방별 인구 감소 및 학생수 감소 실태를 중심으로〉 한국교육개발원 연구보고서, 2018.

9. 웹사이트 Anonymous, Updated December 30, 2013·Upvoted by Yehong Zhu, studied Philosophy at Harvard University and Roger Zou, worked at Harvard University.

10. 토드 로즈,《평균의 종말》. 정미나 옮김, 21세기북스, 2018, 266-267.

11. 야마구치 슈,《뉴타입의 시대》, 김윤경 옮김, 인플루엔셜, 2020.

12. 다이앤 태브너,《최고의 교실》, 우미정 옮김, 더난출판, 2021, 302-304.

13. 신완선 외 9인,《말콤 볼드리지 MB 모델 워크북》, 고즈윈, 2009.

14. 성균관대학교,《내 마음 속의 논어(옹야)》, 성균관대학교 출판부, 2020.

15. Nusca, Andrew and MIcael Lev-Ram, "Business Person of the Year: Elon The Bold,"Fortune, 2021, 75-84.

16. 헨리 로조보스키,《대학, 갈등과 선택)》, 이행형 옮김, 삼성경제연구소, 1996, 349-378.

17. 카이스트,《2031 카이스트 미래보고서》, 김영사, 2018.

다이버시티

초판 1쇄 인쇄 2021년 4월 29일
초판 1쇄 발행 2021년 5월 12일

지은이 신완선
펴낸이 신경렬

편집장 유승현 **책임편집** 김정주
마케팅 장현기 **홍보** 박수진
디자인 이승욱
경영기획 김정숙 · 김태희
제작 유수경

펴낸곳 (주)더난콘텐츠그룹
출판등록 2011년 6월 2일 제2011-000158호
주소 04043 서울시 마포구 양화로12길 16, 7층(서교동, 더난빌딩)
전화 (02)325-2525 **팩스** (02)325-9007
이메일 book@thenanbiz.com **홈페이지** www.thenanbiz.com

ISBN 978-89-8405-219-2 (03370)